Building Financial Models

财务建模 原书第3版
设计、构建及应用的完整指南

[美] 约翰·S. 提亚（John S. Tjia）◎著
张鲁明　张鲁晶◎译

机械工业出版社
CHINA MACHINE PRESS

建模及解读模型是当前商业与财务领域最实用的技能之一。本书将教会你如何综合利用既有的财务、会计及电子表格知识，来掌握一项新的技能——构建财务模型。基于前两版的读者反馈，作者在第 3 版中对全书进行了全面修订，书中的操作演示基于 Excel 2016 进行，也同样适用于 Excel 的其他版本。无论你是供职于华尔街金融机构还是企业集团，无论你是资深人士还是刚刚开启职业生涯的新人，抑或是在校生，掌握这项专业技能都能令你更具竞争优势。

John S. Tjia
Building Financial Models
978-1-260-10882-8
Copyright©2018 by McGraw-Hill Education.

All Rights reserved. No part of this publication may be reproduced or transmitted in any form or by any means, electronic or mechanical, including without limitation photocopying, recording, taping, or any database, information or retrieval system, without the prior written permission of the publisher.

This authorized Chinese translation edition is jointly published by McGraw-Hill Education and China Machine Press.This edition is authorized for sale in the Chinese mainland (excluding Hong Kong, Macao SAR and Taiwan).

Copyright ©2019 by McGraw-Hill Education and China Machine Press.

版权所有。未经出版人事先书面许可，对本出版物的任何部分不得以任何方式或途径复制或传播，包括但不限于复印、录制、录音，或通过任何数据库、信息或可检索的系统。

本授权中文简体字翻译版由麦格劳-希尔（亚洲）教育出版公司和机械工业出版社合作出版。此版本经授权仅限在中华人民共和国大陆地区（不包括香港、澳门特别行政区和台湾地区）销售。

版权©2019 由麦格劳-希尔（亚洲）教育出版公司与机械工业出版社所有。

本书封面贴有 McGraw-Hill Education 公司防伪标签，无标签者不得销售。

北京市版权局著作权合同登记 图字：01-2018-5040 号。

图书在版编目（CIP）数据

财务建模：原书第 3 版/（美）约翰·S. 提亚（John S. Tjia）著；张鲁明，张鲁晶译. —2 版. —北京：机械工业出版社，2020.1（2024.4 重印）

书名原文：Building Financial Models，Third Edition：The Complete Guide to Designing，Building，and Applying Projection Models

ISBN 978-7-111-63996-1

Ⅰ. ①财… Ⅱ. ①约… ②张… ③张… Ⅲ. ①表处理软件-应用-财务管理 Ⅳ. ① F275-39

中国版本图书馆 CIP 数据核字（2019）第 236779 号

机械工业出版社（北京市百万庄大街 22 号 邮政编码 100037）
策划编辑：李新妞 责任编辑：李新妞 李 浩 廖 岩
责任校对：李 伟 责任印制：单爱军
保定市中画美凯印刷有限公司印刷
2024 年 4 月第 2 版第 6 次印刷
180mm×250mm・19.75 印张・1 插页・308 千字
标准书号：ISBN 978-7-111-63996-1
定价：89.00 元

电话服务 网络服务
客服电话：010-88361066 机 工 官 网：www.cmpbook.com
　　　　　010-88379833 机 工 官 博：weibo.com/cmp1952
　　　　　010-68326294 金 书 网：www.golden-book.com
封底无防伪标均为盗版 机工教育服务网：www.cmpedu.com

献给夏洛特（Charlotte）、莉奥诺（Leonore）和亚历克斯（Alex）

引　言

本书将教你综合运用所知晓的财务、会计及电子表格知识，成功掌握一项新技能——构建财务模型。建模及解读财务模型是当前商业与财务领域最有用的技能之一。无论供职于华尔街金融机构还是企业集团，这项专业技能都会对你大有益处，因为不管在哪，与投资决策相关的知识技能都是非常重要的。无论你是资深人士，还是刚刚开启职业生涯的新人，抑或是在校生，掌握这项专业技能都能令你在今后的工作中具有竞争优势。

当你按照本书讲解的步骤完成所有操作时，将会在电子表格中构建起一个可用于工作的动态财务模型。你可用它对工业/制造业企业做出财务预测（由于银行与保险公司的业务模式与工业或制造业企业有所不同，故不在本书所讨论的范畴内）。

基于读者对前两版的反馈意见，同时为了更适宜教学，第 3 版对全书内容进行了全面修订。再版的主要目的就是尽可能地帮助读者高效地完成财务建模各部分内容的学习。

首先，引入一些概念

电子表格可以用来制表和编制数字，但只有在其中融入了数据、公式并基于特定的逻辑关系得到输出变量时才算是一个模型。

在遵循一般性会计原则的基础上，将一些与经营、投资或融资有关的变量添加到模型中，就会得到一个"*财务模型*"。

而当模型基于对公司未来业绩的假设，对公司未来财务状况做出判断时，它就成了"*财务预测模型*"。通过改变输入预测变量，预测模型可以反映出不同假设条件或策略对于公司未来业绩的影响。

要想出色地完成建模工作需要具备两点

开发一个优质的电子表格模型是一项综合性很强的工作，需要开发者具备多种技能，主要包括良好的思维逻辑能力，对于财会知识的透彻理解以及相关工具的熟练运用能力。具备上述能力，你才有可能设计出一个架构清晰简洁，但功能强大且易用的模型。已故科幻作家亚瑟·C. 克拉克（Arthur C. Clarke）曾说："任何一项极度超前的高精尖技术在人们眼中都宛如魔法一般。"因此，我希望你在使用了本书中所阐释的建模方法和技术后，回顾整个建模过程，能够用心感受一下这其中的神奇。当然，希望你的同事、领导以及客户亦有同感。

我们将要建立的模型

你可以使用我们所建立的模型进行各种分析。该模型的主要特征如下：

- 在工业或商业企业的模型中会包含历史和预测数据。其中预测数据可以是"直接输入"的数字（例如当年销售收入为 1 053，下一年为 1 106 等）或者是一个假设性数据（例如下一年的销售收入增长率为 5%等）。
- 利润表、资产负债表和现金流量表之间存在勾稽关系，且均是在一般性会计准则的框架之下编制的。
- 资产负债表始终保持平衡：资产总额必须等于负债与所有者权益的总和。
- 现金流数据也需要"核算"，即任意一年现金流总额的变动额都等于资产负债表中现金科目当期金额较上一年的变动额。
- 这里存在"现金清算"机制，预测年份资产负债表中的现金只要出现盈余就会自动用于偿还债务。
- 在模型中会单独进行现金流折现估值计算。该部分会采用标准的公司估值方法。
- 会进行相关的打印设置以方便快捷地输出纸质文档。

www.buildingfinancialmodels.com 网站⊖

本书是一本工具书，为了方便学习可在 www.buildingfinancialmodels.com 网站中找到相关的配套资料。

⊖ 读者可在本书中文版配套网站 www.jinduoduo.net 下载书中相关财务模型的中文版。——编者注

本书将会一路指导你直至完成整个预测模型的开发。建模过程会进行分步讲解，每章都会针对特定的建模阶段展开讨论。如果你仅将网站上的资料作为参考，能够完全按照本书各章介绍的建模步骤在电脑中亲自操作一遍，那一定会学到很多。参照本书进行操作，最终得到的模型是有实用价值的，基于它你就可以创建其他类似的模型。

按照你自己的风格来建模

建模是一项具有不确定性又富有创造性的工作，建模的方法可谓多种多样，专门针对它写一本书也不为过。按照大部分书中介绍的方法进行操作就可以得到实用的模型，但是市面上的这类书籍质量可谓良莠不齐——有些书籍的质量确实很糟糕，而有些虽然看起来有点另类但实属佳作。本书旨在介绍建模方法——即建模用语和原则。如果为了开发出能够正常使用的模型而学会并掌握了这些方法，就等于为以后建立其他模型奠定了基础。和写作一样，一旦掌握了基本的建模语言，就可以按照你自己的风格开始建模了。

Microsoft Excel

此次再版使用的是 Windows 版的 Excel 2016，该版本是在本书写作过程中能够获得的最新版的 Microsoft Office 软件。书中介绍的系统菜单和界面与运行在 Mac 平台上的 Excel 以及 Excel 2007 之前的版本相比会略有不同，不过本书中介绍的原理和方法对这些软件版本同样适用。

命令

本书在描述 Excel 的命令时会使用">"符号来表示菜单项的操作是依次进行的。比如，你会在书中看到在 Excel 中保存文件的操作是文件>保存。

Excel 中的一些快捷操作也会这样列示，比如 Alt,F,S，其中 Alt 代表键盘上的〈Alt〉功能键，与字母之间的逗号表示是按照次序进行操作，也就是说先按下〈Alt〉键，再依次按下〈F〉键和〈S〉键。还有些快捷方式需要同时按下多个按键，就像〈Ctrl+Alt+Del〉，其中的加号很重要，看到它就表示这几个按键必须要同时按下。

致　　谢

　　此次再版得到了很多人的帮助和支持，可以说没有他们就没有新版的问世。在这里我要感谢过去 12 年间曾经在纽约安永会计事务所以及其他地方与我共事过的团队成员和同事，他们每个人都具有极高的团队合作精神并力求为客户提供最高端的服务，在与他们的共事中我收获了许多宝贵经验，这也为我日后成长为更高级别的专业建模者奠定了基础。能够在这么优秀的公司与同事们共事并结下深厚的友谊，至今我都心怀感激，另外还想感谢 George Carey、Aashish Rajguru、Mihir Gupta、Rajiv Khurana、Bill Li、Audrey Ling、Chianoo Adrian、Geronima "MM" Garcia、Alex Zhu、Apeksha Saini、Steven Chin 和 George Mooradian，他们之前都从事过建模工作，后来在职业道路上也都取得了不错的发展。最近完成的几个项目同样令人兴奋，这里我要感谢 Alexander Kulemin、Alexander Sushkov、Nishant Gupta、Zachary Trudeau、Susan Xiaocen Wang、Adam Mulewicz、Amanda Qiao、Shaun Mao、Elizabeth Meyers、Goncalo Pacheco Pereira (Obrigado!) 以及 Fernando Carlos de Castro（Obrigado）。正是获得了他们的帮助，我才能愉快地完成项目的建模工作且获益良多。Fabio Cardinale 和 Brock Buttrick 曾同我一起前往巴西为安永团队进行培训。那是一次非常有趣的经历，再次向你们说一声 Obrigado!（西班牙语，意思是谢谢）。此外，我还要感谢 Barry Perkins、Brent Uken、Manny Ngan 和 Bruce Edwards 这些与我在安永共事的亲爱的同事和朋友们，与你们在一起的时光将永存我心。

此刻我还要对本版初稿的读者们说声感谢，正是因为他们提供了大量的反馈意见，本书在各章节内容的排布上才会变得更加流畅清晰。其中 Travis Anderson、Eric Cruikshank、Vince Yokom、Roopanshi Agarwal 以及 Ferhan Benli 博士都是自愿花费大量私人时间阅读本书初稿并提供了宝贵的意见，这里向他们表示由衷的感谢。

最后特别要感谢的是 Suan Cabral，在她所处的时代，中央计算机是最重要的计算工具，她为 JP 摩根集团创建的首个财务预测模型，对于整个华尔街而言都算是开了先河。我在 JP 摩根集团工作时创建的首个模型就是参照她的模型进行设计的（非常遗憾，我没能有幸与她同处一个时代），是她引导我开启了建模的职业生涯。由衷地感谢你，Susan，作为行业先驱的你为我指明了方向。

关于注册估值分析师（CVA®）认证考试

CVA 考试简介

注册估值分析师（Chartered Valuation Analyst，CVA）认证考试是由注册估值分析师协会（CVA Institution）组织考核并提供资质认证的一门考试，旨在提高投资、并购估值领域从业人员的实际分析与操作技能。本门考试对专业实务及实际估值建模等专业知识和岗位技能进行考核，主要涉及企业价值评估、并购及项目投资决策。考试分为实务基础知识和 Excel 案例建模两个科目，内容包括会计与财务分析、公司金融、企业估值方法、并购分析、项目投资决策、信用分析、财务估值建模七个部分。考生可通过针对各科重点、难点内容的专题培训课程，掌握中外机构普遍使用的财务分析和企业估值方法，演练企业财务预测与估值建模、项目投资决策建模、上市公司估值建模、并购与股权投资估值建模等实际分析操作案例，快速掌握投资估值基础知识和高效规范的建模技巧。

- **科目一　实务基础知识**——是专业综合知识考试，主要考查投资、并购估值领域的理论与实践知识及岗位综合能力，考试范围包括会计与财务分析、公司金融、企业估值方法、并购分析、项目投资决策、信用分析这六部分内容。本科目由 120 道单项选择题组成，考试时长为 3 小时。

- **科目二　Excel 案例建模**——是财务估值建模与分析考试，要求考生根据实际案例中企业历史财务数据和假设条件，运用 Excel 搭建出标准、可靠、实用、高效的财务模型，完成企业未来财务报表预测、企业估值和相应的敏感性分析。本科目为 Excel 财务建模形式，考试时长为 3 小时。

职业发展方向

CVA 资格获得者具备企业并购、项目投资决策等投资岗位实务知识、技能和高效规范的建模技巧，能够掌握中外机构普遍使用的财务分析和企业估值方法，并可以熟练进行企业财务预测与估值建模、项目投资决策建模、上市公司估值建模、并购与股权投资估值建模等实际分析操作。

CVA 的持证人可胜任企业集团投资发展部、并购基金、产业投资基金、私募股权投资、财务顾问、券商投行部门、银行信贷审批等金融投资相关机构的核心岗位工作。

证书优势

岗位实操分析能力优势——CVA 考试内容紧密联系实际案例，侧重于提高从业人员的实务技能并迅速应用到实际工作中，使 CVA 持证人达到高效、系统和专业的职业水平。

标准规范化的职业素质优势——CVA 资格认证旨在推动投融资估值行业的标准化与规范化，提高执业人员的从业水平。CVA 持证人在工作流程与方法中能够遵循标准化体系，提高效率与正确率。

国际同步知识体系优势——CVA 考试采用的教材均为 CVA 协会精选并引进出版的国外最实用的优秀教材。CVA 持证人将国际先进的知识体系与国内实践应用相结合，推行高效标准的建模方法。

配套专业实务型课程——CVA 协会联合国内一流金融教育机构开展注册估值分析师的培训课程，邀请行业内资深专家进行现场或视频授课。课程内容侧重行业实务和技能实操，结合当前典型案例，选用 CVA 协会引进的国外优秀教材，帮助学员快速实现职业化、专业化和国际化，满足中国企业"走出去"进行海外并购的人才需求。

企业内训

CVA 协会致力于协助企业系统培养国际型投资专业人才,掌握实务、有效的专业知识。CVA 企业内训及考试内容紧密联系实际案例,侧重于提高从业人员的实务技能并迅速应用到实际工作中,使企业人才具备高效专业的职业素养和优秀系统的分析能力。

- ✓ 以客户为导向的人性化培训体验,独一无二的特别定制课程体系
- ✓ 专业化投资及并购估值方法相关的优质教学内容,行业经验丰富的超强师资
- ✓ 课程采用国外优秀教材与国内案例相结合,完善科学的培训测评与运作体系

考试专业内容

会计与财务分析

通过收集、整理企业财务会计报告中的有关数据,并结合其他有关补充信息,对企业的财务状况、经营成果和现金流量情况进行综合比较和评价,为财务会计报告使用者提供管理决策和控制依据。本部分主要考核如何通过对企业会计报表的定量分析来判断企业的偿债能力、营运能力、盈利能力及其他方面的状况,内容涵盖利润的质量分析、资产的质量分析和现金流量表分析等。会计与财务分析能力是估值与并购专业人员重要的基本执业技能之一。

公司金融

考查公司如何有效地利用各种融资渠道,获得最低成本的资金来源,形成最佳资本结构,包括企业投资、利润分配、运营资金管理及财务分析等方面。本部分主要考查如何利用各种分析工具来管理公司的财务,例如使用现金流折现法(DCF)评估投资计划,同时考查有关资本成本、资本资产定价模型等基本知识。

企业估值方法

企业的资产及其获利能力决定了企业的内在价值,因此企业估值是投融资、并购交

易的重要前提，也是非常专业而复杂的问题。本部分主要考核企业估值中最常用的估值方法及不同估值方法的综合应用，诸如 P/E，EV/EBITDA 等估值乘数的实际应用，以及可比公司、可比交易、现金流折现模型等估值方法的应用。

并购分析

并购与股权投资中的定量分析技术在交易结构设计、目标企业估值、风险收益评估方面的应用已成为并购及股权专业投资人员所必须掌握的核心技术，同时也是各类投资者解读并购交易及分析并购双方企业价值所必须掌握的分析技能。本部分主要考核企业并购的基本分析方法，如合并报表假设模拟、可变价格分析、贡献率分析、相对 PE 分析、所有权分析、信用分析、增厚/稀释分析等。

项目投资决策

项目投资决策是企业所有决策中最为关键、最为重要的决策，是企业对某一项目（包括有形资产、无形资产，如技术、经营权等）投资前进行的分析、研究和方案选择。本部分主要考查项目投资决策的程序、影响因素和投资评价指标。投资评价指标主要包括内部收益率、净现值、投资回收期等。

信用分析

信用分析是对债务人的道德品格、资本实力、还款能力、担保及环境条件等进行系统分析，以确定是否给与贷款及相应的贷款条件。本部分主要考查常用信用分析的基本方法及常用的信用比率。

财务估值建模

本部分主要在 Excel 案例建模科目考试中进行考查。包括 Excel 常用函数及建模最佳惯例，使用现金流折现方法的 Excel 财务模型构建；要求考生根据企业历史财务数据对未来财务数据进行预测，计算自由现金流、资本成本、企业价值及股权价值，掌握敏感性分析的使用方法；需要考生掌握利润表、资产负债表、现金流量表、流动资金估算表、折旧计算表、贷款偿还表等有关科目及报表的勾稽关系。

考试安排

CVA 考试于每年 4 月、11 月的第三个周日举行，具体考试时间安排及考前报名，请访问 CVA 协会官方网站 www.cvainstitute.org。

CVA 协会简介

注册估值分析师协会（Chartered Valuation Analyst Institute）是全球性及非营利性的专业机构，总部设于香港，致力于建立全球金融投资估值的行业标准，负责在亚太地区主理 CVA 考试资格认证、企业人才内训、第三方估值服务、研究出版年度行业估值报告以及进行 CVA 协会事务运营和会员管理。

联系方式

官方网站：http://www.cvainstitute.org

电话：4006-777-630

E-mail：contactus@cvainstitute.org

新浪微博：注册估值分析师协会

协会官网二维码　　微信平台二维码

目 录

引　言

致　谢

关于注册估值分析师（CVA®）认证考试

第 1 章　财务预测模型　/1

    1.1　三张报表　/2

    1.2　除三张报表之外　/2

    1.3　是估计而不是预言　/3

    1.4　单次特定模型　/3

    1.5　模板模型　/4

    1.6　作为一名模型开发人员　/4

    1.7　为了更好地完成建模工作需要注意的事项　/5

第 2 章　最佳操作　/9

    2.1　为什么要执行最佳操作　/10

    2.2　12 项最佳操作　/10

    2.3　要有清晰的思路，明确创建模型的目的　/11

    2.4　保持简单（但也不能过于简单）　/11

    2.5　设置一个具有逻辑性的计算顺序　/12

    2.6　输入项数据、计算和输出结果需要分区域列示　/12

    2.7　每个数据点仅对应一个输入项　/13

2.8　使用模块化的建模方法　/ 13

2.9　前后要保持一致　/ 13

2.10　将电子表格中的所有单元格都设置为可见　/ 15

2.11　应在模型中为使用者设置相关指引　/ 15

2.12　充分利用 Excel 中的自带功能　/ 18

2.13　记录开发步骤　/ 19

2.14　随时保存文件　/ 19

第 3 章　设置准备　/ 21

3.1　功能区　/ 22

3.2　快速访问工具栏（QAT）　/ 23

3.3　Excel 设置　/ 26

3.4　格式　/ 27

3.5　样式　/ 33

3.6　保护　/ 35

3.7　其他设置　/ 37

第 4 章　建模工具：F 功能键和区域　/ 41

4.1　使用的文件　/ 42

4.2　键盘中的 F 功能键　/ 42

4.3　区域　/ 51

第 5 章　工具箱　/ 59

5.1　实用的函数列表　/ 60

5.2　注意事项　/ 61

5.3　我们开始吧　/ 62

5.4　起点：IF 函数　/ 63

5.5　查找函数　/ 68

5.6　求和函数　/ 76

5.7　计数函数　/ 81

5.8　日期函数　/ 83

5.9　处理错误信息　/ 87

5.10 确定数值中的保留内容 / 90

5.11 确定数值的舍入方向 / 91

5.12 判别信息类别的函数 / 92

5.13 处理文本的函数 / 93

5.14 财务函数 / 93

第 6 章 建模中涉及的会计专业知识 / 97

6.1 会计记账的目的就是跟踪现金 / 98

6.2 三张财务报表 / 98

6.3 现金流入和使用 / 100

6.4 编制三张财务报表的两个规则 / 101

6.5 三张财务报表之间的基本勾稽关系 / 102

6.6 折旧和累计折旧 / 105

6.7 无形资产摊销 / 108

6.8 少数股东权益 / 110

6.9 附属公司的股权投资收益 / 111

6.10 比较建模过程中的非现金项和现金项 / 112

6.11 其他项 / 113

第 7 章 构建实验模型 / 115

7.1 使用的文件 / 116

7.2 实践练习 / 116

7.3 在 Excel 中添加一个空白的工作簿 / 116

7.4 利润表结构 / 121

7.5 资产负债表结构 / 122

7.6 其他输入项 / 123

7.7 现金流量表结构 / 124

7.8 初始模板 / 125

7.9 怎样阅读下面的图表 / 125

7.10 构建模型 / 125

7.11 逐步计算至利润表的 EBIT / 126

7.12 逐步计算至利润表的净利润 / 127

7.13 逐步计算至资产负债表的流动资产总额 / 128
7.14 逐步计算至资产负债表的资产总额 / 129
7.15 逐步计算至资产负债表的负债与所有者权益金额 / 130
7.16 检查资产负债表的两边是否已经调平 / 132
7.17 逐步计算其他输入项 / 133
7.18 逐步计算现金流量表数据（第1部分） / 134
7.19 逐步计算现金流量表数据（第2部分） / 135
7.20 逐步计算现金流量表数据（第3部分） / 135
7.21 调节超额现金或循环贷款 / 136
7.22 统制账户说明 / 137
7.23 在模型中增设统制账户 / 138
7.24 使用统制账户设置对账表 / 140
7.25 使用自己的数据测试模型 / 141
7.26 对实验模型的附加说明 / 141

第8章 循环引用和迭代计算 / 143
8.1 使用的文件 / 144
8.2 不要使用它们 / 144
8.3 或许它们并非一无是处 / 145
8.4 是的，循环引用还是有用的 / 145
8.5 开启Excel中的迭代计算功能 / 146
8.6 迭代计算过程究竟会发生什么 / 146
8.7 例子：利息计算 / 148
8.8 计算平均利息 / 151
8.9 规避循环引用 / 152
8.10 使用复制和粘贴来规避循环引用 / 154
8.11 使用循环引用：预防措施 / 156

第9章 平衡变动项 / 159
9.1 使用的文件 / 160
9.2 在没有现金流量的情况下调平报表（方法1） / 160
9.3 在没有现金流量的情况下调平报表（方法2） / 162

XVII

9.4　平衡数值不一定非要计入循环贷款　/164

9.5　平衡数值不一定非要计入超额现金　/166

第10章　现金清算和利息计算　/169

10.1　使用的文件　/170

10.2　概念　/170

10.3　让我们从最基础的现金清算数据开始建模　/176

10.4　指定现金清算的顺序　/180

10.5　比例法　/181

10.6　现金清算补充项　/184

10.7　重新计算利息　/186

10.8　最后的说明　/191

第11章　重组模型　/193

11.1　使用文件　/194

11.2　最终的成品　/194

11.3　建议　/194

11.4　步骤1：创建一个设置工作表　/196

11.5　步骤2：建立Ch 10 Model Master的副本并将其命名为"报告"　/197

11.6　步骤3：扩展"报告"中的年份列　/197

11.7　步骤4：建立"报告"的副本并将其命名为"假设"　/199

11.8　步骤5：对"假设"表布局进行修改和精调　/200

11.9　步骤6：修改"报告"表以便读取"假设"中的数据　/207

11.10　步骤7：将"报告"中的控制项移回"设置"　/211

11.11　三个电子表模型　/211

11.12　最后的结语　/212

第12章　情景和其他建模建议　/217

12.1　使用的文件　/218

12.2　已经介绍过的其他实用建议　/218

12.3　情景　/218

12.4　数据验证　/222

12.5　条件格式　/227

12.6　检查和校对　/232

　　12.7　将合计数突出显示　/234

　　12.8　当引用的单元格为空时不要显示 0　/235

　　12.9　核算周期不是一年　/235

　　12.10　其他来源　/236

第 13 章　比率　/237

　　13.1　将一个数值与另一个数值进行比较　/238

　　13.2　负数　/239

　　13.3　比率类型　/240

　　13.4　关于公司规模　/240

　　13.5　关于流动性　/241

　　13.6　关于效率　/241

　　13.7　关于盈利能力　/244

　　13.8　关于杠杆　/245

　　13.9　关于偿债能力　/246

第 14 章　预测指引　/249

　　14.1　核心原则　/250

　　14.2　利润表科目　/250

　　14.3　资产负债表　/253

第 15 章　现金流折现估值法　/257

　　15.1　使用的文件　/258

　　15.2　加权平均资本成本　/258

　　15.3　自由现金流　/259

　　15.4　折现　/260

　　15.5　终值　/263

　　15.6　企业价值　/265

　　15.7　股权价值　/265

　　15.8　质疑　/265

　　15.9　继续讨论模型　/266

　　15.10　解析公式：DCF 主要计算部分　/268

XIX

15.11 解析公式：收尾工作 /269

15.12 数据表 /270

第16章 使用VBA计算平衡数值 /277

16.1 使用的文件 /278

16.2 在开始之前 /278

16.3 Visual Basic编辑器 /278

16.4 录制一个宏 /280

16.5 编辑宏 /283

16.6 检查宏 /284

16.7 设置循环属性 /285

16.8 点击屏幕中的按钮来运行宏 /285

16.9 循环设置 /287

16.10 最佳操作的经验教训 /289

16.11 下一个挑战 /290

第 1 章
财务预测模型

这是一本关于财务建模的书，或者说这就是一本关于构建完整财务报表预测模型的书。虽然凡是用于财务数据计算或分析的电子表格都可称为模型，但是一个完整的财务分析模型应该包含三大财务报表——利润表、资产负债表和现金流量表——其中凡是存在会计勾稽关系的数据都会设置相应的 Excel 公式。实际上，针对一家公司来创建模型就是为了反映其财务状况。从历史数据中我们就可以了解公司的经营状况，看看其到底经营得有多好——或有多差。更重要的是，在同一个模型中我们还可以对未来业绩设置预测数据。如此设置之后，就可以对未来公司可能出现的任何经营风险点有所了解，模型中的预测数据都会按照历史财务报表的格式进行列示，以便与历史数据进行对比分析。这类财务模型无论是对规模比较小的初创公司、家族企业抑或是资产规模达到数十亿美元的大型公司都是适用的。

1.1　三张报表

完整的财务报表模型都是遵循会计核算框架而建的。不熟悉会计学的人可参见本书的第 6 章，其中将对建模中涉及的会计专业知识进行梳理和讲解。

实际上，通过创建财务模型可以很好地学习和理解会计知识。因为模型所使用的电子表格格本身是一个很好的工具，相关计算之间的勾稽关系都会直观地反映在表格中，你可以自行构建各类会计科目并对它们在财务报表中是如何相互影响的进行测试。经过一系列的学习，你就会对会计学的主体框架形成一个比较清晰的认识。

本文所讨论的"财务模型"指的就是包含综合财务报表的模型。此外，除非有特别说明，否则为简单起见，本书会假设财务模型是一个年度模型（而不是季度或其他周期模型），每个会计年度的截止日为 12 月 31 日。

1.2　除三张报表之外

本书将一步一步地指导你开发出一个包含三张财务报表的财务模型。一旦你熟练掌握了建模技巧，就等于拥有了建模"引擎"，之后在进行各种数据分析时就会更加游刃有余，比如利用模型进行信用分析、现金流折现估值以及杠杆收购（LBO）和并购分析。对于金融和商业领域的从业者而言，最为基本也是最为重要的能力就是建模能力。无论你从事何种职业，我都希望在阅读本书之后，你能够更加熟练地构建和使用模型。

1.3 是估计而不是预言

财务模型并不是一个水晶球，其输出结果并不能决定未来究竟会怎样。它仅仅是一种工具，即在给定公司未来业绩的相关假设前提下，估计公司未来的表现。模型最主要的用处是：让我们知道为了达成一个或更多的业绩目标，究竟需要做些什么。

例如，一名财务总监可能会说："我们将会在未来三年内储备充足的现金，以偿还1000万美元的债务。"对于这种表述我们应该如何判断其可信度呢？一种方法就是利用财务模型以及公司已经使用的假设条件。如果这位财务总监是基于最近的历史业绩、产品生命周期、消费者倾向及技术发展趋势、市场行情等要素进行的保守预测，那么其表述还是具有一定可信度的。然而，如果1000万美元仅仅是对未来营利能力的一个极度乐观的预测，那么可信度就会大打折扣。

财务模型作为一种测试工具，意味着只有能够通过快速修改输入项对相关数据进行敏感性分析的模型才算是最优模型。比如收入以5%为基准上升或下降3个百分点，经营性现金流将会如何变化，同时利润将会：（a）保持不变、（b）改善，还是（c）恶化？根据模型的情况，敏感性分析使用的测试情景没有标准定式，可以根据需要任意设置。第12章将介绍情景和其他建模建议。

使用财务模型可以对公司很多业绩指标进行检验。第13章会对优质模型中需要计算的各类比率以及重要的业绩指标进行汇总介绍，基于它们就可以衡量一家公司的经营状况。

1.4 单次特定模型

我们可以根据单次需求构建特定模型，或者按照标准模板构建模型。单次特定模型是为某个特定项目而建的，其仅适用于特定目标。当然，这种模型也可以重复使用，只不过将其用于另一个项目时可能需要进行大幅修改。从某种意义上来说，构建单次特定模型相对容易一些：因为是针对特定项目而建的，所以无须像模板模型那样，为各种有可能出现的情况预留修改空间。

1.5 模板模型

另外一种模型称为模板模型，团队或者整个机构都可以将其作为数据分析平台反复使用。尽管没有哪个模型是万能的，但是一个优质的标准化模板模型足以胜任80%~90%的分析工作。如果在建模引擎中能够添加新的表格，模板模型的适用范围就会扩大。这些表格既可被添加到模型前部（就输入项而言，输入的数据将会更加详细），也可以添加到模型后部（用以整合与补充模型的输出结果）。

一个标准化的模板模型对于一个业务团队或整个机构而言，都是一种实用性很强的工具。从某种程度上来说，大量用户使用的都是通用的标准化模板模型，它已不仅仅是某个用户进行数据分析的平台，而是变成了各领域用户交流沟通的渠道。之所以会这样，主要鉴于标准化模型能够做到以下五点：

- 只要是使用标准化模型的用户，使用的都是同一个分析方法，因为方法是模型自带的。这样就等于确保了分析方法的一致性。
- 模板模型因其自身特点已成为一种教学工具，可帮助初学者了解标准的分析工作是如何开展的。
- 由于同事都使用了相同的模型，就使得模板模型成了共用的分析标准，从而促进了团队间的合作。
- 信贷与投资审查委员会熟悉该模型的委员可以更迅速地进行定性分析，并且更易做出决策。这样一来，经济回报可能非常可观。总的来说，就是做出好的（或更好的）决策，避免错误的决策。
- 可供持续使用就意味着开发人员可以继续优化和维护模型。模型会变得越来越可靠，人们使用它进行相关分析时也会更加自信。

1.6 作为一名模型开发人员

1.6.1 三重身份

当你开始创建模型时，就会发现需要从三种不同的角色来考虑接下来的操作。具体来说，你将拥有"三重身份"：

- 你是财务专家，与财务报表打交道，并利用所掌握的会计学知识，对结果做出正确判断。
- 你是精通电子表格格的人，可以利用 Excel 将模型的性能发挥到极致。
- 你是虚拟架构师，通过在屏幕和模型各部分之间熟练地进行操作，使最终的输出结果含义明确（易于理解）、灵活（易于修改）且可靠（还具备许多特点，且能够避免出现常见的错误）。

1.6.2 规划、规划、规划

要想创建一个优质模型，必须要完成的一项重要工作就是进行模型规划。最终确定的模型通常都会与最初规划的模型有所不同，因为随着开发进程的推进，会对结构和配置进行新的调整。实际上，这种情况是比较常见的。需要明白一点：作为一名建模者，你应该尝试使用新的且更好的方法，以求更加出色地完成建模工作——当然追求完美的同时也要注意工作效率。

1.7 为了更好地完成建模工作需要注意的事项

1.7.1 使用双显示器

随着相对便宜的平板显示器的问世，除了笔记本电脑还应该再购置一个显示器，或者为一台台式电脑配备两个显示器。在 Windows 系统中设置两个显示器很容易，你可以随意从一个显示器移动到另一个显示器，就像是在一整块大型显示屏上操作一般。有了两个显示器就可能实现如下操作：

- 在一个显示器上打开一个模型，在另一个显示器上打开另一个模型。
- 在一个显示器上打开一个模型的电子表格，在另一个显示器上查看该模型的 VBA 代码。
- 在一个显示器上使用 Excel，在另一个显示器上使用 Word。
- 在一个显示器上查看 E-mail，在另一个显示器上使用 Microsoft Office。
- 进行其他任何组合操作。

这样确实可以提升工作效率。

1.7.2 使用键盘快捷键

你可以使用鼠标、触摸板或键盘在 Excel 中执行操作命令。在 Excel 中使用快捷键进行操作要比使用鼠标或触摸板效率高得多，所以花些时间把常用的一些 Excel 快捷键组合都记下来还是很有必要的。同时还应该将常用的快捷键添加到你自己的快捷键库中。这样，你的工作效率就会提升——无须再将时间浪费在寻找按键上——不过使用快捷键真正的好处是能够让你的操作更加"行云流水"——各种操作一气呵成，这是一种非常棒的体验。

1.7.3 触摸板可能会比较慢

在键盘、鼠标和触摸板之中，触摸板是操作效率最低的。当然触摸板也并非一无是处，使用者等于多了一种操作选择，特别是当你在路上需要在电脑上进行快速修改的时候，触摸板就会比较方便。但是，我发现在定位光标时，触摸板要比鼠标的灵敏度低，这会拖慢整个工作进度。如果有人告诉你："如果你想要在 Excel 中进行快速操作，就不要使用鼠标。"意思并不是让你去"使用触摸板"！

1.7.4 鼠标使用建议

如果你习惯使用鼠标，我有两条建议供你参考。我就是一个常年使用鼠标的人，长期使用鼠标会造成手腕、肘部以及肩部的酸痛，下面介绍两个解决办法。

1.7.4.1 鼠标放置的位置

通常情况下，鼠标都会放在键盘的旁边，受力点从手腕到肘部最后转移到肩部，这样就会造成肩部酸痛。我发现将鼠标放到键盘的前面可以消除这种症状。由于鼠标在键盘的前面，鼠标的配线（如果是有线鼠标）可能会在左侧（我的是在右侧），我的右手在离开键盘去操作鼠标时，右手的动作不是远离身体中心线（去操作键盘时手部是向远离身体的方向走）而是向身体靠近的（也就是离身体越来越近）。这样操作，肩部就会为整个手臂提供更好的支撑。

因此，在我与电脑屏幕之间，依次是我、桌子边缘、鼠标、键盘、屏幕。当然，如此摆放键盘就只能远离桌子边缘，不过这样做的好处就是有更多的空间来放松前臂。

1.7.4.2　垂直鼠标

如果每天使用鼠标后你的手腕或手臂都会感到酸痛，那么建议你去找不同设计的鼠标试试。酸痛，即肌肉部位有一种烧灼感，就像是"网球肘"，这是发生在前臂韧带部位的一种炎症。特别是进行了长时间的建模工作后，很容易出现这种症状。

我找到的解决方法就是使用一种垂直鼠标：这种鼠标实际上就是将传统鼠标向侧面做了一个翻转，所有按键都集中在了鼠标的一侧。使用时，手掌保持直立状态（小拇指最贴近桌面），而不是掌心向下。这种较为放松的姿势可以减少肌肉的紧张，使肌肉部分不易产生炎症。

现在市面上有很多垂直鼠标可选。如果你正准备选购一款，那就找尽可能垂直的鼠标，因为有些所谓的"垂直"鼠标倾斜角度仅有 45°——看起来挺漂亮但与更加垂直的鼠标相比，无法真正地"解放"前臂肌肉。另外还要注意的是，在选购前一定要确定好你是使用右手还是左手来完成建模工作。因为垂直鼠标与传统鼠标不同，无法换手使用。

在下一章，我们将介绍优质模型对应的最佳操作。

第 2 章
最佳操作

所谓"最佳操作"就是可以令一项工作完成得更容易且出色的操作。在构建模型的相关内容中，这些操作将令构建和使用模型变得更加容易。"最佳操作"并不要求强制执行，其本身的指导意义更大。我们要根据实际情况来判断是否执行相关操作。

最佳操作对于构建任何规模或类型的模型而言都是适用的。模型所对应的项目越大，执行最佳操作的重要性就会越高。

2.1 为什么要执行最佳操作[⊖]

从使用者的角度来看，我们想要得到的是一个简洁漂亮的模型，且希望可以采用一个最为简单直接的方式来创建它。我们还希望这是一个容错度比较高的模型，使用者的任何操作错误都不会导致模型崩溃。一个优质的模型应该是"隐形"的：模型应该与建模需求相匹配，使用者无须思考该如何运行它，只要能够通过简单的操作得到想要的分析结果就可以了。

从开发者的角度来看，我们想开发一个内部结构良好的模型，易于查找错误且无须修改整个模型就可以快速地对其进行修正和优化；另外，由于能够执行高效计算，使用该模型进行分析时可以始终保持较高的运算速度。我想大家都会很愿意使用这样的模型。

2.2 12项最佳操作

当你开始创建模型时，第一次在空白的屏幕上输入公式都会很激动、很兴奋。但是现实并没有那么美好，如果没有精心策划，就会越来越难以操控模型，以致难以创建下去。请牢记下面列示的12项最佳操作：

1) 要有清晰的思路，明确建模的目的。
2) 保持简单（但也不能过于简单）。
3) 设置一个具有逻辑性的计算顺序。
4) 输入项数据、计算和输出结果需要分区域列示。
5) 每个数据点仅对应一个输入项。
6) 使用模块法创建模型。

[⊖] 注册估值分析师协会每年会发布"财务建模规范指南"，有兴趣的读者可以关注微信公众号CVAinstitute，回复"财务建模"获取该指南。——编者注

7）前后要保持一致。

8）将电子表格中的所有单元格都设置为可见。

9）应在模型中为使用者设置相关指引。

10）充分利用 Excel 中的自带功能。

11）记录你的开发步骤。

12）随时保存文件。

2.3 要有清晰的思路，明确创建模型的目的

这一点是建模所必需的。虽然看起来似乎是个比较模糊的概念，但是在建模之初通常都会明确一下大概需要创建一个什么样的模型，比如要创建一个"预测和估值模型"。然而，这里仍存在很多问题，例如：

◆ 需要模型回答什么问题？

◆ 在模型中应该使用什么样的数据？

◆ 模型的最终使用者谁？究竟需要输出多么详细的计算结果？

◆ 使用者对于建模领域和 Excel 使用知识的掌握程度有多高？

你提出的问题越多，就能更好地确定模型的特定范围，模型的样子就会越加清晰，人们就会知道最后的模型究竟是什么样子，整个建模过程就会更加顺利，速度也会更快。

有了清晰的建模思路，还不能开始建模，下面要考虑的就是模型结构。可以在一张白纸或白板上绘制出数据流，并将你的想法与使用者和同事分享。先模拟一个模型布局，其中包含标签和虚拟数据，这样就能知道需要在电脑屏幕上列示哪些内容。只要你有了模型的基本蓝图，就可以创建一个小型的试验模型（或者是针对特殊计算模块的模型）以便证明自己的想法，同时拿给项目组的其他成员过目以便进行实际验证。使用 Excel 处理模型并不难，所以提前花点时间选择一条比较好的建模路径才更为重要。

2.4 保持简单（但也不能过于简单）

有一个非常有名的原则称为 KISS 原则，其直译就是 "保持简单，笨蛋"（Keep It Simple，Stupid），即使略显无礼，但还是要提醒大家注意。大致来说，基于这一原则就

意味着你应该使用最简单的方法得到你想要的结果。但是，这并不意味着把模型创建得越简单越好，过于简单的模型会丧失应有的功能，最终只能被弃之不用。

此外还需注意的是，模型的文本格式要简单。适当添加颜色、标注线以及其他格式有助于引导使用者使用模型，也可令输出结果清晰醒目，但是不要滥用。对于一个运行良好的模型，过度使用加粗线条和绚烂的颜色可能会导致数据查询困难。

2.5　设置一个具有逻辑性的计算顺序

一个模型需要讲述一个故事。这个故事必须要有开头部分、中间部分及最后的分析部分。最简单的叙事方式就是将各阶段计算都列示在不同的工作表中，并在屏幕的底部按从左到右的顺序列示工作表标签，第一张工作表（最左侧的工作表）列示的是输入项数据，最后一张工作表（最右侧的工作表）列示的则是最终的输出结果。即便如此，有时还是需要在工作表中对某些计算进行"倒推"，模型的逻辑越清晰，对于使用者来说就会越友好。

2.6　输入项数据、计算和输出结果需要分区域列示

模型的主要组成部分为：①输入项数据，②计算部分，③输出结果。一定要将这些内容分开列示，以便使用者可以快速找到相关数据。如果将输入项数据和输出结果随意地列示在一起，使用者立马就会觉得模型混乱不清，很难继续使用。

然而，将上述三个组成部分分开列示并不意味着每个部分都会对应一个工作表。这些数据可以出现在同一个工作表或者甚至同一块显示屏上。也就是说，上述数据虽然需要分开列示，但并不是说要将其完全割裂开来，永远不能在一起出现。

围绕上述操作原则进一步来说，所有公式计算中尽量不要采用直接手动输入的方式。具体请参见图2-1中C5和C11单元格所对应的税金数据。

由图2-1可知，这两个单元格中的数据是一样的，但是C5单元格中的数据，不查看公式就不知道税率究竟是多少。相比之下，C11单元格中使用的税率提取自B9单元格。更为重要的是，输入项数据是单独列示的，这样便于未来对相关假设数据进行修改，尤其是当你在工作表中使用同一个公式时，操作起来就会更加容易。

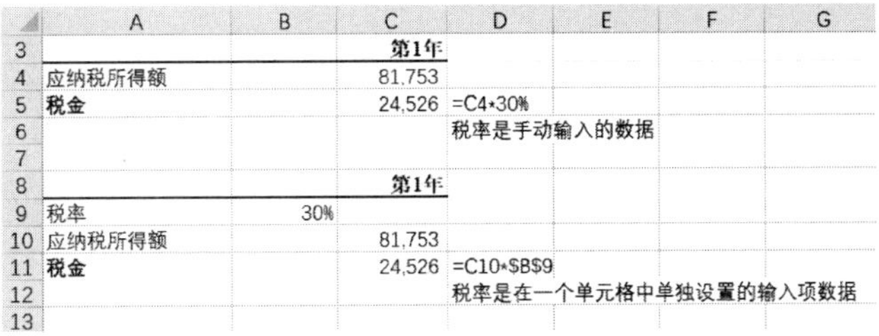

	A	B	C	D	E	F	G
3			第1年				
4	应纳税所得额		81,753				
5	税金		24,526	=C4*30%			
6				税率是手动输入的数据			
7							
8			第1年				
9	税率	30%					
10	应纳税所得额		81,753				
11	税金		24,526	=C10*$B$9			
12				税率是在一个单元格中单独设置的输入项数据			
13							

图 2-1　不要在公式中使用手动输入的数据

不过也有例外，如果你设置了一个固定的计算因子，那么公式中就会包含手动输入的数据，比如在计算月平均数值时就会用年度合计数乘以 1/12。在这种情况下，是可以在公式中手动输入“1/12”的。

2.7　每个数据点仅对应一个输入项

任何数据点都只能对应一个输入项。输入相同的数据点——例如，在一项估值计算中会用到最新的股票价格——并且要在不同的位置输入该项数据，这里就存在重复性的工作，更糟的是，在你的模型中还可能会出现不一致和互相冲突的信息。

任何包含特定数据点的公式都应该从一个统一的位置调用数据。尽量不要从其他或多个单元格中间接或反复调用某个输入项数据。

2.8　使用模块化的建模方法

你应该采用模块化的建模方法来创建模型各部分，并且按照模型各部分的功能安排相应的计算。每个部分的输出结果都可以在下一个部分中调用。当你需要在模型中添加、升级甚至移除某项功能时，模块化建模方法的便利性就会体现出来。另外使用该方法进行建模也会更易查找错误的出处。

2.9　前后要保持一致

尽可能保持模型各列、各表以及各部之间布局的一致。这样不仅能令模型的外观简明、清晰，还可令模型各部之间的协同性更强、完整性更好。

2.9.1 模型中的各列

模型各列应该使用相同的公式。可以将各种公式写入第一列中，然后再将其复制到其他各列中。有些公式需要输入前一列的计算结果（如增长率的计算公式），因此在创建模型时就要在计算列的左侧预留一个空白列。该空白列用于列示"前一年"（但是实际上是空白的）的数据，以便各列可以使用相同的公式。你可以缩小空白列的宽度以便保持原先的布局，但是不要隐藏这些空白列和行（详情请参见 2.10 节）。如果出于某种原因你不得不在同一行的不同位置使用不同的公式，就应该使用下划线或特殊的字体和颜色，抑或是在公式发生变化的单元格中添加注释，这样究竟哪里的公式有变化就会一目了然。

2.9.2 模型中的各电子表格

模型各表采用的数据排列方式都是一样的，尤其是时间序列数据。正如图 2-2 所示，如果 F 列中列示的是 2020 年的数据（G 列列示的则是 2021 年的数据，以此类推），那么模型中各表都会按照这个排列方式列示数据。在进行跨表引用时如此设置就会更加方便且不容易出错。如图 2-2 所示，在列示现金流折现数据时，C 列到 F 列的列宽都比较窄，为的就是保证数据位置的统一和一致，即两张表中各日期下的数据所对应的列号都是一样的。

	A	B	C	D	E	F	G	H
5							预测	预测
6		利润表		Dec-18	Dec-19	Dec-20	Dec-21	Dec-22
7		营业收入		600.0	800.0	1,000.0	1,050.0	1,102.5
8		销售成本		(250.0)	(300.0)	(400.0)	(420.0)	(441.0)
9		毛利润		350.0	500.0	600.0	630.0	661.5
10								

	A	B	C	D	E	F	G	H	I	J	K
23							预测	预测	预测	预测	预测
24		现金流折现					Dec-21	Dec-22	Dec-23	Dec-24	Dec-25
25		营业收入					1,050.0	1,102.5	1,157.6	1,215.5	1,276.3
26		息税折旧摊销前利润					472.5	496.1	520.9	547.0	574.3

图 2-2 同一时间序列的数据会对应相同的列

跨表引用固定行操作起来难度更大，因为各表中涉及的计算量不同，所需要的数据行数也不同。

2.9.3 设置统一格式

在模型各处相同的内容就应使用相同的字体、字号及格式（粗体、斜体和下划线）。比如，如果你在标签中设置了单词首字母大写，那么为了增加视觉效果以便显示清楚，所有标题的格式都应保持一致。如果你在字体和单元格中设置了特殊颜色，则同样要保证格式的统一性。详情请参见 3.5 节的样式。

2.9.4 设置统一标题

相同的科目要使用相同的标题。比如同一个科目在一张电子表格中称为"经营性现金流"而在另外一张电子表中称为"经营活动产生的现金流"，就可能会造成混乱。

2.10 将电子表格中的所有单元格都设置为可见

保证所有的列和行都是可见的，以便使用者可以准确地知道模型当前的运行状态。如果你需要隐藏某些列或行，可以依次选择*数据>分级显示>组合*进行设置，设置后就会在屏幕的上方或左侧出现一个"+"表示这里有隐藏的内容。

隐藏列或行会引发一些问题。当隐藏的单元格被误删或覆盖时就容易出现错误。

在打印整个模型时，为了更好地显示输出结果，你可能想要隐藏某些行，但是只要打印完毕，就应该取消隐藏。我们将在 11.12.2 小节介绍列和行的快速隐藏方法。

另外，尽量不要将字体颜色设置为"不可见"，即不要将字体颜色设置成白色以致单元格内容显示为空。如果必须要进行某项计算但你又不想破坏已经设计好的输出结果布局，则可以试试上述设置。在这种情况下，将某些计算放在便于查看但又不显眼的其他地方其实更好。

2.11 应在模型中为使用者设置相关指引

实际上，在整个建模过程中无论你多仔细认真，仍然会出现错误。更糟糕的是，错误出现时我们往往意识不到，只有当模型出现问题时才会反应过来。

围绕电子表格错误的研究中，夏威夷大学辛德勒商学院的 Raymond Panko 强调的三点事实尤其值得注意：（1）所有的电子表格中都有错误，（2）错误很难查找和修正，（3）开发人员和机构对于他们所建电子表格的准确性过于自信。

问题不是究竟有没有错误，而是到底有多少错误。即使找到了一些错误也绝对不能放松警惕，因为可能不知在哪里还有没被发现的错误。

2.11.1 使用Excel中的数据验证功能来设置输入项的类型

使用Excel中的数据验证功能（*数据>数据工具选项>数据验证*）可以限定使用者能够在单元格中输入的数据类型。以日期输入项为例，在单元格中使用数据验证功能后该单元格就仅允许输入日期。如果输入其他任何格式（比如一个百分比）的内容就会弹出一条错误提示信息。也就是说，只要内容不满足数据验证的条件，就不能输入到单元格中。更多详情请参见12.4节。

2.11.2 设置纠错机制

你可以在设置公式时使用IF语句。这样，当模型的特定位置出现错误时就会返回一个错误提示信息。可以对与错误信息有关的某个或多个单元格设置条件格式（具体请参见12.5节），如果确实出现错误则相关单元格就会变成红色。你还可以在这些小的检查项与校对项之间设置链接，这样模型中任何地方出现问题都会自动提醒你注意（具体操作请参见12.6节）。有了这样的提示信息，一旦模型出现问题你就可以马上采取补救措施。

创建资产负债表时，必须要检查两边的试算数据是否调平。这项检查也很容易（详情请参见7.16节）。

2.11.3 对信息进行格式化设置

通过格式、字体、字号以及文本和背景颜色的变化，可以引导模型使用者在各个显示器之间浏览相关的信息。不过，要注意不要过分添加文本修饰，因为这样可能会让人感到眼花缭乱。

- ◆ 整个建模过程中都使用统一字体，在字号上可有所变化，另外还可以设置粗体、斜体和下划线以区别不同的内容。Calibri是Excel 2016中的系统默认字体，也被称为"标准"字体，该字体显示效果清晰简洁。（样式为全局格式；修改样式则所有工作簿中单元格的格式都会改变。）

- 单元格背景不宜设置成五颜六色，应尽量选择素雅的颜色，以标记不同的信息。另外还可以通过设置不同颜色的字体来突出显示其他信息。以下是我常用的两个配色方案，用户体验都比较好。
  - 将输入数据所在的单元格背景标记为浅黄色。如此设置后，即使没有具体标注，你也能知道哪些单元格中是输入项数据。在浅黄色背景下使用蓝色字体就可以让输入项单元格变得更加醒目。也可以选择细线来标记单元格边框。
  - 将与工作簿其他区域或其他工作簿存在链接关系的重要数据设置为暗绿色字体，而其所在单元格的背景颜色仍为白色。不过此项设置仅供参考，推荐使用第一项设置。
  - 还需要修改的单元格应该用亮色来标记，比如临时修改用以检验电子表格数据的单元格。这类单元格不仅要对字体进行特别设置，还应设置醒目的背景颜色，以便你快速浏览屏幕时可以准确地定位它们。这些单元格的数据被修正后，背景颜色就可以消除了。

2.11.4　你可能会犯的错误类型

公式越复杂、电子表格内容越多，越容易出错。不要忘了每当你放松警惕时，错误率会升高。下面就来介绍几种在模型中会出现的错误。

2.11.4.1　引用中的错误

这些都是引用中经常出现的错误：

- 引用了错误的单元格。使用箭头键将光标移动到正确的单元格上是解决该问题的一个方法，但是如果你想要定位的单元格不在光标附近，那么使用箭头键就不太好操作了。
- 如果同一行中使用的公式不同，就会导致引用错误。一致性原则在这里比较有用：你应该尽量在同一行中使用相同的公式。如果前三列使用了一个公式，剩下的几列却使用了另外一个公式，且没有在格式上有所区分，那么迟早会出错，比如一行中的其他列无意间复制了起始列的内容。
- 跨行复制公式导致引用错误。有可能是这样一种情况，当你想将某些内容从一边复制到另一边时，需要引用的位置随之变化，但是由于公式本身是绝对引用，即引用位置是固定的，这就会导致引用错误。因此，当你在工作簿中引用了其他文件的内容且使用了绝对引用，就需要时刻注意引用内容是否正确。

2.11.4.2 函数使用错误

要想避免函数使用错误，就需要熟悉 Excel 中的每个函数都是做什么的。例如，如果你想要统计非空单元格个数，且无论单元格中显示的是数字还是文本，只要有内容就要计入其中，那么就应该使用 COUNTA 函数，而不是 COUNT 函数。如果你使用了后者，则最后的计数中就只包含内容是数字的单元格而不包含内容是文本的单元格，从而导致漏计。

函数使用错误还包括输入的参数出现逻辑性错误。以 IF 语句为例，这是最常用的函数，应该花些时间弄清楚究竟需要设置什么样的逻辑判断条件才会返回 TRUE 和 FALSE。

2.11.4.3 目标区域地址设置错误

大多数函数都需要设置目标区域地址这个参数，尽管设置起来并不难，但却很容易出错。为了避免出现输入错误，在输入函数时可以使用箭头键来定义区域地址。

检查最终的公式是否正确，可以按〈F2〉键对公式进行编辑。Excel 可以用不同的颜色来标识公式的读取区域。这样做就可以使数据读取区域一目了然。

插入行和列时要格外小心。一定要反复仔细检查插入的行和列是否会让原来正确的公式出现错误。例如，你在一列数字和底部求和单元格之间插入了一行，但是合计值中却没有包含新插入行的数据。这时就需要检查求和公式，以确保新插入的单元格数据能够计入合计值。

2.12 充分利用 Excel 中的自带功能

Excel 2016 中自带了近 500 个函数，这等于为你提供了一个独一无二的计算分析工具箱。放心——你无需对所有的工具都了如指掌。5.1 节会为你提供一张列表，其中包含了近 60 个函数，这些都是我认为在建模工作中非常有用的函数。当你需要进一步了解某个函数的具体信息时，在 Excel 中插入该函数就会显示相关的帮助信息。在编辑栏的左边可以看到一个 fx 符号，点击它就可以插入函数。

通常，打破传统使用创新的函数组合或特殊的函数会有奇效。网上相关的内容非常多，你可以从中获取灵感。如果你遇到了自己无法解决的建模难题，可以将问题输入到搜索栏中，然后点击搜索结果中的链接查找可能的解决方法。

2.13 记录开发步骤

在开发模型的过程中，记录是一项比较繁重的工作，但是保存开发文档是非常有必要的，因为这样才能在模型完成之后向其他人讲解模型。另外，其对于开发者本身同样重要，查看记录文档就可以知道模型是为何而建，又是怎么创建出来的。

要创建记录文档，就要使用 Excel 中的批注功能在你创建模型的单元格中添加注释内容。这些注释内容可用于解释模型的某项特殊功能，提醒自己要进行的相关修改，或确定数据源及其他事项。想要在单元格中插入批注，最快捷的方式就是同时按〈Shift+F2〉键。其他方法则相对麻烦一点：

1. 点击鼠标右键。
2. 在弹出的菜单中选择插入批注。

插入批注后，批注所在的单元格右上角马上就会显示一个红色的三角标记。

2.14 随时保存文件

记住一定要定期保存文件，比如每隔 10~20 分钟就保存一次。每次保存文件时都设置不同的文件名是一个很好的习惯。如果你每次保存文件用的都是同一个文件名，当该文件损坏后，你就无法将其恢复到之前保存的版本。

只要你认为刚才对模型的修改属于重大修改，就应该另起一个文件名来保存文件。另外，如果是隔了一段时间后又重新打开文件开始编辑（比如，早上再次打开文件进行编辑，或者是在用过午餐后你想要将上午和下午的工作内容进行划分），也应该以新的文件名来保存文件。给文件起名时可以采取比较简单的方式，即以当天的日期和一个代表当前所编辑文件的字母作为文件名。以一个名为"VISTA"的模型为例，你可以将 Excel 文件名设置为 VISTA.0817a.xls、VISTA.0817b.xls，它们代表了 8 月 17 日编辑的两个不同版本的文件。第二天，再保存文件就应该将文件名修改为 VISTA.0818a.xls，以此类推

（上述示例使用的是美国标准日期格式即月—日。）你可以按照自己的喜好在文件名的名称和日期之间使用空格或下划线。设置文件名时最重要的一点就是标明文件的次序，以便知道各个版本完成的时间。

至此，我们在建模过程中总结的一些最佳操作就介绍到这里了，下面就来一起回顾一下在建模过程中需要熟悉的 Excel 知识。⊖

⊖ 更多建模规范，请关注注册估值分析师协会公众号 CVAinstitute，回复"财务建模"，或访问网站 www.cvainstitute.org。
　　——编者注

第 3 章

设置准备

下面我们来看看 Excel 中的一些基本设置和相关格式，了解它们将有助于我们完成后续的工作流程并获得最终的模型成品。

本章将分为以下几个部分：

- 功能区。
- 快速访问工具栏（QAT）。
- Excel 设置。
- 格式。
- 样式。
- 保护。
- 其他设置。

3.1 功能区

在 Excel 页面的顶部就是"功能区"，这个菜单是由不同的命令选项卡组成的（见图 3-1）。该功能区会根据屏幕的显示宽度自动调整，当显示区域比较窄时菜单中的标签就会自动变成缩写。

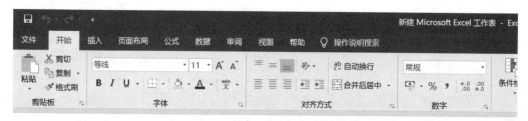

图 3-1 功能区

点击选项卡选择一个命令（如果你还没有打开正确的选项卡）并执行。你也可以按住〈Alt〉键，功能区中就会显示快捷字母。使用〈Alt〉键和字母组合——各种字母——这是一种快捷操作，即无须点击鼠标弹出菜单也可以执行相同的操作。

3.1.1 功能区显示选项

在 Excel 页面右上角有一个功能区显示选项按钮，可以对功能区在屏幕上的显示样式进行设置。点击该按钮会显示三个选项（见图 3-2）。

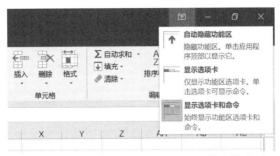

图 3-2　Excel 页面右上角功能区显示模式的选项

1. 自动隐藏功能区：即完全隐藏功能区。只要点击屏幕顶部功能区中的选项卡和所有命令就会显示出来。

2. 显示选项卡。即在屏幕上方仅显示选项卡。如果你想要在屏幕中显示更多的 Excel 页面内容，选择这个选项就可以。点击选项卡就可以看到具体命令。

3. 显示选项卡和命令。此为默认设置即显示全部的选项卡和命令。

3.2　快速访问工具栏（QAT）

在功能区顶部的一个条状区域内还显示了几个图标，即为快速访问工具栏（QAT，见图 3-3）。

图 3-3　在功能区上方的 QAT

在 Excel 快速访问工具栏中默认的选项（来自 Office 365 显示界面）包括自动保存、保存、撤销和恢复。如果你没有连接 OneDrive 则自动保存按钮就会显示为灰色；只要你登录 OneDrive 账户该功能马上就会变为可用。如果你只是单独使用 Excel 则该设置不可用。一旦工作簿中出现可撤销和恢复的内容则撤销和重做这两个按钮就会显示为可用。如果你按下〈Alt〉键，就会看到四个图标上出现 1、2、3、4 这四个数字。按下〈Alt+2〉键就可以马上保存当前文件。你可以在 QAT 中添加更多的图标（请看下文），且每个图标都会对应一个数字，各项操作的快捷方式就是 Alt+对应的数字按键。

3.2.1 自定义 QAT 以提高工作效率

在功能区点击鼠标右键就可以很容易地将你常用的命令添加到 QAT 中。从弹出的小菜单中点击*添加到快速访问工具栏*即可。完成操作后你会看到图标会马上出现在 QAT 中。你可以根据需要在 QAT 中添加更多的命令。

3.2.2 添加更多的命令

点击 QAT 右下角的下箭头就会弹出一个下拉菜单，选择其中的命令就可以将其添加到 QAT 中（见图 3-4）。这里列示的都是一些常用的命令。

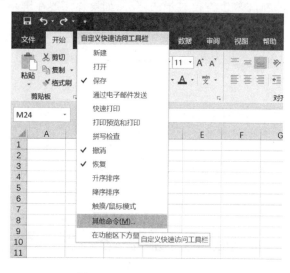

图 3-4　QAT 的自定义菜单

但如果你想添加更多的命令，则可以点击下拉菜单底部的*其他命令*。随后就会弹出一个大型的 Excel 选项菜单（见图 3-5）。

在 Excel 选项菜单下，点击左侧列表框中的任意命令，然后点击中间的*添加*按钮，你所选的命令就会出现在右侧的列表框中。最后只要点击确定按钮，上述命令就会显示在 QAT 中。

在左侧列表框的顶部你会看到"分隔符"选项。在右侧列表框中添加分隔符后，QAT 中的命令就会按组显示，各组之间会以一条竖线进行分隔。使用表单右侧的上下箭头就可以调整命令的排列顺序。（请记住，调整命令排列顺序的同时，其在 QAT 中对应的数字编号也会改变。）

图 3-5　Excel 选项中关于快速访问工具栏的设置

点击*从下列位置选择命令*就会看到一个更长的命令列表（见图 3-6）。

图 3-6　更长的命令列表可供选择

用鼠标右键点击 QAT 上的命令并选择*从快速访问工具栏删除*就可以将命令从 QAT 中移除。

3.2.3　功能区上方或下方?

QAT 究竟是显示在功能区的上方还是下方，你可以在 QAT 自定义菜单的最后一项中设置。将 QAT 放在功能区上方的一个好处就是在屏幕上可以少占用一行，如果屏幕中间的文件名和右上角的控件已经占用了一行，就比较适合这样设置。

3.3 Excel 设置

找到*文件>选项*，然后点击左侧列表中的*高级*选项（见图 3-7）。

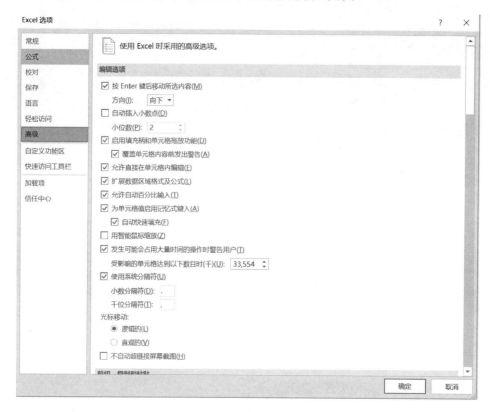

图 3-7　选项>高级

左侧的大部分内容可以保持默认设置，但是有两项将会对你的建模工作产生影响。你可以按照个人喜好来设置。

3.3.1　按〈Enter〉键后移动所选内容

此为默认设置。即按下〈Enter〉键后，光标将会朝着设置中的所选方向移动。对于一些需要输入一列内容的操作，上述设置就比较合适。但是，如果你想要在某单元格内设置公式——这是建模工作中比较常见的操作——则不要勾选这个默认项，这样就不用反复按〈上箭头〉键返回起始单元格了。

3.3.2 允许直接在单元格内编辑

此为默认设置。当你按下〈F2〉(编辑)键或双击某个单元格，公式就会显示出来（见图 3-8），你可以在当前单元格中直接编辑公式。注意此时公式也会同时出现在公式编辑栏中，你也可以在那里编辑公式。

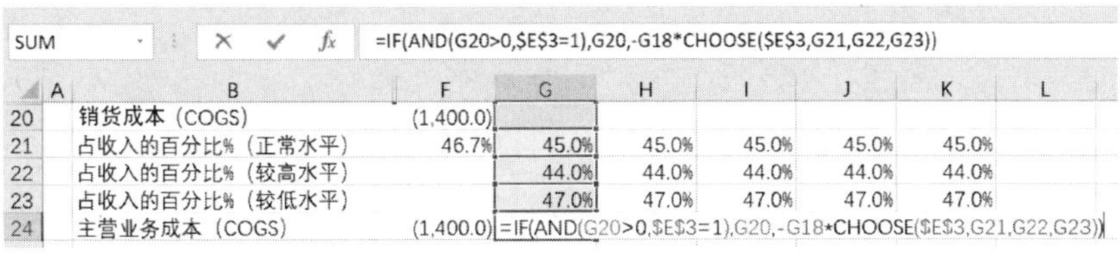

图 3-8 允许直接在单元格内编辑

如果没有勾选这个默认设置，你就必须按下〈F2〉键才能编辑公式，且单元格中的公式只会出现在公式栏中（见图 3-9），也就是说只能在公式栏中进行编辑。

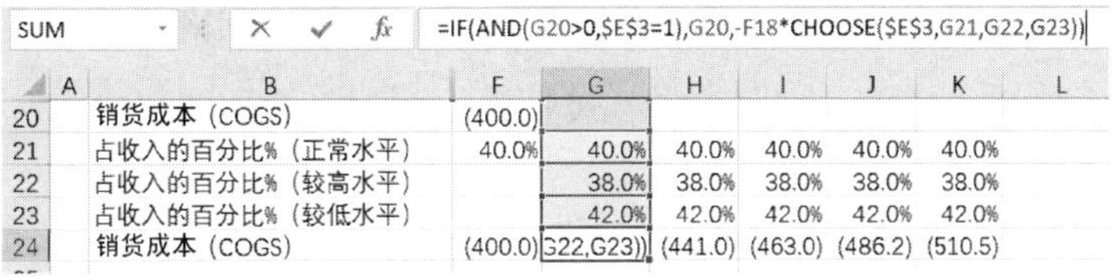

图 3-9 当不勾选"允许直接在单元格内编辑"

不过，放弃这个默认设置也会有个意外收获：即双击单元格就可以知道公式中第一个引用数据的具体位置。实际上，这就等于是一个快速位置追踪器，只不过只能追踪公式中的第一个数据的引用位置。如果是从多个显示器或是另外一个工作簿中引用的数据，则会跳转至引用位置。然后只要按下〈F5〉和〈Enter〉键就可以回到起始位置（你甚至不需要查看使用〈F5〉键的具体位置）。操作一下试试，如果你觉得快速跳转单元格的功能比较好用就可以这样设置。

3.4 格式

在 Excel 中修改输入内容的格式很容易。〈Ctrl+1〉这个快捷方式你应该记住。使用它就可以调出单元格格式设置窗口（见图 3-10）。

图 3-10 单元格格式设置

由选项卡可知，任何单元格都是从这六个特征或属性进行格式设置的。由于数字属性的设置在建模中比较重要，设置得好就可使模型更加易于理解和使用，所以我们先来说一下它。

展开数字属性设置列表（数字属性选项卡下的内容），这里列示的就是 Excel 中可以设置的各种数字格式。主要包括以下几项。

3.4.1 常规

此为 Excel 单元格的默认设置。Excel 自身会尝试对输入内容进行智能化的格式设置：你在单元格中输入一个数字，则软件会自动执行数字格式。比如，如果你输入的是"17.80%"，则该单元格就会自动执行百分比数值格式并保留小数点后两位，即使后来你把该数据删除了，该单元格的格式也不会变。引用此单元格的任何单元格，如果设置的还是常规格式，则这些单元格内的数值都会以百分比的形式来显示，且均保留小数点后两位。上述设置适用于快速建模工作。

3.4.2 数值

如果你想要按照自己的喜好设置数字格式，那就不要使用常规格式，按需要选择其他数字格式分类即可。点击数值选项卡就可以看到一个分类列表（见图 3-11）。在这里我们拥有的可选性就多了：我们可以让下面的单元格都遵循某个特定格式。

图 3-11　单元格格式列表中的数值格式设置

如果鼠标所在的单元格输入的是数字，在打开单元格格式列表后，就会在右上角的示例显示区看到该数字。更改格式时，示例的格式也会随之发生变化。

下面我们要对数字进行以下设置：小数位数为 0，勾选使用千位分隔符，且负数显示为红色。然后，点击分类列表底部的自定义选项（见图 3-12）。右侧会显示一个类型列表，按照需要进行选择就可以修改信息的显示格式。（自定义选项可以设置任意类别的格式）。

图 3-12　自定义选项中的格式

选择上面的格式后，类型框中就会显示以下内容：

#,##0_);[红色](#,##0)

这是 Excel 对格式命令的说明。第一部分是正数的格式；第二部分是负数的格式。中间的分号用来分隔不同的格式。

3.4.2.1 正数格式

正数格式代码为：

#,##0

其中的 0 表示在单元格中输入数字时，至少会显示 1 位数字。#号是占位符，代表附加的数字位；小数点左侧的数字会按照上述格式来显示，每千位会以逗号分隔。如果在单元格中输入 0.017，则最终的显示结果就是 0。如果输入的是 1234567.890，则会显示 1,234,568，即没有小数点且小数点后的几位会四舍五入到小数点前一位。

3.4.2.2 负数格式

分号之后就是负数的格式代码，我们可以看到除了负数的字体会标记为[红色]，其他都和正数格式相同。

#,##0;[红色](#,##0)

如果我们不专门设置负数格式，则负数的前面只会显示一个负号。软件提供了不同的负数格式意味着我们可以根据需要进行选择。

3.4.2.3 正数格式代码中的其他符号

看到下面的正数格式代码你就会发现其中有几个附加符号：

#,##0_);[红色](#,##0)

其中的"_)"是一个有意思的格式符号。这个下划线"_"本身的含义是："在数字格式的右边添加一个与字符宽度相同的空格。"后面紧跟着是一个右括号")"。通过添加一个与")"同等宽度的空格，正数的位数（以及小数点）就会与负数数值（见图3-13）

	A	B	C
1	格式	代码中设置	代码中没有设置
2		#,##0.0_);(#,##0.0)	#,##0.0;(#,##0.0)
3		12,345.0	12,345.0
4		(12,345.0)	(12,345.0)
5			

图 3-13　注意代码中没有"_)"时小数点的错位情况

对齐。在负数格式中的括号虽然只是小符号，但能让最后的显示效果更加清晰美观。如果负数格式中没有使用括号，那就无须在格式代码中输入"_)"。

3.4.2.4 数字 0 的格式

至此，正数和负数的格式代码我们就介绍完了，另外还有第三种格式可以在 Excel 中进行设置。当单元格中的数字是 0 时，如果你想按照默认格式显示（即按照正数格式显示）则无须进行特别设置。但如果你想让 0 显示为一个连字符-，则需要在前面两种格式代码的基础上增加一些内容，再用分号隔开。具体如下：

#,##0_);[红色](#,##0);"- "_)

可以直接在自定义项下列表中的类型框中直接指定其他格式（见图3-14）。

图 3-14 在自定义项下指定其他格式

这样设置的好处就是尽管 0 看起来是一个连字符（也就说是一个字符而不是一个数字），但是任何公式在引用它进行计算时都会将其视为数字0，这样就不会返回#VALUE!。数字 0 的格式代码中可以包含"_)"，即设置了一个连字符宽度的空格，这样就可以与同列中的任何数字实现右对齐。

3.4.2.5 文本格式

第四种格式适用于文本。我们可以在*自定义*项下选择如下格式：

#,##0_);[红色](#,##0);"–"_);@_)

如果你使用了所有四种格式且文本格式正好是第四种格式，则无须在格式代码中使用@。只有当你没有设置另外三种格式且文本格式是第二种或第三种格式时才需要在代码中使用@。同样，如果你不想使用负数和0的格式，只要文本格式中包含@这个前缀你就可以指定正数格式和文本格式。

即使是文本格式，在格式代码的最后加上"_)"也是有用的，其可以在文本的右侧预留一个小空格。

3.4.3 日期

在"日期"这个格式类型下有不同的日期格式供你选择，或者在类型框下也可以直接自定义日期格式。如图 3-15 所示，我从系统默认的日期类别中选择了可以显示周中第几天的格式，然后会输入一个逗号，接着是四位数显示的月份、天数以及年份。我们可以在自定义的编辑窗口中看到这个格式代码：

[$-x-sysdate]dddd, mmmm dd, yyyy

代码的开头是一个用方括号括起来的部分，这是软件自带的一个内部格式代码，不需要我们自己手动编写。这里需要注意的一点就是，即使单元格中只包含一个很简单的日期即 8/17/20，除了可以指定显示标点符号，你还可以指定星期几、具体月份数以及年份位数。

图 3-15 时间格式的设置

因为在你的模型中会显示日期，所以这里我们总结了一个比较有用的指定日期格式代码列表。修改"d"或"m"的位数就会得到不同的显示结果（见表 3-1）。注意在

图 3-15 中就包含了两个不同的"d"格式：即 dddd 和 dd。

表 3-1 日期格式代码

代码	单元格内容为 8/17/20 的显示结果	
d	17	如果天数的格式代码只有一位，则只会显示这一天的天数信息
dd	17	
ddd	Mon	
dddd	Monday	
m	8	
mm	08	
mmm	Aug	
mmmm	August	
mmmmm	A	当空间有限时该格式代码就比较有用
yy	20	
yyyy	2020	

3.5 样式

至此，格式我们就算设置完了，下面就可以使用 Excel 中的样式了。样式是指全局格式，其中涉及字体、字号、粗体、背景颜色等具体格式。选用一系列样式后，整个工作簿的呈现效果就会变得和谐统一。

Excel 中默认的是常规样式。点击开始>*样式*选项卡就可以看到。右键点击常规样式并选择其中的修改（见图 3-16）。

图 3-16 修改常规样式

样式列表（见图 3-17）。这个界面我们还是比较熟悉的，即围绕单元格的六个属性进行格式设置。样式设置的妙用之处就在于：你可以对一个单元格进行相同的格式化设置。当一个样式也进行了相同的设置，你就可以将其应用到整个工作簿，以求格式的整体统一。如果没有设置样式，你就必须反复修改当前单元格的格式属性，或者使用格式刷复制格式属性。

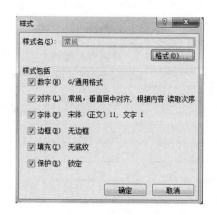

图 3-17　样式列表

3.5.1　参照你最常用的格式来修改"常规"样式

你可以按照自己的需要将模型中最常用的数字格式修改成常规样式。这样一来，凡是在你工作簿中添加的电子表格都可以使用上述格式。设置样式的方法和之前设置单元格格式的方法完全一致，请参见 3.4。

一旦设置或更换样式，所有单元格的格式都会统一变化。（但是，如果针对某个单元格格式进行了单独设置，则该单元格就不会再因整体样式的变化而变化，想要改变这点只需在该单元格中重新应用样式即可）。

无论何时，如果你需要修改某个细节格式（比如日期），可对某些单元格进行局部格式修改，甚至可以创建一个称为*日期*的新样式。使用样式就可以轻而易举地让单元格变成你想要的格式。

3.5.2　创建一个新样式

创建一个新样式，需要点击样式选项卡右边的下箭头。弹出的视窗中会显示 Excel 现有的全部样式。点击视窗底部的新建单元格样式（见图 3-18），此时就会看到"样式"选项卡，在"样式名"一栏中可以设置样式的名称。在这里也可以像之前一样设置样式的各项细节。

你可以按照需要自定义数字、百分比、日期等内容的样式。甚至还可以在同类样式中进行细化设置——例如让数字仅显示小数点前的位数，即小数点后位数为 0，该样式被称为"常规0"，显示到小数点后 1 位的称为"常规1"，以此类推。

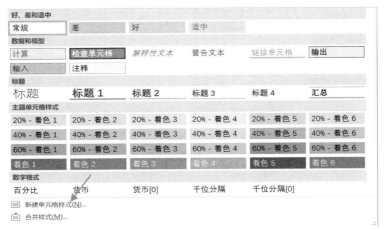

图 3-18 通过新建单元格样式选项创建新的单元格样式

3.5.3 创建一个样式时无须定义所有属性

你创建的样式中既可以对所有属性都进行设置，也可以仅对几个特定属性进行设置。不想设置的属性不要勾选即可，但是至少要保留一项。比如，你想要将某个单元格中输入项的背景设置为黄色、字体设置为蓝色，且边框显示为虚线，除此之外对其他格式属性没有要求，那么就只需要勾选相关属性即可。具体操作如下，勾选样式表单中的*字体、边框以及填充*属性，其他属性前的复选框不要勾选就可以完成输入样式（此为默认样式）的修改。如此一来，单元格的其他属性（比如数字或百分比或斜体标注）就会保持原有的默认设置。

一个样式可能对六个属性都进行了设置，但是只有在样式表单中被勾选的属性才能在 Excel 中真正生效。

3.6 保护

在对单元格进行格式设置或者设置一个样式时，开启保护功能既可以隐藏单元格内容，提高保密程度，还可以防止第三方在未经授权的情况下对单元格内容进行篡改。

下面的内容对于你需要保护的工作簿都是适用的。

1. 针对想要保护的单元格，通过勾选复选框就可以设置相关的保护属性。如果你的工作簿中应用了样式，针对样式中的属性设置保护，则在整个工作簿中凡是应用样式的单元格都会受到保护。输入项单元格的样式不要勾选保护属性（最好是将这些单元格的背景颜色设置为黄色）。

2. 仅勾选单元格的保护属性并不代表保护生效。你必须马上开启"主开关"保护设置才会生效。操作步骤是依次选择*审阅>保护>保护工作表*。这时就会弹出保护工作表的设置窗口（见图 3-19）。输入一个密码再点击确定，保护才会生效。

图 3-19　弹出的保护工作表窗口

3.6.1　Excel 对于工作簿的保护能力很弱

这里要提醒大家注意，Excel 对于工作簿的保护能力其实是很弱的。使用网上的宏程序就可以轻而易举地破除工作簿的保护。不过，如果你并不奢望 Excel 中的保护功能可以有效防止知识产权内容的泄露，而只是希望工作簿内容不要因为操作者的疏忽而被无意间改写，那 Excel 中的保护功能还是足够用的。

3.6.2　隐藏属性

单元格格式设置窗口中的保护项下有两个勾选项，第一个是锁定，第二个就是隐藏。如果勾选了隐藏，则意味着在 Excel 的公式栏中不会显示单元格中的公式。上述操作的目的就是隐藏模型中的计算公式，在模型中最具知识产权价值的内容可能就是这些计算公式。

隐藏和锁定两个选项可以单独勾选或关闭。和锁定保护一样，隐藏保护也需要依次选择*审阅>保护>保护工作表*方可生效。

3.7 其他设置

3.7.1 网格线

简化电子表中的格式属性可使电子表的显示效果更加简洁清晰。取消网格线的具体操作是选择*视图 > 显示/隐藏*，然后将网格线复选框中的勾选取消即可。

3.7.2 计算设置

Excel 的计算选项中有三项可供选择，你可以依次选择*公式 > 计算 > 计算选项*进行设置（见图 3-20）。

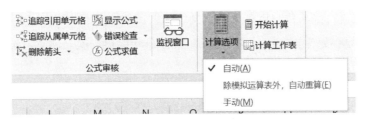

图 3-20　计算设置

3.7.2.1 自动

自动选项是一个默认设置。在该模式下，每次对工作簿进行修改后 Excel 就会自动对工作簿中的所有数据重新计算。鉴于工作簿一般不超过 5MB，以及当今计算机的处理速度，Excel 可以一直在这种自动模式下运行，对整个工作簿执行重算基本可以立即得到结果。

3.7.2.2 除模拟运算表外自动重算

选择此项也会进行自动重算，但是 Excel 不会计算模拟运算表，通常这部分运算量是非常大的。如果在你的工作簿中包含一个或两个模拟运算表，就会觉得 Excel 的重算速度还是很快的，但是随着模拟运算表数量的增加，重算速度就会明显变慢，重算可能耗时 20~30 秒，甚至更长。在除模拟运算表外自动重算的模式下，尽管你必须要在查看或打印最终输出结果之前手动按下〈F9〉键对包含模拟运算表在内的所有数据进行重算，但是重算耗时却会大幅缩短。

3.7.2.3 手动

选择该模式，在工作簿中输入数据或进行任何修改 Excel 都不会执行重算。对于大型工作簿而言，每次执行重算都会出现明显的延迟，而手动计算则有助于提升输入速度。不过，由于重算改为手动，你就必须要养成一个习惯，即在复核所有数据之前一定要记得按〈F9〉键手动执行重算以刷新数据。

3.7.2.4 迭代计算

迭代计算是一个特殊功能，本书会单独进行讲解。（第 8 章的 8.5 会详细讲解如何开启迭代计算。）

3.7.2.5 自动保存

Excel 会默认自动保存，即每 10 分钟就会对你的工作簿进行自动保存。你可以在文件>选项>保存（见图 3-21）中找到这项设置。其属于默认设置因此无须更改。当 Excel 由于某种原因崩溃了，其会尝试将文件恢复到最近自动保存的版本。不出意外的话，Excel 每 10 分钟（或者按照你设定的间隔时长）就会自动保存一次。注意，设置自动保存的同时还应该养成随时保存的习惯。

图 3-21　在文件>选项中设置自动保存

如果你在工作簿中进行了大量操作却在没有保存的情况下意外关闭了 Excel，此时还有一个操作可能对你有帮助——但前提是你勾选了保存设置页面的第二个复选项即"如果我没保存就关闭，请保留上次自动恢复的版本"。该项属于软件的默认勾选项。为了恢复未保存的文件操作如下：

1. 打开一个新文件或任意一个旧文件。
2. 点击文件选项卡。
3. 点击信息。
4. 点击管理工作簿。

5. 点击恢复未保存工作簿。

6. 你会看到一个未保存的文件列表。选择其中一个文件并点击打开。

7. 在文件顶部的任务栏中，点击另存为来保存文件。

最后还要提醒一下，一定要记住手动保存工作簿，以不同的文件名定期对文件进行保存，特别是当你刚完成建模工作，养成上述操作习惯更为重要。完成操作后，如果没有再进行新的修改，则可以将工作簿恢复到最后一个保存完好的版本。

下一章，我们将会介绍 F 功能键以及如何在 Excel 中使用区域名。

第 4 章

建模工具：F 功能键和区域

本章将会介绍一些特殊的键盘控制按键并讲解如何在 Excel 电子表中定义单元格区域。具体内容如下：

- 键盘中的 F 功能键。
- Excel 区域名称的设置。

4.1 使用的文件

请使用*第 4 章财务报表.xlsx* 和*第 4 章递延税金.xlsx* 文件。

4.2 键盘中的 F 功能键

在键盘的上方依次排列的〈F1〉至〈F12〉按键即为功能键。每个 F 功能键在 Excel 中都能执行特定的命令，但是在使用过程中你就会发现常用的功能键也就占一半。下面用粗体标注的是我常用的功能键（可能与你的习惯不同）：

- 〈F1〉帮助。
- **〈F2〉编辑活动单元格。**
- 〈F3〉将定义的名称粘贴到公式中。
- **〈F4〉重复上一个命令或操作。**
- **〈F5〉定位。**
- 〈F6〉切换到下一个窗口。
- 〈F7〉拼写检查。
- 〈F8〉以光标位置为起点扩大选定区域。
- **〈F9〉对所有打开的工作簿中的电子表执行重算。**
- 〈F10〉激活菜单栏。
- 〈F11〉创建一张图表。
- **〈F12〉另存为。**

此外，还有四种常用的 F 功能键组合。使用这类组合时，要先按下〈F2〉键并松开，然后再按下第二个 F 功能键。具体组合如下：

- 〈F2，F4〉, F4, F4, F4：循环执行绝对引用。

- 〈F2，F5〉：定位到源头的公式。
- 〈F2〉，选中公式部分；〈F9〉，对选中的公式部分进行重算。
- 〈Shift+F9〉：仅重算当前工作表。
- 〈Alt+Ctrl+Shift+F9〉：强制计算。

上述组合按键中以逗号隔开的表示每次按一个按键，按照顺序依次操作。以加号隔开的则表示所有按键必须同时按下。

除此之外，如果将 F 功能键和〈Shift〉、〈Ctrl〉、〈Alt〉、〈Ctrl+Shift〉或者〈Alt+Shift〉进行组合，则可以调用 Excel 中的更多命令。如果你平时常用鼠标进行操作，则上面介绍的大部分组合快捷键对于你而言都比较陌生，但是你也应该按〈F1〉键打开帮助界面了解 Excel 的全部功能。在帮助页面的搜索框中输入"快捷方式"然后就可以查找 Excel 键盘快捷键的使用方法了。

4.2.1　F1：帮助

〈F1〉键是调出 Excel 帮助页面的重要按键。按该键就可以打开帮助窗口，在其中你可以搜索关键字或按照标题浏览帮助菜单。

4.2.2　F2：编辑活动单元格

按〈F2〉键就会进入"编辑模式"。这时你就可以对光标所在的单元格进行编辑。点击该键再选择其他 F 功能键还可实现其他操作。

在编辑模式下，你既可以选择在光标停留的单元格中直接编辑公式，也可以在屏幕顶部的公式栏中编辑。不管选择了哪种方式，*引用*单元格（当前单元格所引用的那个单元格——也就是指当前单元格从"前面"的单元格中引用数据；与之相对，引用当前单元格内容的单元格则被称为"从属单元格"）的边框应该设置为不同的颜色以突出显示。具体操作为依次点击*文件>选项>高级*并在列表中进行设置。在列表中需要勾选*允许直接在单元格中编辑*。该项在 Excel 中属于默认勾选项。

上述选项可根据个人的操作习惯进行设置，但是选与不选区别很大。如果勾选了*允许直接在单元格中编辑*则双击单元格就能直接进入编辑模式，即与按〈F2〉键的效果一样；但是，如果没有勾选该项，双击单元格后就会"跳转"至引用单元格，或者如果双击的单元格中包含一个比较长的公式则会"跳转"至第一个引用位置。要想返回到原始数据位置，直接按〈F5〉键即可。

4.2.2.1 〈F2，F4〉：从相对引用转换成绝对引用

单元格的定位在 Excel 中是"相对的"，也就是说，当你将内容从一个单元格复制到另一个单元格，则它们的定位就会自动变化。如果在 B2 单元格中有一个公式=A1，Excel 就会持续追踪这个引用位置即以 B2 为起点"上移一行再左移一列。"当 B2 单元格的公式被复制到了另外一个单元格，比如 G17 单元格，则公式就会变为=F16，即以 G17 单元格为起点"上移一行再左移一列。"以上是 Excel 的默认工作方式，在常规建模工作中，Excel 的这种默认工作方式对于在模型中复制公式还是很有用的。

这里需要注意的一点是，当你进行剪切和粘贴时相对引用位置并不会自动变化；如果你将 B2 单元格中的公式=A1 进行剪切并将其粘贴到 G17 单元格，那么 G17 单元格中最终的公式仍会是=A1。

在某些情况下，最好不要使用相对引用。应将其换成"绝对"引用。只要在字母或行数字前插入符号$就可以实现绝对引用。在复制单元格时，符号$的加入会让行列字母名或数字编号变成固定的。我们再以 B2 单元格为例，公式仍为=A1。插入符号$的方式有四种，你可以在编辑模式下（按〈F2〉键）连续点击〈F4〉键在行列字母名和数字编号之间循环插入符号$（见表 4-1）。无论选择哪个插入点，如果想要进行绝对引用只需按〈F4〉键然后再按〈Enter〉键就可以了。

表 4-1 循环设置绝对引用

操作方式	B2 单元格中的公式	说明
初始	=A1	引用的列和行都会自动变化。如果将 B2 单元格中的公式复制到 G17 单元格中，则公式就会自动变为=F16
按〈F2〉（进入编辑模式）然后按〈F4〉	=$A$1	列和行的引用均为绝对引用。如果将 B2 单元格中的公式复制到 G17 单元格，则公式仍为=$A$1
再按一次〈F4〉	=A$1	只对行设置绝对引用。如果将 B2 单元格中的公式复制到 G17 单元格，则公式会变成=F$1
再按一次〈F4〉	=$A1	只对列设置绝对引用。如果将 B2 单元格中的公式复制到 G17 单元格，则公式会变成=$A16
再按一次〈F4〉	=A1	回到初始情况

当然，你也可以在编辑模式下在公式中手动插入符号$，或者在编写公式时直接输入符号$。

4.2.2.2 〈F2，F5〉：返回公式所在的单元格或区域

按〈F2〉键进入编辑模式后，选中公式中的一个单元格位置然后按下〈F5〉键。这样就可以快速"定位"这个单元格。当你正在编辑的单元格中包含一个很长的公式时，

执行上述操作就可以快速追踪引用来源。

上述操作的奇妙之处不仅是可以追踪引用单元格，还可以追踪引用区域。如果你遇到一个复杂的查找公式，其中包含 INDEX 或 SUMIF 这样的函数，你想要查看函数引用的数据区域则可以进行如下操作：按〈F2〉键进入编辑模式，选中要检查的区域（见图 4-1）然后按〈F5〉键即可。随后就会弹出定位对话框且引用单元格的位置已经选好（见图 4-2）。这里只需要按〈Enter〉键，就可以开始查找引用区域。即使引用区域在另一张电子表中也可以正确定位。

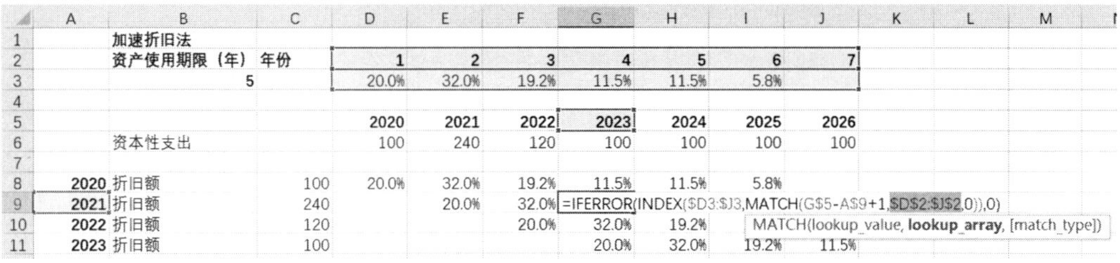

图 4-1 按〈F2〉键，选中区域，再按〈F5〉键就可以定位到引用区域

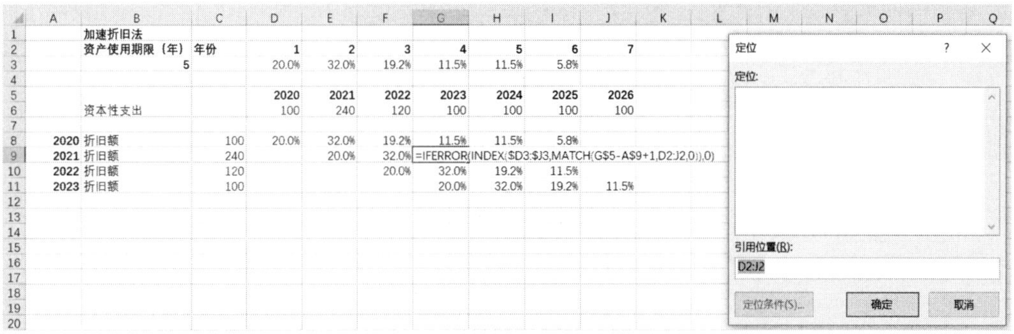

图 4-2 打开定位对话框。点击确定就可以定位到选中的引用位置

当你查看引用位置后，按〈Esc〉键就可以回到初始位置。

4.2.2.3 〈F2，F9〉：对公式的某个部分重新计算

当目前所在的单元格中有一个比较长的公式，则需要先按〈F2〉键再用鼠标选择公式中的一部分，最后按下〈F9〉键，这样就会对所选的公式部分执行重算。这是一个检查公式计算是否正确的好方法，因为你可以按照计算顺序逐步扩大重算的范围。操作实例请见图 4-3 至图 4-6。

无论公式有多长，你都可以通过选择公式的某个部分再按〈F9〉键逐步对公式执行重算。你不一定要从公式的起点开始。也就是说，无论是公式的中间部分还是末尾部分，你都可以按照上述操作对其进行重算。

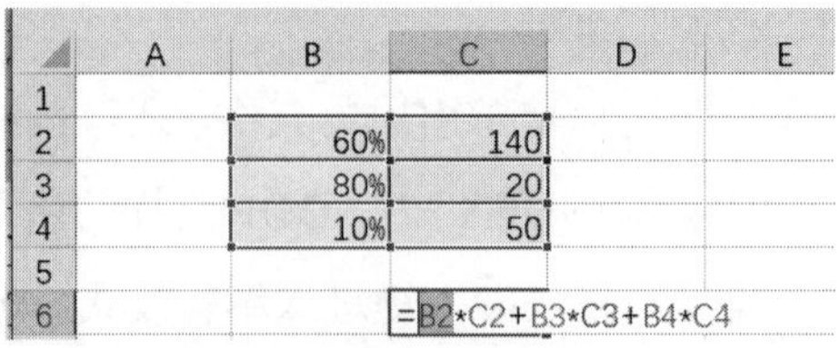

图 4-3　对公式的某个部分重新计算，步骤 1：选中第一个引用单元格

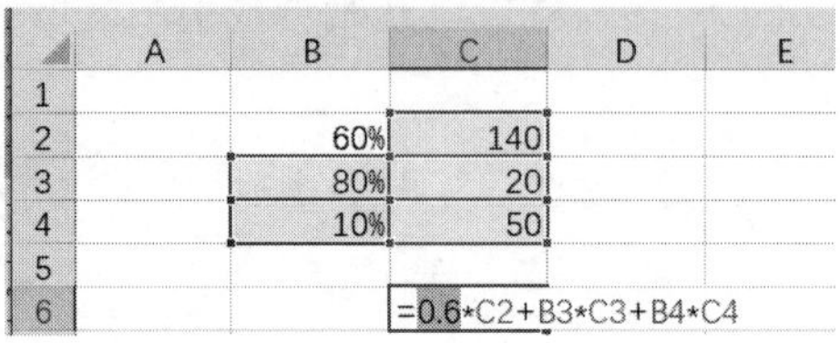

图 4-4　步骤 2：按〈F9〉键查看计算结果

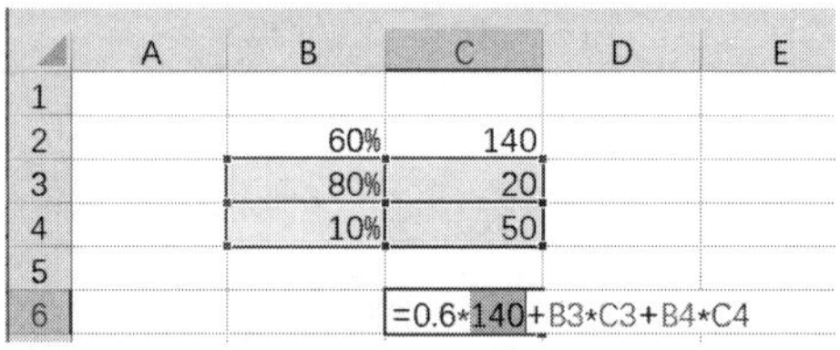

图 4-5　步骤 3：选中下一步计算公式，按〈F9〉键查看计算结果

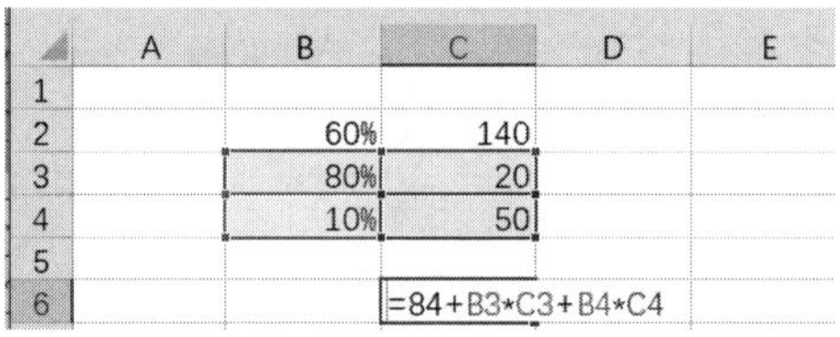

图 4-6　步骤 4：选中 0.6*140，然后按〈F9〉键查看计算结果，并依此类推

这里要小心一点。检查完公式后，一定要按〈Esc〉键退出而不要错按成〈Enter〉键。因为如果你按了〈Enter〉键就会跳出单元格的编辑模式，公式就会变成硬代码数值。按〈Esc〉键则不同，公式还会恢复成原来的样子。如果你错按了〈Enter〉键，可以按〈Ctrl+Z〉组合键撤销上一步操作，这样就可以保持原来的公式引用了。

Excel 中还有另外一个功能可以显示计算公式。在 Excel 页面的公式>*审核公式*中有一个公式求值的选项。

要想使用这项功能，要先将光标移动到需要显示公式的单元格上。点击该选项会弹出一个公式求值对话框（见图 4-7）。点击求值按钮或者按键盘上的〈E〉键就可以显示公式，并按计算步骤显示单步计算结果。

第 4 章 建模工具：F 功能键和区域

图 4-7　公式求值对话框

公式求值是从公式的左边开始向右得出每步计算的结果，这与按〈F2〉键后依次按〈F9〉键得到的效果类似。不过，如果你要查看的公式比较长且只想查看其中某个部分的计算结果，而不需要对整个公式进行排查，则使用〈F2，F9〉键进行操作比较方便。

4.2.3 〈F3〉：将定义的名称粘贴到公式中

执行该操作就可以将区域名称列表中的某个名称粘贴到公式中（请参考本章后面 4.3 部分中关于区域的介绍）。在输入或编辑公式时，按下〈F3〉键后就会弹出一个"粘贴名称"的对话框。你可以在其中选择想要粘贴到公式中的区域名称。一旦点击了"确定"，Excel 就会自动返回到公式，你仍可以继续对公式进行编辑。

4.2.4 〈F4〉：重复上一个命令或操作

按〈F4〉键就可以重复上一步操作。这是一个很有用的快捷方式，我建议你记住它。只要按〈F4〉键就会重复上一步操作，不管上一步操作是否使用了快捷方式，例如使用〈Ctrl+B〉设置粗体，或者用更长的键盘组合键来粘贴数值：比如〈Alt，H，V，V〉。当你需要在很多单元格中使用多种组合按键时，〈F4〉键会为你节省很多时间，因此还是很有用的。

4.2.5 〈F5〉：定位

按〈F5〉键就会弹出定位对话框。如果你有个文件没有设置区域名称，"定位"对话框中就是空白的。如果你设置了区域名称，就会如图 4-8 中那样显示在列表中。

图 4-8　定位对话框

如果你想要定位到列表中的某个区域，只需选择你想要的区域名称然后点击确定就可以了。如果你想要定位到另一个位置，那么直接在"引用位置"框中输入即可。这个功能还是很有用的：在定位到你想要的位置后，再按一次〈F5〉键然后点击确定就可以回到初始位置。

点击定位对话框底部的"定位条件"按钮就会看到另外一张表单，可根据定位需要进行设置（见图 4-9）。

图 4-9　定位条件表单

定位条件表单更像是提供了一个定制的"查找"功能。根据你在表单中勾选的按钮，就可以找到符合条件的单元格。大部分选项都无须解释。表单中有三项你在日常工作中可能会用得着：

- **条件格式。**查找应用了条件格式的单元格。除非对单元格格式进行了特别设置，否则是无法对它们进行定位的。
- **数据验证。**只有设置了数据验证的单元格才能被定位。
- **最后一个单元格：**勾选此项后就会定位到你设置过的位于整个屏幕最右下角的那个单元格。所谓"设置过"的单元格是指内容或格式经过修改的单元格。设置的单元格越多，工作表在 Excel 中占用的内存就会越多（文件就会变得越大）。极端情况下，因不小心在工作表很靠下和右边的位置误输入了内容，即使是一个比较小的工作簿文件，大小也会达到 15MB 或以上。因此，如果你正在编辑一张工作表且已经对相关内容进行了大量修改，那么最好查看一下最后一个单元格以确保电子表中不存在误输入的内容，这样就可以避免文件过大。另外一个查询最后一个单元格的方法就是按键盘上的〈End+Home〉键。

如果你使用〈End+Home〉键发现设置过的单元格区域过大，则可以进行如下操作重新设置最后一个单元格的位置：

1. 从包含数据的最后一行的下一行到可以编辑的最后一行（你可以直接定位到第 1048576 行）将它们全部选中。点击和拖拽页面左边的行序号就可以完成上述操作。
2. 删除选定的行。点击鼠标右键选择"删除"即可。
3. 从包含数据的最后一列的右边一列到可以编辑的最后一列（可以直接定位到 XFD 列）将它们全部选中。点击和拖拽页面顶端的列序列号就可以完成上述操作。
4. 点击鼠标右键选择删除选中的所有列。
5. 保存并关闭文件。当你重新打开文件时，已编辑单元格的范围就会自动缩小。

如果不仅要查看最后一个单元格，还要查看单元格的编辑范围，就要回到 A1 单元格（快捷方式就是按〈Ctrl+Home〉键）然后同时按〈Shift+End+Home〉键。这样就可以将所有已经编辑的单元格全部选中。

4.2.6 〈F6〉：切换到下一个窗口

如果你设置了分屏（*视图>拆分*）最多可以将屏幕拆分成四个窗口（以活动单元格的左上角为中心点将页面划分成四个窗口），然后持续按〈F6〉键活动单元格就会按照顺时针方向依次从一个窗口切换到另一个窗口。按〈Shift+F6〉键则会在各个窗口之间按照逆时针方向切换。再次点击*视图>拆分*就可以取消拆分窗口。或者，双击窗口边框也可以取消拆分窗口。

4.2.7 〈F7〉：拼写检查

仅对活动单元格进行拼写检查。如果你想对其他电子表执行拼写检查，则必须将光标移动到那些电子表中再按〈F7〉键。〈F7〉键是一个快捷操作方式，标准操作则是点击*审阅>拼写检查*。

4.2.8 〈F8〉：以光标位置为起点扩大选定区域

当你想要跨屏选定一块比较大的区域时，常规的操作方式会很麻烦，而〈F8〉快捷键正好可以派上用场。假设我们要选定的区域包含80列和向下的2 000行，〈F8〉键的使用方法如下：

1. 将光标移动到你想选定区域左上角的单元格并按〈F8〉键。这时光标所在的位置就是选定区域的起点。

2. 如果你使用键盘上的箭头，则选定区域就会从起点位置开始随着光标的移动自动扩大；如果你使用鼠标，按〈F8〉键后应将鼠标指针移动到想要选定区域最右下角的单元格，然后点击鼠标左键就可以完成区域的选定。

3. 当你准备好选定区域后，在区域最右下角的单元格处按〈Enter〉键即可确定选定区域。在此基础上你还可以不断变换光标位置并再按〈Enter〉键以重新确定选定区域。当最终确定好选定区域后按〈Enter〉键即可。即使你将整个屏幕中的单元格全部选定，光标最后也会停在整个选定区域最左上角的单元格处。

如果按〈Enter〉键后你想要修改选定区域，按〈Esc〉键即可。按〈Esc〉键后首次按〈F8〉键确定的选定区域起点位置就会被撤销。

4.2.9 〈F9〉：对所有打开的工作簿中的电子表格执行重算

该操作可以对整个工作簿或Excel中打开的其他任何工作簿执行重算。如果你对工作簿已经设置了自动重算，那么该按键就不太重要了，因为设置自动重算后就意味着只要对工作簿进行了修改都会自动刷新计算结果，这样就无须进行手动操作了。

如果你勾选了"除模拟运算表外，自动重算"，则想要刷新数据运算表的计算结果就必须要手动按〈F9〉键。而运算表外的计算结果则会自动更新。

如果设置了手动计算，就一定要记住按〈F9〉键执行重算以确保屏幕中显示的是最新计算结果，数据运算表亦是如此。在打印数据之前该步操作非常重要。

4.2.9.1 〈Alt+Ctrl+Shift+F9〉：执行强制计算

随着模型复杂程度的上升和文件大小的增加，Excel 必须要追踪大量的计算。虽然不常见，但有时你就会碰到计算结果似乎没有正确更新的情况。原因之一可能是 Excel 自身创建的一个"计算树"会按照一定顺序对各公式执行优化计算。对于更大型的工作簿，尤其是在对它们已经进行过大量修改后，Excel 的计算树可能会因为数据过多而停止执行计算。按〈Alt+Ctrl+Shift+F9〉组合键（同时按下这几个键）就可以重建计算树以命令 Excel 重新执行计算。

4.2.10 〈F10〉：激活菜单栏功能区

按〈F10〉键可以激活功能区。当功能区被激活后你就会看到菜单各项功能的旁边都会显示一个小字母。输入字母就可以执行相应的命令。按〈Alt〉键也可以进行相同的操作。

4.2.11 〈F11〉：创建一张图表

这是一个可以在光标所在位置针对一组数据生成图表的快捷键。

4.2.12 〈F12〉：另存为

常规操作是点击*文件>另存为*，而按〈F12〉键可以达到同样的效果。使用〈F12〉键执行另存为是最快捷的一种操作方法，因为你只需按一个键即可调出另存为。〈F12〉键可以让你以一个新的文件名快速保存文件，而按〈Ctrl+S〉组合键或选择*文件>保存*则不一样，这两种操作都是用之前的文件名来保存文件。

4.3 区域

在 Excel 中，我们经常会对一组单元格进行各种操作。一组单元格所在的位置被称为区域。一个区域内左上角的单元格和右下角的单元格就是定义区域范围的两个点。因此，理论上区域形状通常是矩形，而实际上它也只能是一个四边形。一个单元格可被视为一个区域，即左上角的单元格和右下角的单元格是重合的。而以 A1 单元格为左上角起点，以 XFD1048576 单元格为右下角终点划出的这个范围也被视为一个区域。

一整行或一整列也可以视为一个区域。如果将第 10 行设定为一个区域，则表示为"10:10"，其中没有列字母。如果将 A 列设定为一个区域，则表示为"A:A"（命名为 A 列），其中没有行数字。

当你选定好区域后就应该设置一个区域名，具有区域名的区域实用性很强，其将会在你日后的建模工作中发挥很大作用。

图 4-10 中就是一个应用区域名的操作示例。C4 单元格中显示数值为 35%，这是一个税率，计算基数是 C2 单元格中的数字 200，计算结果就是税金。在这个案例中，我已经对 C4 单元格设置了区域名即"税率"。因为光标正好停在 C4 单元格，所以你可以在屏幕左上角即公式栏左侧的名称框中看到区域名。Excel 会自动显示当前窗口活动单元格的区域名。

	A	B	C	D
1			2020	
2	应税收入		200	
3				
4	税率		35%	
5	预估税金		(70)	=-C2*C4
6	预估税金		(70)	=-C2*税率

图 4-10　区域名"税率"的应用

第 5 行和第 6 行中的两次计算是一样的。第一次计算公式中使用的是单元格位置，但是在第二次计算的公式则把单元格位置换成了"税率"这个区域名。使用区域名的好处就是你可以看到单元格中到底计算的是什么。如果你需要在工作簿的很多地方引用某个特定数据（例如，计算加权平均资本成本会用到的折现因子，你可以将其所在单元格命名为"WACC"），这个区域名会非常有用，但是也有一个缺点，那就是由于单元格位置信息不可见，所以会很难定位到这个单元格。

4.3.1　快速定义一个区域名

现在我们已经知道了区域名的用处，为了定义一个区域我们可以使用电子表左上角的名称框，操作步骤如下：

1. 首先，选中你想要命名的某个单元格或一组单元格。
2. 点击名称框激活输入光标，输入区域名称，并按〈Enter〉键。
3. 无论步骤 1 中想要设置多大的区域，此快捷方式均适用。

名称框具备双重功能：你可以在这里对已经选定的区域设置区域名，也可以显示选中的已经设置好的区域名，具体见图 4-10。

创建区域名需要遵守一些规定：不能在区域名中设置空格，区域名不能以数字开头。这是 Excel 的规定。如果你希望区域名的字符之间能够保留间隔以提升显示效果则可以使用下划线（例如，"税_率"）。

不管是对区域名进行复制还是在工作簿中移动它，对于区域名的引用都会是绝对引用。

当你把光标移动到一个具有区域名的单元格中进行公式编辑或者直接输入区域名，Excel 都会在公式中使用这个区域名。如果你复制的公式中包含区域名，那么该公式会继续使用区域名，且引用位置也会保持不变（即为绝对引用）。如果你要在后续公式中对初始单元格进行相对引用，则应在公式中手动输入单元格的位置。

4.3.2 设置区域名的常规方式

如果你不在名称框中设置区域名，那就只能依次选择*公式*>*定义的名称*，找到*名称管理器*在这里可以定义区域或设置区域名（请参见图 4-11）。

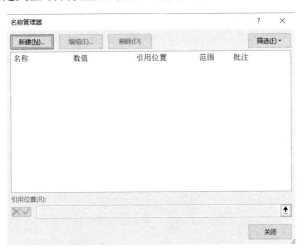

图 4-11 名称管理器窗口

点击新建按钮，就会弹出新建名称窗口（见图 4-12）。指定区域名。检查*引用位置*中的位置信息是否正确。这里可以引用一个单元格也可以引用一块区域。

4.3.2.1 区域名的使用范围

在名称管理器窗口中有一项是*范围*。它是做什么用的呢？该项是指区域名的使用范围,即你可以仅在特定工作表中使用某个区域名,如此设置后实际上不同工作表中的区域就可以使用相同的名字了。也就是说,设置好"范围"后,区域名针对的就不是工作簿,而是特定的工作表。例如,你将三家公司的现金流量数据分别列示在三个电子表中,每个表中都会计算公司的 IRR。你可以将三个表中计算 IRR 的单元格区域都命名为"IRR",但是一定要在分别设置的时候将该区域名的使用范围设定为仅限当前工作表。你需要在弹出的新建名称窗口中设置三次。第一次,你要指定"范围:"为 Sheet1(或者是你已经设置好的表名),设置"引用位置:"可能是 Sheet1!B30。第二次,范围指定为 Sheet2,引用位置则是 Sheet2!B30,以此类推。

图 4-12　在新建名称窗口设置范围

当你想要使用这个"IRR"区域名查询不同的 IRR 计算结果时,上述将区域名使用范围设置为特定工作表的操作就会发挥作用(尤其当你使用宏对数据进行选择性查看时更是如此)。如果你的工作簿中有几个区域使用了相同的区域名,那么在引用时一定要格外注意以确保引用的内容是正确的。

鉴于讲解需要,本书中的案例都会选择默认设置,即区域名适用范围为整个工作簿。

4.3.2.2　编辑、删除以及筛选区域名

在名称管理器窗口(见图 4-11),除了可以删除区域名,你还可以对其进行编辑。使用*筛选*功能可以基于不同条件来查找区域名(见图 4-13)。

图 4-13　筛选区域名

4.3.3 同时设置多个区域的区域名

如果要同时设置多个单一单元格区域的区域名，你可以在 Excel 中的*公式>定义名称*中选择*根据所选内容创建*，这样就可以一次性创建多个区域名（见图 4-14）。

图 4-14 根据所选内容创建区域名

编写一个你想使用的区域名列表。将列表及旁边的列都选中。然后进行连续操作（即依次按下〈Alt，M，C〉，就会弹出根据所选内容创建的窗口（见图 4-15）。要注意此时最左列前面的复选框是已经勾选的。点击确定后 B1 单元格的区域名就是无风险收益率，B2 单元格的区域名就是股权溢价，以此类推。

图 4-15 根据所选内容创建窗口

"最左列"前面的复选框被勾选意味着你编写的内容是为右侧单元格设置的区域名（即左侧列中的内容为区域名）。要将在哪里输入的名称定义为区域名，可在 Excel 中进行选择。例如，可以在一行中编写区域名列表。在这种情况下，勾选根据所选内容创建窗口中的"首行"即可。操作完成后首行以下每个单元格都会被设置区域名。

4.3.4 在区域名中显示更多的信息

区域名应该清晰明了尽量使用全称，且易于输入。例如，"Tax-Rate"就比"TxRt"要清楚。如果在模型的开发过程中你需要多次输入同一个区域名，则在设置该区域名时既要保证清晰明了，还应保证输入方便。

在区域名中也可以描述转换开关。例如，某个单元格中设置了一个转换开关，根据输入的 0 或 1 来判断是选择美国税率还是国际税率计算税金。在这种情况下，你可以将区域名设置成"美国税率 0 国际税率 1"。设置完毕后，当你输入 IF 公式第一个参数=IF（美国税率 0 国际税率 1=0，…）时就会明确当前使用的是美国税率。

4.3.5 已有区域名的区域引用的不一定是一个单元格或一个区域

已有区域名的区域其引用位置不一定是一个单元格或一个区域。例如，你可以创建一个名为"Bitz"的区域，而其引用位置并不是一个单元格，而是一个数字或是文本。

如图 4-16 所示，当你点击名称管理器中的"新建"按钮时就会出现这个窗体。在工作簿中，我可以编写公式如=A1*Bitz，而计算结果则等于 A1 单元格中的数值与引用位置框中 0.0 001 的乘积。

图 4-16　基于一个数值创建区域

你还可以这样设置区域名，比如"输入检查"中会包含一条文本即"请输入一个数值"。然后就可以在 IF 公式中使用这个区域名了，当某个单元格的内容为空时就会返回这条文本。当然，在 IF 公式中直接输入这条文本更容易。

4.3.6 使用公式来定义一个区域名

你可以用一个公式来定义区域名。在何处需要如此设置呢？当你需要使用数据验证列表时就可以将下拉列表中的内容设置为区域名。不过，列表中的显示内容可能会有所变化，这取决于选择的特定类别。在这种情况下，可以在引用位置框中输入：

=OFFSET(Sheet1!$A$1,0,0,COUNTA(Sheet1!$A$1:$A$12),1)

"引用位置"框（见图 4-17）中使用的是 OFFSET 长公式（见第 5 章），其中定义了一个以$A$1 为起点的区域，起点位置固定不变（因此后面跟着 0,0），随后是行数（取决于 COUNTA 函数的统计结果），而列数为 1（即列数参数为 1）。最终在数据验证下拉列表中（见图 4-18）仅会显示之前输入的科目。

图 4-17　基于一个公式创建区域

图 4-18　数据验证列表中仅会显示之前输入的科目

实际上，如果输入科目列表变短，下拉列表也会自动变短（见图 4-19）。

图 4-19　数据验证下拉列表长度会根据输入的科目数量自动调整

4.3.7　Excel 可以在一对一或一对多区域之间进行关联操作

在 Excel 中如果两个区域大小相同就可以对其进行关联操作。这样做可以简化工作表中的一些计算，但是缺点就是很难一眼看出其中的计算逻辑。图 4-20 展示了操作过程。其中设置了两个区域,区域边框均设置为加粗。两区域下方即第 6 行中是各年的税金,统一使用一个计算公式:应税收入*税率_年。你可以看到两区域内各对应单元格会按照计算公式进行计算。以此类推,多个区域之间也可以进行类似的操作(只要这些区域的大小相同),多区域之间可以进行加减乘除中的任何一项运算。

	A	B	C	D	E	F	G	H	I	J
1			2020	2021	2022	2023	2024			
2	应税收入		200	220	242	266	292	<==此为应税收入区域		
3										
4	税率		20%	20%	25%	30%	35%	<==此为税率_年区域		
5										
6	税金		40	44	61	80	102			
7										
8			C6:G6中的每个单元格都使用统一的计算公式:应税收入* 税率_年							

图 4-20 多区域之间的关联操作

下一章,我们将介绍 Excel 建模工具箱中的各项功能。

第5章
工具箱

函数是指 Excel 中预设的公式。你可以通过点击工具栏中"fx"按钮，来查看函数列表。上述操作会弹出"插入函数"窗口。另外，点击*公式>插入函数*同样会弹出该窗口。

使用这些函数你就可以方便快捷地编辑运算并进行其他操作。一个函数通常是以名称开头，后面紧跟一组括号。如果是第一次在单元格中使用函数，则需要先输入一个等号（=）以便 Excel 识别出你将要在单元格中编写公式。在后面的括号中，你需要输入函数所需的相关信息，其称为*参数*。有些函数，例如"=NOW()"，会返回当前时间，该函数就不需要输入任何参数，但仍需要输入括号。而其他函数则需要设置一个或多个参数，其中一些参数是选择性输入的，可以输入也可以忽略。

5.1 实用的函数列表

Excel 2016 中包含大约 470 个函数。好消息是，我们仅需要熟练掌握其中的 60 个函数即可。有些函数的用法类似，只要掌握其中一个就可以举一反三了。我将这些实用函数按类总结成表。在每个列表中，第一行中的函数都是需要熟练掌握的。第二行中的函数则是作为补充之用。本章中涉及 61 个函数。

- 逻辑。
  IF、AND、OR
- 查找和引用。
  MATCH、INDEX、CHOOSE、OFFSET、FORMULATEXT
  VLOOKUP、HLOOKUP
- 运算。
  SUM、MIN、MAX、AVERAGE
  COUNT、COUNTA、SUMIFS、SUMPRODUCT、COUNTIFS、AVERAGEIFS
- 日期。
  EOMONTH、YEARFRAC、DAYS360
  NOW、TODAY、YEAR、MONTH、DAY、DATE、DATEVALUE
- 信息
  IFERROR、ISERROR、ISNUMBER、N
  ISBLANK、ISTEXT

- **数字。**
  ROUND、ABS
  MOD、MROUND、INT、ROUNDUP、ROUNDDOWN、CEILING、FLOOR
- **文本。**
  TEXT、&、TRIM、TEXT、VALUE
  LEFT、RIGHT、MID、LEN、UPPER、LOWER、PROPER
- **财务。**
  NPV、IRR
  XNPV、XIRR

5.2 注意事项

以下是一些注意事项，有的可以让你少按几个按键，有的则是教你简化操作流程，这样操作将有助于提升你的工作效率。

5.2.1 组合函数的效用

组合函数的效用究竟有多大取决于如何通过多种方式将它们组合在一起使用。与只会单独使用 30 个函数相比，能够将 15 个函数进行灵活搭配并熟练使用更有意义。

5.2.2 先行后列

在需要输入行和列参数的函数中，输入顺序通常是*行*在前，*列*在后。因此，当你看到 "=OFFSET(K10,2,1)" 时，其中的数字 2 代表的就是行序号，而数字 1 代表的则是列序号。

行和列的标识通常从 0, 0 或 1, 1 开始。不会出现 0, 1 或 1, 0 这样的行列标识。

5.2.3 用句号替代冒号

当你需要输入区域引用的参数时，例如 A1:A10，你可以使用句号.（英文句号）作为分隔符，虽然在 Excel 中会看到都是以冒号（:）作为分隔符。不过 Excel 会自动将句号转换为冒号。这样一来，你只需按一个键就可以了，而无须进行组合键的操作（同时按下〈Shift〉键和<;>键以调用冒号）。

5.2.4 当设置的条件是"不等于0"时，可以省略<>0

当设置条件是不等于0（<>0）时，就不需要输入<>0了。也就是说，当你要编写的公式是：

$$=IF(A1<>0,B1,C1)$$

则可以简化成下面这个公式，这样就可以少按几个键：

$$= IF(A10,B1,C1)$$

5.2.5 无须大写

当你编写函数时无须刻意输入大写字母。Excel 会自动转换成大写字母。这样你就可以少按一个键，即不需要按〈Shift〉键了。此外，输入小写字母后软件会自动将其转为大写字母并调用出函数的过程，正好可以验证输入内容是否正确。当然，如果你正在公式中输入一连串参数，例如"卖出"和"持有"，那么这些内容将会原样显示在公式中。

5.2.6 参数之间无须设置空格，不过有时空格还是有用的

一般来说参数之间无须设置空格，但是当公式比较长且包含很多参数时，尤其是其中又嵌套了其他函数时，空格可以让公式看起来更清楚，以下面公式为例：

$$=IF(A10,B1,IF(C1<0,C5,D5))$$

可将其改成：

$$=IF(A10,B1,\ \ IF(C1<0,C5,D5))$$

5.3 我们开始吧

鉴于本章旨在让你能够熟练掌握函数的用法，因此，下面的讲解分类会与 Excel 中的函数分类列表有所不同。（该列表已经涵盖了我们在后续章节构建模型时会用到的所有函数。）

下面我们将按照以下顺序对相关函数进行讲解：

5.4 起点：IF 函数

5.5 查找函数

5.6 求和函数

5.7 计数函数

5.8 日期函数

5.9 处理错误信息

5.10 确定数值的保留内容

5.11 确定数值的舍入方向

5.12 判别信息类别的函数

5.13 处理文本的函数

5.14 财务函数

5.4 起点：IF 函数

5.4.1 IF 函数

如果你只知道 Excel 中的一个函数，那估计就是 IF 函数了。有了这个函数，Excel 就不再是单纯的计算器，而是升级为可以基于不同条件即各种"假设"得到不同计算结果的电子表。该函数中包含三个参数，具体如下：

=IF(满足条件，则怎样，否则会怎样)

第一个参数，即满足条件是一项测试。如果 A1 单元格中的数字为 123，我们输入的条件是 A1>100，测试满足条件，则公式就会按照第二个参数显示结果。如果 A1 单元格修改为 17 或者甚至是 99.999，测试不满足条件就会按照第三个参数显示结果。

通过设置满足条件这个参数就可以对单元格进行任何测试。比如，B27 单元格中包含字母"Y"吗？

=IF(B27="Y",…

或者 Sheets!B27 是空白的吗？

=IF(Sheets!B27<>"",…)

我们可以在条件测试中设置任意运算符（=、>、<、<=、>=）。我们也可以将测试内容设置为文本，而不是数字。在这种情况下，我们需要将文本用引号括起来：

=IF(A1>0,"卖出","持有")

5.4.1.1 TRUE 或 FALSE

当 Excel 进行是或不是的测试时，会按照设置的条件返回 TRUE 或 FALSE。你可以在单元格 A1 中输入 10 并查看结果。然后在临近单元格 A2 中输入如下公式：

=A1=10

记住要以等号开始。我们希望 Excel 进行计算。则单元格 A2 中会显示：

TRUE

如果你修改单元格 A1 中的数字，或是输入一个字符串或设为空，那么单元格 A2 就会显示：

FALSE

即使没有输入过它们，TRUE 或 FALSE 同样会显示。TRUE 或 FALSE 是 Excel 中的*关键字*，并且属于自有词汇，在 Excel 中具有明确的含义。所有函数的名称（IF、SUM 等）同样是关键字。为了避免混淆，不要以关键字来命名区域。

这意味着在任意 IF 语句中，例如：

=IF(A1>0,B1,C1)

Excel 实际上是在测试：

=IF(TRUE,B1,C1)

以上公式会返回何种结果取决于测试返回的是 TRUE 还是 FALSE。

5.4.1.2 布尔值（Booleans）：TRUE 或 FALSE 的值

在 Excel 中，TRUE 或 FALSE 各自有对应的数值：TRUE 是 1，而 FALSE 则是 0。英国数学家 George Boole（1815—1864）创立了逻辑代数，即当两个可比值相等时，返回 1，否则返回 0。该逻辑现在也被称为布尔逻辑。

我们可以换一种方式——即不输入 IF，利用布尔逻辑来编写 IF 测试语句。例如，我们想要编写一条语句：当单元格 A10 等于 22 时，则返回数值 300。可以在单元格 A11

中输入：

$$=(A10=22)*300$$

你需要将 A10=22 用括号括起来，以确保 Excel 识别出这是一个布尔检测。否则，Excel 将会检测 A10 是否等于 22*300。

在这个布尔测试语句中，当 A10=22 是 TRUE，公式就会返回 300，因为执行的计算是 1*300。如果 A10 单元格中不是 22 则 A10=22 是 FALSE，公式就会返回 0，因为执行的计算是 0*300。

下面的 IF 语句同样可以实现上述计算效果：

$$=IF(A10=22,300,0)$$

当然，如果 IF 语句包含了两个参数，且不是返回一个数字或 0，例如：

$$=IF(A10=22,300,888)$$

则需要设置两个布尔值：

$$=(A10=22)*300+(A10<>22)*888$$

遇到这种情况，不妨使用 IF 语句来试试效果可能更好。

当你想要用一个简单的转换开关来显示和屏蔽单元格中的数字内容，布尔逻辑（要求判别的内容比较简单）就很好用。

唯一需要注意的就是该方法并不常用，大家在用的时候可能会因不熟悉而弄错。

5.4.1.3 嵌套 IF 语句

你可以在编写 IF 语句时，嵌套另一个 IF 语句。这就是*嵌套* IF 语句。当两项选择的前提条件不止一个时，嵌套 IF 语句就会很有用。所谓前提条件不止一个就是说，如果满足*第一个条件*，则执行*第一个命令*，否则，如果满足*第二个条件*，则执行*第二个命令*，否则就执行*第三个命令*。

下面就是一个嵌套 IF 语句：

$$=IF(A10=1,100,IF(A10=2,200,999))$$

Excel 2016 中的 IF 语句最多可以嵌套 64 层。不过，如果你编写了这样一个公式，就会发现在执行完第三个或第四个测试之后，整个计算逻辑就很难再继续执行下去。这时，就需要考虑实用性更强的函数了。

5.4.1.4 显示为 0 可能并非真的是 0

IF 语句主要就是用来检测某个单元格是否为 0，其决定了公式的输出结果。例如下面的这个公式：

$$=IF(D17=0,D25,D28)$$

其中 D17 是一项计算结果，要记住有时工作表显示为 0，但实际上并非真的是 0，其可能是一个很小的数值，例如 0.0 000 000 015。这是 Excel 的计算方式导致的，因为 Excel 是基于 16 进制进行计算的，之后又会转按 10 进制进行显示。在转换过程中就会产生轻微的差异，一般来说，如此小的差异对于你的计算并不会造成重大影响。但是，如果单元格中的数值确实非常小，则执行 D17=0 这个测试语句后就会返回 FALSE，但是其实应该返回 TRUE。

在这种情况下，就可以使用 ROUND 函数（见 5.10.1），按指定位数对数值进行四舍五入。上面的公式可以修改成：

$$=IF(ROUND(D17,2)=0,D25,D28)$$

5.4.1.5 最后一个参数是默认的

在 IF 语句中，最后一个参数是默认的，即当所有条件均不满足时其就作为公式最终的输出结果。例如，你编写一个 IF 语句来指定货币数量单位（千、百万及十亿），将最有可能满足的条件设置成最后一项参数比较有用。假设最后一个参数是百万。IF 语句如下：

$$=IF(C5="B","十亿",IF(C5="T","千","百万"))$$

这样一来，如果 C5 单元格不包含"B"或"T"，或者是含有其他任何字母或数字，抑或是空白的，那么就会默认显示百万。

5.4.1.6 测试条件的设置需保持一致

如果你正在工作簿中编写大量 IF 语句以检测单元格是否满足某个条件，则需要保持测试条件的一致性。例如，如果在模型中设置了两个会计核算方式（"采购"或"翻新"），则测试条件应该一直是 IF(D4="翻新",…)，而不要变成 IF(D4="采购",…)。保持一致性意味着如果在单元格中输入错误或单元格是空白的，模型内部仍会保持一致性。

5.4.2 AND 函数

在 IF 语句中可以使用 AND 函数设置多重测试条件。可以用 AND 函数来替代第二个 IF 语句。也就是说你可以使用 AND 函数对多重测试条件进行组合，这样就不用再编写第二个嵌套 IF 语句，而只需编写一个 IF 语句就可以了。AND 函数的构成如下：

AND(条件 1,条件 2, . . .)

AND 函数会被优先执行，所有测试条件都显示在括号里（见图 5-1）。如果函数中的所有条件都满足就会返回 TRUE，如果不是全部满足即使只有一个条件不满足也会返回 FALSE。

	A	B	C	D	E
2	销售人员	目标销售额	销售记录	新增客户目标数	获得的客户数
3	Adam Lawrence	$20,000	$55,000	8	9
4	Betty Moore	$30,000	$73,678	8	6
5	Charles Neo	$20,000	$26,439	8	7
6	David Ong	$12,000	$16,400	8	6
7	Ed Peters	$12,000	$11,498	8	3
9		奖金		10%	
10	Adam Lawrence	$5,500	=IF(AND(C3>B3,E3>D3),C3*$D$9,0)		
11	Betty Moore	-			
12	Charles Neo	-	当销售记录超过目标销售额以及获得的客户数超过新增客户目标数时才可以获得佣金		
13	David Ong	-			
14	Ed Peters	-			
16		佣金		5%	
17	Adam Lawrence	$2,750	=IF(OR(C3>B3,E3>D3),C3*$D$16,0)		
18	Betty Moore	$3,684			
19	Charles Neo	$1,322	当销售记录超过目标销售额或者获得的客户数超过新增客户目标数就可以获得佣金		
20	David Ong	$820			
21	Ed Peters	-			

图 5-1 AND 函数和 OR 函数使用实例

5.4.3 OR 函数

OR 函数的语法结构与 AND 函数（见图 5-1）一样：

OR(条件 1,条件 2, . . .)

在 OR 函数中必须满足一个条件才能返回 TRUE，持续执行这个判定还是有点难，特别是当你设置的测试中包含了一些否定条件时，更是如此，例如 AND(A10<>A12,OR(C10>3, C12< >4)。在这种情况下，如果可以，最好是将这些测试拆分到不同的单元格中，这样的分步判定比较容易执行也便于检查。

5.5 查找函数

查找函数可以精准定位到所需数据的位置，无论这个数据是位于一个备选数据集还是在以行列数锁定的特定位置。

5.5.1 CHOOSE 函数

如果想从一个列表中挑选出某一项，CHOOSE 函数是替代 IF 语句的好选择。

基于单元格 C10 中的数字做出选择的 IF 语句是：

IF(C10=1,"苹果",IF(C10=2,"香蕉",IF(C10=3,"樱桃","枣")))

我们可以将其换成：

= CHOOSE(C10,"苹果","香蕉","樱桃","枣")

如果 C10 单元格中的数值是 2，则公式就会返回"香蕉"。

还可以基于一个索引数字进行选择，而该索引数字就是 CHOOSE 函数中的第一个参数：

= CHOOSE(索引数字,选项 1,选项 2,…,选项 254)

基于索引数字（第一个参数），CHOOSE 函数就会从数值列表中进行选择。

与 IF 函数相比，CHOOSE 函数要直接得多。注意，CHOOSE 函数并不适用于区域。例如，你不能输入 CHOOSE(C10,D10:G10)。当然这不是说 CHOOSE 函数就一无是处了：你可以移动工作表中的选项位置以便使用 CHOOSE 函数。你必须要分别指定可选项。最多可设置 254 个可选项。因此，索引数字必须是 1~254 中的数值，而且不能为 0。

5.5.1.1 在 CHOOSE 中指定 0 为"无选项"

由于 CHOOSE 函数中的索引数字不能为 0，因此，为了让 CHOOSE 函数能够将输入了 0 的单元格识别为"无选项"，就需要对公式进行如下修改：

= CHOOSE(C10+1,"","苹果","香蕉","樱桃","枣")

你可以在指定的 C10 单元格中输入 0，由于我们在公式的索引号后面设置了"+1"，所以 CHOOSE 函数就会认定索引号为 1。紧接着，第一个参数就是"无选项"或" "或为空。

5.5.2 OFFSET 函数

你还可以用 OFFSET 语句代替 IF 语句，从区域中选取项目。实际上，只有从区域中选取项目时这个函数才有用，因为它与 CHOOSE 函数不同，其无法从工作表的不同部分或不同工作表中选取项目。但是，相比于 CHOOSE 函数，在 OFFSET 函数中可以设置更多的可选项。

OFFSET 函数的语句结构如下：

= OFFSET(基准单元格,向上或向下偏移的行数,向右或向左偏移的列数)

使用 OFFSET 函数就可以以某个单元格为基准查找大量行和列中的单元格。这意味着如果你以 A1 单元格为基准并想要返回 B4 单元格中的数值，则需要将偏移的行数设置为 3，因为 B4 单元格在 A1 单元格下面的第 3 行（不要因为 B4 在页面的第 4 行就将参数设置错了）。同理，你还需要将偏移的列数设置为 1，因为从 A1 单元格向右移 1 列就是 B4 单元格所在的列。

基准单元格并不一定是光标所在的位置，其可以是任意位置甚至出自另一个工作表也可以。这里就可以看出 OFFSET 函数的适用范围比较广。行偏移数如果是正的，则要查找的单元格就位于基准单元格的下方；如果行偏移数是负的，则要查找的单元格就位于基准单元格的上方。列偏移数如果是正的，则需要向右移动；如果该参数是负的，则需要向左移动。

下面就是该函数的使用示例（见图 5-2）。A6 单元格中的"迈阿密"就是以下公式的显示结果：

=OFFSET(B2,2,1)

B2 单元格（圣路易斯）是基准单元格。从 B2 单元格开始，我们向下移动 2 行再向右移动 1 列就会返回"迈阿密"这个名字。

如图所示，OFFSET 函数中偏移行数和列数的参数可以是正负数的组合。我们也可以将偏移行数和列数都设置为 0，则返回的就是基准单元格的内容（见图 5-2 最后一行的内容）。

	A	B	C	D
1	西雅图	芝加哥	纽约	
2	波特兰	圣路易斯	华盛顿	
3	旧金山	孟菲斯	亚特兰大	
4	洛杉矶	休斯顿 →	迈阿密	
5				
6	迈阿密	<==A6单元格中的公式为=OFFSET(B2,2,1)		
7				
8	其他示例			
9	纽约	<==A9单元格中的公式为=OFFSET(B2,-1,1)		
10	旧金山	<==A10单元格中的公式为=OFFSET(B2,1,-1)		
11	西雅图	<==A11单元格中的公式为=OFFSET(B2,-1,-1)		
12	圣路易斯	<==A12单元格中的公式为=OFFSET(B2,0,0)		
13				

图 5-2 OFFSET 函数

上面的示例中使用的是城市名,其实 OFFSET 函数也适用于数字。在任何情况下,OFFSET 函数返回的结果都可以用于其他公式。

5.5.3 INDEX 函数

INDEX 函数与 OFFSET 函数类似,也可以从一个区域中提取出想要的数据点。不过两个函数的工作原理不同,OFFSET 函数是以一个单元格为起点,而 INDEX 函数则必须先设置查找的区域(换言之就是要设定目标数据所在的范围)。在 INDEX 函数中需要分别设置查找区域内的行列索引号,最小参数值是 1,1(OFFSET 函数则不同,最小值为 0,0),这里要注意参数不能是负值。如果设定的数据点位置信息超出了之前设定的查找范围,就会返回#REF! 错误提示信息。

INDEX 函数的语句结构如下:

= INDEX(单元格区域或数组常数,行序号,列序号)

第一个参数就是目标数据所在的区域(见图 5-3)。

	A	B	C	D
1	西雅图	芝加哥	纽约	
2	波特兰	圣路易斯	华盛顿	
3	旧金山	孟菲斯	亚特兰大	
4	洛杉矶	休斯顿	迈阿密	
5				
6	西雅图	<==A6单元格中的公式为=INDEX(A1:C4,1,1)		
7				
8	其他示例			
9	迈阿密	<==A9单元格中的公式为=INDEX(A1:C4,4,3)		
10	洛杉矶	<==A10单元格中的公式为=INDEX(A1:C4,4,1)		
11	华盛顿	<==A11单元格中的公式为=INDEX(A1:C4,2,3)		
12				

图 5-3 INDEX 函数

行序号是从 1 开始的整数且设定的行要在预设的区域内。行序号是 1 意味着要提取的数据点就位于预设区域的第一行中。如果预设区域就一行则该参数可以省略。

同理，列序号也是从 1 开始的整数，其指定了提取数据点所在的列。列序号是 1 意味着要提取的数据点位于预设区域的第一列中。如果预设区域就一列则该参数可以省略。

5.5.4 MATCH 函数

使用 MATCH 函数就可以查找预设区域内特定数字或文本的位置。根据你所编写的公式，最终就会返回预设区域内的某个行序号或列序号（只能二选一，要么返回行序号要么返回列序号）。该函数语句结构如下：

= MATCH(查找数值,查找区域,匹配类型)

查找数值是指你想要查找的内容。其可以是数字、文本或是从另一个单元格中引用的内容。

查找区域则是指可能包含查找数值的单元格区域，或是一个区域名。

匹配类型的参数有 1、0 或-1 三个选项。最常用的是 0，即查找与查找数值完全匹配的值。数据可按任意顺序排列。

但是，如果匹配类型的参数为 1，则会查找小于或等于查找数值的最大数值在预设查找区域中的位置。在这种情况下，查找区域内的各项必须按照升序排列。如果匹配类型的参数为-1，则会查找大于或等于查找数值的最小数值在预设查找区域中的位置。在该情况下，查找区域内的各项必须按照降序排列。在上述情况下，最好选择 VLOOKUP 函数。

进行完全匹配类型的 MATCH 函数用起来比较容易（见图 5-4）。

如果要在 B5:B17 区域内查找"纽约"，就会返回 9（显示在 D3 单元格），即表示在区域内的第 9 行就可以找到"纽约"。但是如果对整个 B 列设置 MATCH 函数，就会返回 13（显示在 D7 单元格），恰好是行序号——这是一个有用的小信息。如果你对预设区域比如 B1:B100 设置了 MATCH 函数也会返回相同的数值。只要是从第一行开始的，则返回的数值就是行序号。

如果你要查找的内容没有找到 MATCH 函数就会返回#N/A 这个错误提示信息。

这里只需要注意一点：MATCH 函数将会返回第一个匹配的结果。在图 5-4 中，"纽约"实际上出现了两次，第一次出现在第 13 行，第二次出现在第 16 行。所以，如果你有重复的项，就需要注意除非是对预设的查找区域进行调整，即新的区域不包含第一个匹配项，否则是不会返回第二个匹配项信息的。

图 5-4 MATCH 函数

5.5.5 将 INDEX 函数和 MATCH 函数一起使用

将它们组合在一起使用可以提高 Excel 函数的功能性。由于 MATCH 函数可以返回与特定标签或数值匹配内容所对应的行序号，所以我们就可以将这个返回结果作为 INDEX 函数中的行参数来使用。而且如果你是在一个横向区域中使用 MATCH 函数则返回的就是一个列序号，其同样可以作为 INDEX 函数中的列参数来使用。INDEX-MATCH 组合函数具备更加强大的查找功能，其用途比 VLOOKUP 函数还要广。

图 5-5 展示了 INDEX-MATCH 组合函数是如何基于两个参数即会计科目和年份来挑选数据的。经过设置，我们就可以获得六年中任意一年以及三项会计科目中任意一项的数值，查找的结果就显示在 H8 单元格中，当然最终显示的结果完全取决于我们在第 8 行中对于会计科目和年份单元格所进行的设置。

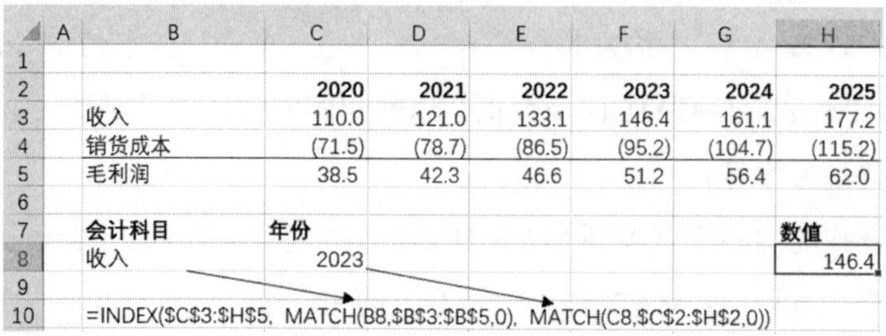

图 5-5 INDEX-MATCH 组合函数

H8 单元格中的公式如下：

=INDEX($C$3:$H$5,MATCH(B8,$B$3:$B$5,0),MATCH(C8,$C$2:$H$2,0))

我们可以看到执行 INDEX 函数的区域是$C$3:$H$5，这里有一组数字（不包括年份行）。

嵌套在公式里的第一个 MATCH(B8,$B$3:$B$5,0)查找的是收入即 B8 单元格输入内容在查找区域内的行序号。需要注意的是 MATCH 函数中涉及的行数应与数据区域相符（即行 3:5）。这个 MATCH 函数返回的是 1，指的就是预设区域内的第一个科目"收入"。

第二个 MATCH(C8,$C$2:$H$2,0)要查找的是年份即 C8 单元格输入内容在查找区域内的列序号。该函数返回的数值是 4，指的就是查找区域$C$3:$H$2 第 4 列的 2023 年。

基于 MATCH 函数中的两个参数，在 H8 单元格中使用 INDEX 函数就可以返回数值 146.4，其位于查找区域$C$3:$H$2 中的第 1 行第 4 列。

5.5.5.1 为什么 INDEX-MATCH 组合函数用途更广

INDEX -MATCH 组合函数功能强大，你会发现它与 VLOOKUP 函数的功能类似。但是将两个函数组合在一起后用途更广。

- 组合函数才可以任意设置查找区域，而 VLOOKUP 函数的查找区域必须从左侧开始。实际上，INDEX-MATCH 组合函数可以在一个垂直区域内进行横向查找，反之亦然。另外其还可以跨表查找。
- 正如图 5-6 所示，你可以通过一次查找获得多个数值。在第 10 行，从 C 列到 H 列的每个单元格均复制了 C10 单元格中的公式，查找结果也都显示在对应的单元格中。该公式读取了第 8 行这个新增年分行中的数据，该公式返回的结果在 INDEX 函数将成为列数参数。

	A	B	C	D	E	F	G	H
1								
2			2020	2021	2022	2023	2024	2025
3		收入	110.0	121.0	133.1	146.4	161.1	177.2
4		销货成本	(71.5)	(78.7)	(86.5)	(95.2)	(104.7)	(115.2)
5		毛利润	38.5	42.3	46.6	51.2	56.4	62.0
6								
7								
8			1	2	3	4	5	6
9		会计科目	2020	2021	2022	2023	2024	2025
10		毛利润	38.5	42.3	46.6	51.2	56.4	62.0
11			↓					
12			=INDEX($C$3:$H$5,MATCH($B$10,$B$3:$B$5,0),C$8)					

图 5-6 INDEX-MATCH 组合函数返回多个数值

5.5.6　MAX 函数和 MIN 函数

MAX 函数会返回参数列表中的最大值，MIN 函数会返回参数列表中的最小值。

如果你只想使用正值，则不需要编写=IF(A10>0,A10,0)，直接用=MAX(A10,0)替代即可。同样，如果只想显示负值，则不用编写=IF(A10<0,A10,0)，直接用=MIN(A10,0)替代即可。

稍后在建模案例中，我们会将一个负的累计现金流数值变成正值以计算短期循环贷款。如果编写 IF 语句就会是=IF(A10<0,-A10,0)；然而，如果使用 MIN 函数就会是=-MIN(A10,0)，注意在函数名的前面要添加一个负号。

你可以直接使用 MAX 函数或 MIN 函数查找某区域内的最大值或最小值，比如：

= MAX(A1:G16)

= MIN(10:10)

5.5.7　MAX 函数和 MIN 函数一起使用

如果你对区域内的显示结果有限定性要求，就可以将MAX函数和MIN函数一起使用。比如，如果你想将 A10 中显示的数值限定在 0~50 这个区间内，则可以使用下面这个公式：

= MIN(MAX(A10,0),50)

其中 MAX 函数会使 A10 单元格中的数值等于或大于 0。外面的 MIN 函数则将显示结果控制在 0（MAX 函数的下限）到 50（通过 MIN 函数设置的限值）这个区间内。使用上述组合函数就可以将模型其他地方的数据读取区间限定在 0~50 之间。反过来将组合函数设置成 MAX(MIN(…),…)也可以。

5.5.8　HLOOKUP/VLOOKUP 函数

HLOOKUP 与 VLOOKUP 组合函数的运行方式与 MATCH-INDEX 组合函数的运行方式相同，都是用于搜索数据区域内的数据点。HLOOKUP 函数是沿水平方向的，即逐列搜索数据区域。VLOOKUP 函数则是沿垂直方向的，即逐行进行搜索。

HLOOKUP 与 VLOOKUP 都是强大的功能函数，像 OFFSET 或 INDEX 这样的简单函数无法满足查找和引用需求时，通常就会使用这两个函数。如果不要求搜索结果一定要与搜索参数完全匹配，则 HLOOKUP 与 VLOOKUP 这两个函数的优势就会非常明显。

HLOOKUP 函数的语句结构如下：

= HLOOKUP(查找值,查找序列,行坐标,查找类型)

查找值是指在查找序列的第一行所要查找的值。

查找序列包含所要查找的数据。

行坐标是指函数返回的数值所在的行序号。

如果查找类型设置为 FALSE，就会返回精确匹配内容；如果没有找到相应的内容，就会返回#N/A。HLOOKUP 函数有一个实用功能就是如果没有精确匹配的内容，就会返回一个最为近似的内容，只要将查找类型设置为 TRUE 就可以启用这个功能。你也可以不设置这个参数，Excel 会默认选择 TRUE。

图 5-7 展示了 HLOOKUP 函数的计算过程。$32,890 是一个输入项,不设置查找类型（C6 单元格）或设置为 TRUE（C9 单元格），返回的结果就是 20%，这是基于$25,000 这个起征点查找的税率。HLOOKUP 函数不会返回 40%，除非应税所得额等于或超过$50,000。

	A	B	C	D	E	F
1	达到或超过起征点适用的税率		$0	$10,000	$25,000	$50,000
2	税率		0%	15%	20%	40%
3						
4	税金计算					
5	输入的应税所得额		$32,890			
6	适用税率		20%	=HLOOKUP(C5,$C$1:$F$2,2)		
7	计算的税金		$6,578	=C5*C6		
8						
9	查找类型为TRUE时返回的税率		20%	=HLOOKUP(C5,$C$1:$F$2,2,TRUE)		
10	查找类型为FALSE时返回的税率		#N/A	=HLOOKUP(C5,$C$1:$F$2,2,FALSE)		
11	查找类型为FALSE时，返回的是完全匹配的结果，如果没有找到相应的内容，就会返回#N/A					

图 5-7　HLOOKUP 函数

VLOOKUP 函数与 HLOOKUP 函数的结构相同，但不同的是必须沿着垂直方向查找数据（见图 5-8）。除此之外，查询类型与 HLOOKUP 函数相同。

	A	B	C	D	E	F
1			应税所得额水平	税率		
2			$0	0%		
3			$10,000	15%		
4			$25,000	20%		
5			$50,000	40%		
6						
7	税金计算					
8	输入的应税所得额		$32,890			
9	适用税率		20%	=VLOOKUP(C8,$C$2:$D$5,2)		
10	计算的税金		$6,578	=C8*C9		
11						
12	查找类型为TRUE时返回的税率		20%	=VLOOKUP(C8,$C$2:$D$5,2,TRUE)		
13	查找类型为FALSE时返回的税率		#N/A	=VLOOKUP(C8,$C$2:$D$5,2,FALSE)		
14	查找类型为FALSE时，返回的是完全匹配的结果，如果没有找到相应的内容，就会返回#N/A					

图 5-8　VLOOKUP 函数

5.6 求和函数

5.6.1 SUM 函数

使用 SUM 函数就可以对多个区域和/或单独的数字进行快速求和。下面是一个简单 SUM 函数：

$$=SUM(D10:D150)$$

注意 SUM 函数可以对很多科目进行加总求和。如果使用加号将所有计算项汇总到一起，操作起来就会很麻烦。你可以分别选定需要加总的项，既可以引用单元格也可以是数字，或是数字区域，甚至还可以在 SUM 函数中再嵌套一个 SUM 函数。

$$=SUM(D10,D11,D15:D20,12+D23+D24, SUM(D30:D35,12*4)/365)$$

使用 SUM 函数求和与仅使用加号进行求和的区别在于，当添加了字符串比如"n/a"时，SUM 函数的兼容性更好（见图 5-9）。在左列中，SUM 函数会视第二个和第四个文本为 0，这样就可以在 B8 单元格中得出求和结果。如果针对左列数据，直接输入 =E2+E3+E4+E5+E6 就会在 E8 中显示#VALUE!——因为 Excel 中的加号会识别出输入的是文本而不是数值。

5.6.2 N 函数

如图 5-9 所示，在 E9 单元格右侧可以看到一个公式，当你要用加号来加总一系列字符串单元格时就可以使用它。这是一个 N 函数（是的，这就是一个单独的字母）。

	A	B	C	D	E	F	G	H
1								
2		240			240			
3		--			--			
4		860			860			
5		n/a			n/a			
6		30			30			
7								
8		1,130	=SUM(B2:B6)		#VALUE!	=E2+E3+E4+E5+E6		
9					1,130	=N(E2)+N(E3)+N(E4)+N(E5)+N(E6)		
10								
11			数据	输入项	N数值			
12			日期	14-Dec-20	44,179	=N(E12)		
13			布尔值	TRUE	1	=N(E13)		
14			空白		0	=N(E14)		
15			文本	Hello	0	=N(E15)		

图 5-9 SUM 函数和加号一起使用与加号和 N 函数一起使用的比较

当遇到一个文本数值时N（公式）就会返回0。在图5-9的下面还列示几个例子。

当你在求和区域内插入行（或列，如果你对整个数据表进行求和）时，求和区域会自动扩大。不过，如果你在表格的顶部或底部（或是左右边缘）插入或删除行就必须要仔细检查这个区域。

5.6.3 SUMIFS 函数和 SUMIF 函数

SUMIFS 函数就是对满足一个或多个条件的数据进行加总求和。该函数的语句结构如下：

SUMIFS(要加总求和的数据,区域 1,条件 1,区域 2,条件2,区域 3...)

SUMIF 函数的运行方式与 SUM 函数是一样的，唯一不同就是前者只对满足条件的数据进行求和。该函数的语句结构如下：

= SUMIF(区域,条件,要加总求和的数据)

SUMIFS 函数与 SUMIF 函数的参数顺序不同，但 SUMIFS 也是对满足条件的数据进行加总求和，即运行逻辑和 SUMIF 是一样的。因此，在日常建模工作中我建议你使用 SUMIFS 函数。本节仅会围绕 SUMIFS 函数进行说明。

*区域*是一个数据列表。*条件*是指针对区域设置的判定条件。*要加总求和的数据*是基于条件和区域设置挑选出的数据。

在建模过程中，SUMIFS 函数特别适用于按期（比如，对 2020 年的各项收入加总求和）按科目（比如，对标记"部分收入"的数据加总求和）或按特定条件（比如，对超过某个特定数值的数据加总求和）对数据进行加总求和。

SUMIFS 函数比 SUMIF 的语句结构要好，其首先要求设置的就是要加总求和的数据区域，而这在 SUMIF 函数中则是第三个要设置的参数。在图 5-10 中，要加总求和的数据是月度和季度数据，其位于 B4:K4 中，该区域就是要在 SUMIFS 函数中设置的第一个参数。第二个参数是数据筛选*区域*。在设置时有个好方法，即该区域通常属于或近似等于*要加总求和的数据*区域，也就是说两个区域的维度是一致的（换言之，如果你对几行数据进行加总求和，则两区域设定的列号应该相同，反之亦然）。接下来要设置的就是*条件*参数。如果你想设置其他条件，只要在公式中添加区域 2、条件 2、区域 3、条件 3……即可。

	A	B	C	D	E	F	G	H	I	J	K
1	季度	1	1	1	2	3	4	1	2	3	4
2	年份	**2020**	**2020**	**2020**	**2020**	**2020**	**2020**	**2021**	**2021**	**2021**	**2021**
3		31-Jan-20	29-Feb-20	31-Mar-20	30-Jun-20	30-Sep-20	31-Dec-20	31-Mar-21	30-Jun-21	30-Sep-21	31-Dec-21
4	收入	10	10	10	40	60	80	100	110	120	130
5											
6											
7	季度数	年份	季度收入		使用SUMIFS函数						
8	1	2020	**30**	=SUMIFS($B$4:$K$4,	$B$1:$K$1,$A8,	$B$2:$K$2,$B8)					
9	2	2020	**40**	=SUMIFS($B$4:$K$4,	$B$1:$K$1,$A9,	$B$2:$K$2,$B9)					
10	3	2020	**60**	=SUMIFS($B$4:$K$4,	$B$1:$K$1,$A10,	$B$2:$K$2,$B10)					
11	4	2020	**80**	=SUMIFS($B$4:$K$4,	$B$1:$K$1,$A11,	$B$2:$K$2,$B11)					
12	1	2021	**100**	=SUMIFS($B$4:$K$4,	$B$1:$K$1,$A12,	$B$2:$K$2,$B12)					
13											
14		年份	年度收入		使用SUMIFS函数						
15		2020	**210**	=SUMIFS($B$4:$K$4,	$B$2:$K$2,$B15)						
16		2021	**460**	=SUMIFS($B$4:$K$4,	$B$2:$K$2,$B16)						
17											
18		年份	年度收入		使用SUMIF函数，注意参数的设置顺序不同						
19		2020	**210**	=SUMIF($B$2:$K$2,$B19,	$B$4:$K$4)						
20		2021	**460**	=SUMIF($B$2:$K$2,$B20,	$B$4:$K$4)						

图 5-10 使用 SUMIFS 函数对多期数据进行加总求和

5.6.3.1 使用 SUMIFS 函数按期对数据加总求和

让我们一起看看图 5-10 中的下半部分。第 8~12 行中的 SUMIFS 函数对第 4 行中的收入金额按年度和季度进行了汇总求和。在第 4 行的开头几列是一组月度数据，后面则变成了季度数据。像这种不同周期的数据使用 SUMIFS 函数最合适，因为其可以按照特定条件对各列数据进行分组。我在各参数之间添加了空格，以便对公式进行查询。

在第 15~16 行，公式仅对满足年份条件的数据加总求和。

在第 19~20 行，我设置了 SUMIF 函数用来和 SUMIFS 函数进行对比。

SUMIFS 函数和 SUMIF 函数都是基于特定条件对数据进行加总求和。你可以在设置*条件*时使用问号（？）和星号（*）等通配符以查找近似匹配的内容。

最后一点：SUNIFS 函数和 SUMIF 函数的求和功能都是针对数值的，它们均无法提取文本数据。

5.6.3.2 SUMIFS 函数基于唯一的识别符进行数据汇总

对于被隔开的同类数据也可以使用 SUMIFS 函数进行加总求和。

图 5-11 中列示了三个部门的数据。在底部，可以看到我们按照各部门数据进行了加总求和（第 18~19 行）。要加总求和的数据位于同一列，你可以将公式复制到其他列中（在 B$3:B$15 这个参数中对列并没有设置绝对引用）。在*区域*参数$A3:$A$15 中对行和列都设置了绝对引用。*条件*参数锁定了 A 列中的单元格，且仅对列设置绝对引用，这样我们就可以将公式复制到下一行。

我在表格底部添加了两行（第 22~23 行）用于检查第 20 行的 SUMIFS 函数计算结果是否等于第 18~19 行两个 SUMIFS 函数计算结果之和。我设置的检查项返回的是

"OK"。这里使用了自定义格式，当错误数为 0 时就会显示"OK"，只要错误数为 1 就会显示"Error"。

	A	B	C
1		2020	
2	部门1		
3	收入	120	
4	销货成本	(87)	
5	毛利润	33	
6			
7	部门2		
8	收入	70	
9	销货成本	(48)	
10	毛利润	22	
11			
12	部门3		
13	收入	45	
14	销货成本	(33)	
15	毛利润	12	
16			
17	公司合计		
18	收入	235	=SUMIFS(B$3:B$15,$A$3:$A$15,$A18)
19	销货成本	(168)	=SUMIFS(B$3:B$15,$A$3:$A$15,$A19)
20	毛利润	67	=SUMIFS(B$3:B$15,$A$3:$A$15,$A20)
21			
22	毛利润检查	67	=B5+B10+B15
23		OK	=IF(ABS(B20-B22)=0,0,1)

图 5-11　按照科目使用 SUMIFS 函数对行数据进行加总求和

你可以添加更多的部门数据，在计算公司收入的合计数时会自动将这些新增数据纳入进来，不过前提就是你必须要确保 SUMIFS 函数中的求和区域已经包含了新增数据。即使删除任何部门的收入数据（前提是 SUMIFS 函数定义的数据区域是正确的）该函数仍会正常运行。

5.6.3.3　SUMIFS 函数基于量化条件进行数据汇总

在图 5-12 中，SUMIFS 函数会对满足量化条件的单元格数据进行加总求和，其中设定的条件是"大于或等于 7"。请注意，这里设置的*区域*内是一堆数字而不是名称列表。在条件">="和单元格之间我们使用符号（&）来连接。我们可以设置其他测试条件比如">"、"<"、"<>"等。我们还可以将之前的参数（">=7"）作为测试条件，而不再链接另一个输入项单元格。

	A	B	C	D	E	F
1		销售数	$销售额		$销售总额	
2	Alex	6	$40,000		$18,000	=SUMIFS(C2:C8,B7:B8,">="&E5)
3	John	4	$89,000			
4	Lena	3	$65,000		来自代理商	
5	Hillary	6	$72,000		7 或更多	
6	Lucas	5	$38,000			
7	Jack	8	$18,000			
8	Nicholas	4	$23,000			

图 5-12　基于一个量化条件使用 SUMIFS 函数计算合计数

5.6.4 SUMPRODUCT 函数

使用该函数就可以快速计算两个数据区域的乘积。其中可以设置两个或多个数据区域，而且这些区域的大小必须一致。该函数就是让一个区域内的各项分别与另一个区域内的对应项逐项相乘。

图 5-13 中的案例 1 展示了如何基于不同的利率和债务金额快速计算出利息费用。由于 SUMPRODUCT 函数可以包含多个数据区域，因此你可以根据需要添加其他要素，比如案例 2 在计算每项债务利息时增设了年度比例。同样是增设要素，还可以像案例 3 中的那样，将利息费用计算所需的特定科目列示在另一个区域中。

	A	B	C	D	E	F
1	案例1	债务金额	利率			
2		100	3.0%			
3		200	4.0%			
4		300	5.0%			
5		400	4.0%			
6						
7		利息费用		42	=SUMPRODUCT(B2:B5,C2:C5)	
8						
9	案例2	债务金额	利率	年度比例		
10		100	3.0%	0.75		
11		200	4.0%	1.00		
12		300	5.0%	0.25		
13		400	4.0%	0.50		
14						
15		利息费用		22	=SUMPRODUCT(B10:B13,C10:C13,D10:D13)	
16						
17	案例3	债务金额	利率	年度比例	使用吗?	
18		100	3.0%	0.75	1	
19		200	4.0%	1.00	0	
20		300	5.0%	0.25	0	
21		400	4.0%	0.50	1	
22						
23		利息费用		10	=SUMPRODUCT(B18:B21,C18:C21,D18:D21,E18:E21)	
24						

图 5-13　SUMPRODUCT 函数

SUMPRODUCT 函数中区域的设置顺序是可以互调的。

在图 5-14 中，我们将 SUMPRODUCT 函数作为转换开关，这样就可以决定是否使用计算要素列表中的项。

	A	B	C	D	E
1	使用吗?	同步计算列			
2	1	情况1	$100,000		
3	1	情况2	$80,000		
4	0	情况3	$30,000		
5	1	情况4	$65,000		
6					
7		合计数			
8		同步计算列	$245,000	=SUMPRODUCT(A2:A5,C2:C5)	
9					

图 5-14　将 SUMPRODUCT 函数当作一个计算转换开关来使用

5.7 计数函数

5.7.1 COUNT 函数和 COUNTA 函数

这两各个函数可以统计一个区域内的项目数。两者的不同在于 COUNT 函数只能统计数字，而 COUNTA 函数则可以统计数字和文本。

5.7.2 COUNTIF 函数和 COUNTIFS 函数

虽然 COUNTIF 函数和 COUNTIFS 函数的运行方式相同，但有一个不同点就是 COUNTIFS 函数允许设置多个条件。该函数语句结构如下：

=COUNTIF(区域,条件)

=COUNTIFS(区域 1,条件 1,区域 2,条件 2 . . .)

图 5-15 的案例 1 展示了 COUNTIF 函数的基本用法，即统计特定科目出现的次数。COUNTIFS 函数与 COUNTIF 函数的使用方法一样，既可以统计数字也可以统计文本。

在案例 2 中，我们新增了其他条件，方法很简单，只要在函数公式中添加一个新*区域*和*条件*参数就可以了。

	A	B	C	D	E	F	G	H
1				案例1				
2	Alex	32		*Alex究竟出现了多少次?*				
3	John	27		Alex		3	=COUNTIF(A2:A7,D3)	
4	Alex	19						
5	Lena	43		案例2				
6	Hilly	51		*对应数值大于20的Alex出现过几次?*				
7	Alex	22		Alex		2	=COUNTIFS(A2:A7,D7,B2:B7,D8)	
8				>20				
9								
10				案例3				
11				*大于25的数值出现过几次?*				
12				>25		4	=COUNTIF(B2:B7,D12)	
13								

图 5-15 COUNTIF 函数和 COUNTIFS 函数

5.7.3 AVERAGE 函数

AVERAGE 函数实际上是基于 SUM 函数和 COUNT 函数计算结果进行计算的，

当然还有一个更加基础的计算方法可以得到相同的结果，即用各项之和除以项目数（见图 5-16）。该函数的语句结构如下：

$$= \text{AVERAGE}(数字1, 数字2, \ldots, 数字255)$$

	A	B	C	D	E	F	G	H
1		空白	空白					
2	10			10		10	=AVERAGE(A2:D2)	
3								
4								
5	10	0	0	10		5	=AVERAGE(A5:D5)	
6								
7		字符串	字符串					
8	10	nmf	--	10		10	=AVERAGE(A8:D8)	
9								
10	字符串	空白	空白	空白				
11	n/a					#DIV/0!	=AVERAGE(A11:D11)	
12								

图 5-16　AVERAGE 函数

参数可以是数字、数组或是引用的数字。如果参数是文本，AVERAGE 函数就会将其视为空。该函数有以下几个使用要点：

◆ AVERAGE 函数会忽略空白单元格或是包含文本字符串的单元格，但是如果单元格中显示 0 则会被纳入到计算中。

◆ 如果要使用 AVERAGE 函数进行计算的区域单元格均为空，就会返回#DIV/0! 错误提示信息。

5.7.4　AVERAGEIF 函数和 AVERAGEIFS 函数

AVERAGEIF 函数的语句结构如下：

＝AVERAGEIF（区域，条件，［计算均值的区域］）

AVERAGEIFS 函数的语句结构如下：

＝AVERAGEIFS（计算均值的区域，区域 1，条件 1，区域 2，条件 2…）

AVERAGEIF 函数计算满足一个特定条件的所有数据的均值，具体请参见第一个案例（见图 5-17，A5 单元格中的计算结果是 20）。在该案例中，AVERAGEIF 函数计算的是 A3:E3 区域内所有大于 0 的数据的均值。（想要包含数值 0，就要将条件参数设置为">=0"。）

AVERAGEIF 函数还可以基于某个特定条件计算特定区域内的数据均值。A6 单元格显示的计算结果（5），只有 A2:E2 区域内等于 2020（年份数）的单元格对应的 A3:E3 区域内的数值才能用于计算均值。

	A	B	C	D	E	F	G
1							
2	2020	2020	2021	2021	2022		
3	10	(20)	30	0	(45)		
4	计算结果						
5		20	=AVERAGEIF(A3:E3,">0")			仅对正值计算均值	
6		(5)	=AVERAGEIF(A2:E2,2020, A3:E3)			仅对2020年对应的数值计算均值	
7							
8		(5)	=AVERAGEIFS(A3:E3, A2:E2,2020)			使用AVERAGEIFS函数计算2020年的均值	
9							
10							
11							
12							
13							

图 5-17　AVERAGEIF 函数和 AVERAGEIFS 函数

基于相同的条件，AVERAGEIFS 函数也会得出同样的结果，但是需要注意的是 AVERAGEIFS 函数的参数设置顺序与 AVERAGEIF 函数正好相反。在 AVERAGEIFS 函数中，计算均值的区域是要设置的第一个参数。想要添加新条件，只需要在函数公式中添加"区域 2，条件 2"等。

5.8　日期函数

了解 Excel 中的日期是如何设置还是挺有用的。在一些信用分析模型的创建过程中，你可能需要确定精确的还贷天数以便计算正确的利息费用。图 5-18 列示了几个比较重要的日期函数，你应该了解。

5.8.1　EOMONTH 函数

对于时间序列模型而言，"一定要知道"EOMONTH 函数。该函数从开始日期算起返回你指定月份的最后一天，这样你就无须担心到底月末日期是设为 28 日、29 日、30 日还是 31 日了（Excel 还会自动追踪闰年）。

=EOMONTH(引用日期,指定的月份数)

如果将指定的月份数设为 0，则返回的就是引用日期所在月的最后一天。需要逐列按月、季、年设置日期时，则需要将指定的月份数分别设置为 1、3 和 12。另外，你可以输入任意的月份间隔数，负数也可以。所以如果你想获得 17 个月前的那个月最后一天的日期，则需要输入-17。

图 5-18 中的最后一项就是 EDATE 函数。它与 EOMONTH 函数类似，但是返回的是你指定月份参数对应的一个日期，而不是那个月最后一天的日期。

	A	B	C	D	E	F	G	H
1		输入项						
2		8-Oct-21						
3		如果是1月1日，则该日期的序列号就是1900=1				44,477	=N(B2)	
4		年份数				2021	=YEAR(B2)	
5		月份数				10	=MONTH(B2)	
6		天数				8	=DAY(B2)	
7		周内的某天				星期五		
8		按照年、月、日创建日期				8-Oct-21	=DATE(F4,F5,F6)	
9		输入日期所在月最后一天的日期				31-Oct-21	=EOMONTH(B2,0)	
10		输入日期之后一个月的最后一天的日期				30-Nov-21	=EOMONTH(B2,1)	
11		输入日期前12个月的最后一天的日期				31-Oct-20	=EOMONTH(B2,-12)	
12								
13		输入日期后12个月的日期				8-Oct-22	=EDATE(B2,12)	

图 5-18　日期函数

5.8.2　Excel 是如何追踪日期的

在 Excel 中每个日期都会对应一个数字或序列值，1 月 1 日作为起始日对应的数值就是 1900，Excel 通过这个数值就可以追踪日期。对于 Excel 的格式还可以进行进一步设置。通过使用不同的日期格式，就可以按照你想要的日期格式显示对应的序列值，其中就包括非美国日期（31/12/2020），甚至是一天内的时间或是一周内的某一天。

图 5-18 列示了一些你应该了解的日期函数。

=YEAR(引用日期)

=MONTH(引用日期)

=DAY(引用日期)

YEAR 函数、MONTH 函数以及 DAY 函数可以基于一个有效日期获得各种详细信息。

5.8.3　年中重要事件对应的日期

我们知道 Excel 是以序列值来追踪日期之后，确定各类日期之间的间隔时间就比较容易了，当你正在跟进一项交易而交易发生的时间可能是一年中的某一天，那么与日期有关的一些信息就比较重要。

图 5-19 介绍了在一年中确定日期间隔的几种方法。我们可以使用简单的减法（见图 5-19 中 E4:E6 中的公式）得到*今年迄今为止*（YTD）的天数（也就是上一个会计年度结算日到交易日期之间的天数）或是末期汇报期的天数（也就是交易日期到当前会计年度结算日的天数）。

	A	B	C	D	E	F	G
1		上一年年末	今日	年末			
2		31-Dec-20	8-Oct-21	31-Dec-21			
3							
4		2021年内的天数			365	=D2-B2	
5		YTD的天数			281	=C2-B2	
6		末期汇报期天数			84	=D2-C2	
7							
8		使用一年360天的假设					
9		2021年内的天数			360	=DAYS360(B2,D2)	
10		YTD的天数			278	=DAYS360(B2,C2)	
11		末期汇报期天数			83	=DAYS360(C2,D2)	
12							
13		使用DAYS360和YEARFRAC函数计算的年度比例					
14		末期汇报期内的月份数			3	=DAYS360(C2,D2,)/30	
15		末期汇报期天数在一年360天中的占比			0.2306	=DAYS360(C2,D2,)/360	
16		末期汇报期天数在一年实际天数中的占比			0.2301	=YEARFRAC(C2,D2,1)	
17							
18		一个DAYS360函数的问题					
19		起始日期		结束日期			
20		31-Dec-20		28-Feb-21			
21							
22		间隔天数			58	=DAYS360(B20,D20)	
23		正确的间隔天数			60	=DAYS360(B20+1,D20+1)	
24							

图 5-19　计算少于一年的日期间隔时间

5.8.3.1　一年 360 天

在财务领域，计算年利息费用的方法之一就是无论一年是 365 天还是 366 天，都会假设一年有 360 天。

在这个假设之下，还会假设每月有 30 天。Excel 中有个函数可以基于一年 360 天这个假设以及设定的起始日期和结束日期计算出两日期之间的间隔时间（见图 5-19）。

=DAYS360(起始日期,结束日期)

用上述函数的返回结果除以 30 就可以得到月份数，或者除以 360 就可以得到年度分数因子（见图 5-19 的 E14 和 E15 单元格）。另一个是 YEARFRAC 函数：

=YEARFRAC(起始日期,结束日期, [basis])

上图中的计算给出了各时间段对应的占比，这样就不用再除以 360 了。YEARFRAC 函数会默认假设一年有 360 天、一个月有 30 天，不过你可以通过输入第三个称为日计数基准类型的参数来修改这一假设。具体操作见表 5-1。

表 5-1 设置 YEARFRAC 函数中的日计数基准类型参数

0 或不设置	30/360
1	实际/实际
2	实际/360
3	实际/365
欧洲	30/360

使用欧洲 30/360 这个类型与按照 30 天进行日期转换的计算结果略有不同。出于建模和利息费用的计算需要，我们选择的是 30/360 这个日计数基准类型，在公式中只需将对应的参数设置成 0 或不进行设置即可。

5.8.3.2 解决 DAYS360 函数的问题

在一些计算中，你会发现 DAYS360 函数的计算结果好像是错的。图 5-19 的最后一个示例，B20 单元格中是 31-Dec-20，D20 单元格中是 28-Feb-2021，计算公式如下：

$$=DAYS360(B20,D20)$$

得到的计算结果是 58 天！但是因为这两个日期的间隔时间恰好是两个月整，而基于每月 30 天的假设，该函数返回的结果应该是 60 天。显然，之所以会出现这个错误是因为 DAYS360 函数的默认算法不能与 2 月末的结束日期完美拟合。我们可以将日期提到月初以解决拟合不完美的问题，这样一来日期间隔的计算会更直接。具体做法就是在引用单元格的后面加上数字 1。进行上述修改后就不需要修改日期了：

$$DAYS360(B20+1,D20+1)=60 \text{ 天}$$

5.8.3.3 日期格式

选择 Excel 中的自定义格式选项就可以设置正确的日期格式。使用〈Ctrl+1〉这个组合快捷键就可以调出设置单元格格式窗口（见图 5-20）。点击窗口左侧分类列表框中的自定义选项，然后在窗口右侧"类型"下方的文本框中选择你想设置的日期格式。

图 5-21 列示了设置单元格格式窗口中允许使用的日期格式。

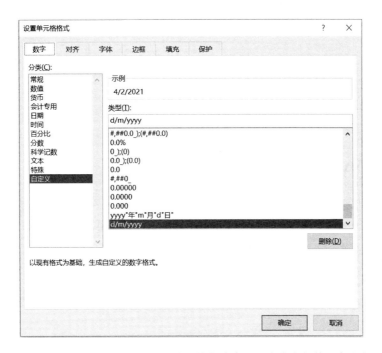

图 5-20　按下〈Ctrl+1〉打开设置单元格格式窗口。点击左侧的“自定义”

	A	B	C	D	E
1		输入日期的格式为d-mmm-yy			
2				4-Feb-21	
3					
4		**自定义格式**		**显示效果**	
5		d/m/yyyy		4/2/2021	
6		dd/mm/yyyy		04/02/2021	
7		d mmm yyyy		4 Feb 2021	
8		d		4	
9		dd/mm/yyyy		04	
10		ddd		Thu	
11		dddd		Thursday	
12		m		2	
13		mm		02	
14		mmm		Feb	
15		mmmm		February	
16		mmmmm		F	
17		yy		21	
18		yyyy		2021	
19		dddd,mmmm d,yyyy		Thursday,February 4,2021	
20					

图 5-21　日期格式

5.9　处理错误信息

在建模过程中我们会开发相关的公式，当设置错误时 Excel 就会自动报错。在 Excel 中最常见的错误提示信息有以下四种：

#DIV/0!
#VALUE!
#NAME?
#REF!

5.9.1　#DIV/0!

当你试着用数值除以 0 时 Excel 就会显示提示这个错误信息。在编写公式的过程中，由于可能会使用一些测试数字，所以无意间将 0 作为除数的情况还是很容易出现的。如果真是这样，公式马上就会返回#DIV/0!这个错误提示信息。对于刚接触模型还不熟悉的使用者而言，看到这些错误提示信息可能会不知所措。鉴于此，只要是你编写的公式中涉及除法，就应该利用 IF 语句对可能出现的错误预设判断条件以防返回错误提示信息。

当你编写如下公式时：

$$=D10/D12$$

应该用 IF 语句加以修改：

$$=IF（D12, D10/D12, 0）$$

上述公式中只输入了 D12，这是一种简写，其完整表达是 D12<>0。当 D12 等于 0 时该公式的计算结果就是 0。

上述公式还可以变形为：

$$=IF（D12, D10/D12, "n/a"）$$

如果 D12 等于 0，则该公式就会返回一个文本即 "n/a"。单独运行这个公式是没问题的，但其他单元格中的计算要引用该公式所在单元格的计算结果则可能会出现问题。也就是说，如果第一个单元格中的计算结果是 "n/a"，则第二个引用该结果的单元格就会显示#VALUE!，因为在计算中无法识别这个文本。

如果还是想在单元格中显示 "n/a" 但又不想让引用它的单元格报错，可以利用 Excel 中的单元格格式设置功能将第一个公式返回的 0 显示成 "n/a"，具体操作见第 3 章的 3.4.2.4。

5.9.2 #VALUE!

当你编写的公式中涉及文本，Excel 通常就会返回这个错误提示信息，意思就是："我不想要文本，只想要数值。"

5.9.3 #NAME?

如果你的公式使用了一个并不存在的区域名就会返回这个错误提示信息。错误原因可能是区域名拼写错误或者以前确实创建过也使用过该区域名，但是后来又删除了。函数名拼写错误也会返回这个错误提示信息。

5.9.4 #REF!

当公式中某个单元格的引用不可用时就会返回这个错误提示信息。例如，在 A17 单元格中输入如下公式：

$$=A1+10$$

当你将该公式复制到上面一行后 A16 单元格就会返回错误提示信息，在上述复制过程中 Excel 会保持公式中的相对引用，即引用位置也会向上移一行，新的引用位置就变成了 A0。由于根本就没有 A0 这个单元格，因此就会返回一个错误提示信息。

如果 A10 单元格中的公式如下方所示：

$$=B10+C10$$

如果从其他地方剪切粘贴数据到 B10 单元格和/或 C10 单元格，则同样会返回 #REF!。如果采用的是复制粘贴操作则不会返回这个错误提示信息。

5.9.5 ISERROR 函数

Excel 中有一个函数可以识别表达式中的错误。ISERROR 函数最好是与 IF 语句配套使用，即将具有单独错误识别功能的 ISERROR 函数嵌入到 IF 函数中。

$$=IF(ISERROR(C50),0,C50)$$

以上就是一个将 ISERROR 函数内嵌到 IF 语句中的实例，如果 C50 单元格返回了四种错误提示信息中的任意一个，则公式最终的计算结果就是 0。通常，如果 C50 单元格有可能会显示#DIV/0!那么就会使用这个 IF 嵌套公式。

下面来看看这个公式：

=IF(ISERROR(C50/C52),0,C50/C52)

可以看出你想要测试的可能是 C52 单元格，作为除数看看它是否为 0，该公式并不会检查 C50 单元格中的内容，只要 C52 这个除数没有问题就可以，也就是说如果是作为分子的 C50 单元格有问题是无法通过该公式体现出来的。该公式可以选择性地对某个错误进行测试。在这种特定情况下，最好将公式修改为：

=IF(C52=0,0,C50/C52)

如果该公式返回错误信提示信息，你立马就会知道应该检查作为分子的那个单元格。

5.9.6　IFERROR 函数

IFERROR 函数就是 IF 和 ISERROR 的混合函数。公式可以是下面这样：

=IFERROR(C50,0)

在编写长公式的时候该函数的优势更为明显，因为直接编写一次就可以了。与之相比，同时使用 IF 和 ISERROR 函数则需要编写两层公式，即先编写测试参数再编写满足 TRUE 条件的参数。

5.10　确定数值中的保留内容

5.10.1　ROUND（数值，小数点后保留的位数）

四舍五入到特定的小数位。例如，=ROUND(1.564,1)的结果就是 1.6。同理，=ROUND(1.564,0)的结果则是 2。

小技巧：你可以将小数位设置成负数：-1 表示四舍五入到十位数，-2 表示四舍五入到百位数，-3 表示四舍五入到千位数，以此类推。=ROUND(1234.2,-2)的结果就是 1,200。

5.10.2 MROUND(数值,倍数)

返回最接近要舍入值基数的倍数值。例如,将一个价格四舍五入到最接近 5 美分倍数的数值,=MROUND($1.96,0.05)返回的就是$1.95。

5.10.3 INT(数值)

四舍五入到数字的整数部分,即小数点的左侧部分。

5.10.4 MOD(数值,除数)

将返回除以除数后的余数。想要获得小数点右侧的部分就必须将除数设置成 1,=MOD(3.564,1)会返回 0.564。如果使用其他的除数则会得到不同的结果。例如,=MOD(3.564,2)返回的则是 1.564。除 0 以外除数可以是任何数字。

可以使用该函数来判断一年是否是闰年(在我们的建模工作中,如果可用 4 整除则为闰年)。下面这个公式中,如果该年是闰年则会返回 1。

=IF(MOD(year,4)=0,1,0)

如果你的电子表中从 A1 单元格开始是按照 1、2、3、4、5、6、7、8、9 等来计数的,现在想要按照 1、2、3、4、1、2、3、4 这样重复性地进行计数,则可以在 A2 单元格中输入以下公式并进行横向复制:

=MOD(A1-1,4)+1

5.11 确定数值的舍入方向

我们可以把数值想象成是排列在一条水平线上,0 作为中间点将负数和正数部分分隔在两边。下面介绍的这些函数都是在这条水平线上进行数字识别和转化的。

5.11.1 ABS(数值)

返回的是剔除符号的数值(即绝对值)。所以=ABS(-5)和=ABS(5)返回的结果都是 5,或者可以这样解释,即设置的参数与 0 点的距离就是 5。

5.11.2 ROUNDUP（数值，舍入的小数点位数）

该函数与 ROUND 函数有点类似，不同点是从 0 开始舍入数值。舍入小数点位数这个参数既可以是正数又可以是负数，舍入方式和 ROUND 函数是一样的。

5.11.3 ROUNDDOWN（数值，舍入的小数点位数）

该函数与 ROUNDUP 类似，唯一不同就是 ROUNDDOWN 函数是按照向下靠近 0 的方向舍入数值的。

5.11.4 CEILING（数值，基数）

该函数是按照远离 0 的方向舍入数值。对于正数，则意味着向上舍入。=CEILING（2.11,1）返回的就是 3；=CEILING（2.11,10）返回的则是 10。对于负数，则是向下舍入，即负值会变大。=CEILING（-2.01,-1）返回的就是-3。该函数的两个参数必须符号一致。如果符号不一致则会返回#NUM!。CEILING 函数与 ROUNDUP 一样，可以设置基数即舍入的参考值。

5.11.5 FLOOR（数值，基数）

该函数与 CEILING 函数类似，唯一不同在于其是按照靠近 0 的方向舍入数值。=FLOOR（1.99,1）返回的是 1。=FLOOR（-1.99,-1）返回的则是-1。与 CEILING 函数一样，该函数中的两个参数必须符号一致。如果不一致，则会返回#NUM!。

5.12 判别信息类别的函数

以下函数能够帮助你确定所处理信息的类别。

5.12.1 ISNUMBER（检验内容）

如果检验内容是一个数值则会返回 TRUE，如果是一个文本或单元格内容为空则会返回 FALSE。当你正在编写一个 IF 语句并希望即使单元格内是 0（通常 IF 语句的测试条件是"如果不是 0"，那么当遇到 0 时就会返回 FALSE）公式仍旧可以正常读取内容，则该函数就会派上用场。

5.12.2 ISTEXT（检验内容）

如果检验内容是文本字符串则会返回 TRUE。

5.12.3 ISBLANK（检验内容）

如果检验的单元格为空则会返回 TRUE。

5.13 处理文本的函数

当你处理文本字符串时（见表 5-2）这些函数就会比较有用。这些函数会将单词之间的一个空格视为一个字符。

表 5-2 处理文本的函数

函数	结果
=LEFT("Good Morning",7)	"Good Mo"
=RIGHT("Good Morning",7)	"Morning"
=MID("Good Morning",2,5)	"ood M"
=LEN("Good Morning")	12。这是一个数字。LEN 是 "length" 的缩写
=LEFT("Model.xlsx",LEN("Model.xlsx") – 5)	"Model"
=LOWER("Good Morning")	"good morning" 全部小写
=UPPER("Good Morning")	"GOOD MORNING" 全部大写
=PROPER("my name is harry")	"My Name Is Harry" 每个单词的第一个字母大写
=TRIM(" Good Morning All ")	"Good Morning All"。删除前面和后面的所有空格，以及各词之间的多余空格，最后各词之间仅保留一个空格
=TEXT(1.386,"$0.00")	"$1.39."现在这是一个文本字符串，文本格式以双引号括起。文本四舍五入到小数点后两位
=VALUE("$1.39")	$1.39 是一个数值。不过，其实你并不需要使用这个函数，因为 Excel 可以根据需要将文本自动转化成数值
="Good"&" "&"Morning"	"Good Morning"

5.14 财务函数

当你开始处理现金流并估算各类项目的收益率时，NPV（净现值）和 IRR（内含收益率）这两个函数你一定要知道。它们都是用于分析*货币时间价值*的。所谓货币时间价值就是说今天的一美元与未来的一美元，或者与过去的一美元的价值不同。这里，我们讨论的并不是通货膨胀问题，而是货币增值的情况。

我们先来看一个例子：假设持有的美元账户每年可以获得 5%的利息。因此，今天的 100 美元一年后就会变成 105 美元（计算很简单：100 美元×1.05=105 美元），两年后就会变成 110.25 美元（100 美元×1.05×1.05）（具体计算见表 5-3）。同理，如果想在今天拥有 100 美元，那么我们就要保证去年的账户中有 95.24 美元（100 美元除以 1.05）而两年前的账户中有 90.7 美元（100 美元除以 1.05 再除以 1.05）。

表 5-3 货币的时间价值

2 年前	1 年前	现在	1 年后	2 年后
$90.70	$95.24	$100	$105	$110.25

表 5-3 中列示了当前的 100 美元按 5%计算的不同时点的货币时间价值。5%称为折现率。我们之前就谈及过，当前的 1 美元、未来的 1 美元多一点，和之前不到 1 美元，所对应的货币时间价值都是相同的。

当前的 100 美元越向后推算数值越高称为*终值计算*，而越向前推则数值越低称为*现值计算*，也称为*折现*。

再来看看这些函数。你应该注意以下几点。如果正在处理的是年度数据，则直接使用 NPV 和 IRR 函数就可以了。这些函数都是按列来处理数据，每一列都是一年的数据。如果某年没有数据但是你想将其纳入到计算中，则必须要以 0 来填充。

NPV 和 IRR 函数都会忽略空白单元格。但是，如果你要处理的数据间隔时间不规律——也就是说这些数据并不是每年都有，也许隔几年才有——则应该使用 XNPV 和 XIRR 函数来计算。

后面提到的这两个函数功能更强大，它们不仅能跟踪各列数据，还能跟踪每列对应的日期标签，并基于时间间隔计算出结果。

5.14.1 NPV 函数

NPV（比率，数值 1，数值 2，…）

NPV 函数返回的是一系列年度数据的净现值。这些年度数值可以正数也可以是负数，通常正数表示现金流入，负数表示现金流出。你可以选定一个区域内的数值而不是单一数值进行计算。*比率*则为年折现率。

当你使用 NPV 函数时一定要明确折现的时间,因为假设现金流都是发生在每年的*年末*。在图 5-22 中,C7 单元格中的 NPV 函数计算结果说明 2020 年 12 月 31 日现金流出 100,在随后几年会有现金流入,将这些现金折现到 2020 年 12 月 31 日的净现值为 151.3。

	A	B	C	D	E	F	G
1	折现率	10.0%					
2							
3			31-Dec-20	31-Dec-21	31-Dec-22	31-Dec-23	31-Dec-24
4	现金流		(100.0)	50.0	60.0	110.0	130.0
5			*假设所有现金流都发生在年末*				
6	NPV函数						
7	2020年年初的NPV		151.3	=NPV(B1,C4:G4)			
8							
9							
10		1-Jan-20	31-Dec-20	31-Dec-21	31-Dec-22	31-Dec-23	31-Dec-24
11	现金流	0	(100.0)	50.0	60.0	110.0	130.0
12							
13	XNPV函数						
14	2020年年初的XNPV		151.3	=XNPV($B$1,B11:G11,B10:G10)			

图 5-22 NPV 函数和 XNPV 函数

5.14.2 XNPV 函数

XNPV(比率,数值,日期)

该函数针对特定日期对应的数值计算净现值。

图 5-22 中展示了 XNPV 函数和 NPV 函数的不同。由于 XNPV 函数是基于现金流和其对应的日期进行计算的,因此为了获得一系列现金流在 2020 年年初的净现值,我们就必须针对这个日期额外增加一列其对应的现金流为 0。XNPV 函数的计算结果与 C7 单元格中的 NPV 函数计算结果一致。

5.14.2.1 XNPV 函数可以使用不规律日期

XNPV 函数最大的优势就是可以处理非年度日期,甚至是间隔不规律的日期。也就是说,如果你想要计算一组季度现金流的净现值或者需要处理的现金流对应的是一年中的奇数日期,则只要使用 XNPV 函数同时基于现金流和对应的日期就可以计算出净现值。在 XNPV 函数中相同的时期甚至可以对应多笔现金流。

5.14.3 IRR 函数

IRR(数值,推测值)

IRR 函数返回的是一系列数值的内部报酬率。这个内部报酬率也是现金流等于 0 时所对应的折现率。IRR 函数使用的一系列数值中至少要包含一个正数和一个负数。你可以输入一个推测的内部报酬率，例如 0.10（10%），函数会从这个推测值开始计算从而测算出正确的结果。你也可以不设置推测值，Excel 将会选择从 10%开始测算。

在图 5-23 中，列示了一项投资（假设，是一项贷款）的现金流，在 2020 年 12 月 31 日投资了 100 美元。每年会获得 8 美元的利息。在第 5 年年末，将归还本金以及当年的利息。这个例子很简单，2020 年 12 月 31 日计算的 IRR 就是 8%。

	A	B	C	D	E	F	G	H
1								
2			31-Dec-20	31-Dec-21	31-Dec-22	31-Dec-23	31-Dec-24	31-Dec-25
3			(100.0)	8	8	8	8	108
4	IRR		8.0%	=IRR(C3:H3,10%)				
5								
6		1-Jan-20	31-Dec-20	31-Dec-21	31-Dec-22	31-Dec-23	31-Dec-24	31-Dec-25
7		(0)	(100.0)	8	8	8	8	108
8	XIRR		8.0%	=XIRR(B7:H7,B6:H6,10%)				

图 5-23 IRR 函数和 XIRR 函数

IRR 函数使用的每列数值代表的就是一年。空白列并不纳入计算。如果你想要将该列纳入计算则必须在该列中输入 0。如果现金流是垂直列示的，上述处理同样适用。

5.14.4 XIRR 函数

XIRR（数值，日期，推测值）

该函数将基于指定日期返回一系列数值的 IRR。数值区间与时间区间必须置于相同的列，以便 Excel 能够辨明数据与时间区间的对应关系。XIRR 函数中的日期参数可以是不定期的月份或年份。

为了获得与 IRR 函数相同的计算结果（见图 5-23），我们必须在开头增加一列，对应的日期是 2020 年年初。这样就相当于告诉 XIRR 函数我们现在就是要计算 2020 年 1 月 1 日的 IRR。不过，XIRR 函数计算所用的起始单元格中的数值必须是个比较小的*负值*。就像 B7 单元格中的-0.0 001。

第6章
建模中涉及的会计专业知识

要创建一个功能完备的模型，我们必须要了解相关的会计专业知识，这样才能理解模型各部分之间的勾稽关系。创建优质模型所需要学习的会计专业知识并不难。实际上，如果之前你对会计专业还是一知半解，那么学习建模将会加深你对该学科专业知识的理解。

6.1 会计记账的目的就是跟踪现金

会计记账的根本目的就是跟踪现金。优质的财务模型就是让使用者可以追踪现金。企业在其生产活动中（比如销售商品或提供服务）究竟获得了多少现金？究竟需要多少钱来支付相关费用，如工资、租金、税金及支持营运资金？资本支出是多少？可以从债权人和股权投资人那里筹集多少现金？所有会计记录都是为了跟踪这些交易中的现金（还有一些交易是"非现金"的——我们稍后会讨论），以便业务经理能够回答最重要的问题："在会计年度末，我们究竟还有多少现金？"这个问题之所以在企业经营中那么重要，原因在于"现金为王"——也就是说，企业一定要有一定数量的现金储备，就收入而言，你的公司可以价值数十亿美元，但是如果你没有现金储备，则一切都会停止，业务也会终结。

6.2 三张财务报表

6.2.1 利润表

利润表反映了报告期内的收入与支出。报告期跨度或核算的周期通常是一年。但也可以将季度、月度或其他任意周期定为核算周期。出于讲解目的，本书阐释的财务模型核算周期都是年。

利润表的第一行就是收入，反映了企业通过销售产品或提供服务所获得的收入。企业也可以从非经营活动中获得现金，例如一笔新贷款或一项新的股权投资，而这部分现金是不会出现在利润表中的。利润表的最后一行是净利润，反映了企业在扣除已经记账的全部费用后的收入余额。

利润表中的科目反映的都是资金流向。收入表示会获得的现金，但是利润表中列示的费用意为"扔出去"的钱——换句话说，这笔钱是花在持续产生的服务和费用上而不是用来购买东西的。

6.2.2 资产负债表

资产负债表记录企业在报告期期末所持有和承担的：资产、负债和所有者权益。报告期通常都是在财务年度末，不过资产负债表也可以基于较短的核算周期来编制，以匹配同期内的利润表。利润表记录的是某段时期的收入和费用，资产负债表则不同，其记录的是某一时点的数据。

资产反映的是一家企业持有的东西。负债反映的企业拖欠别人的东西。所有者权益反映的是一家公司真正拥有的东西。

通常来说，资产负债表（见图6-1）的资产部分显示的是企业持有的东西。负债和权益说明了企业如何享有的这些资产，不管是获得了一笔贷款（一项负债）还是将企业自己的资金投入进来（形成所有者权益）。有一点必须要保证，即对于任意一项资产而言，资产负债表的两边都应该保持平衡。针对资产负债表中的所有资产，有如下会计等式：

资产总额=负债与所有者权益的合计

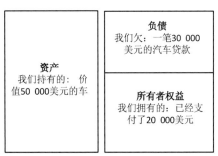

图6-1 资产负债表：持有、拖欠以及拥有的资产负债表

尽管一旦细看资产负债表中的各个科目就会发现资产部分中还包括一些无形资产，如应收账款和递延所得税资产。但是无论你看到的是什么样的资产负债表，基本原理都是一样的。一定要记住资产负债表的基本框架，即左边列示的是资产，右边则是说明如何获得这些资产的（计入负债的一笔贷款以及或将自己的钱投入进来形成的所有者权益）。

6.2.3 现金流量表

现金流量表反映了企业当年究竟拥有了多少现金又如何使用了这些现金。表中第一行是净利润（股利分配前），其取自利润表。接下来列示的就是现金的使用情况（例如，购建新的厂房设备或偿还债务），或者来自非经营活动的现金如新增债务或新的权益投资），甚至出售自有资产而获得的现金流也会在这里显示。表底部的一行则会列示企业的现金流总额（即现金流入减去现金流出）。如果企业当年支出的现金比获得的多，则现金流总额就是负数。然后用当年的现金流总额加资产负债表中上一年的现金就可以得到现金余额。该数值就是资产负债表当期期末的现金数值。

在建模过程中，现金流总额可能始终都是负数，以至资产负债表中的现金也是负数。在这种情况下，我们就会将资产负债表中"负的现金"视为一项短期负债称为*循环贷款*（或短期循环贷款）。

由于现金流量表需要查看当期资产负债表较上一期资产负债表的变化，因此现金流量表的第一个年数据列左侧通常都是空白的，因为在模型的期初是没有"上一期"数据的。

6.3 现金流入和使用

如果会计记录是用于跟踪现金的，那么现金究竟是如何流入或流出企业的？

当现金流入企业时，称其为现金"流入"。同理，当现金流出企业时，称其为现金"使用"。下文列示了现金流入和使用情况。其中显示为斜体字的科目可以在利润表中找到，因为它们都与销售（或经营性）活动或费用有关。

6.3.1 现金流入

- *销售产品或提供服务（收入）。*
- *现金或能够获得投资收益的资产生成的利息收入。*
- 出售自有资产。
- 获得一笔贷款。
- 获得一笔新的股权投资。

6.3.2 现金使用

- *支付能够支撑收入的各项经营费用。*
- *支付现有债务的利息。*
- *支付税金。*

- 购买新资产。
- 回购股票。
- 向股权投资人支付股利。

企业手里的每 1 元钱究竟是如何获得的又是如何花出去的？使用 Excel 很容易就可以回答这个问题。

6.4 编制三张财务报表的两个规则

为了了解三张财务报表之间是如何互相影响的，接下来我们先将利润表和现金流量放在一起研究，它们都是持续记录现金流入和使用情况的（见图 6-2）。最后再来看资产负债表。

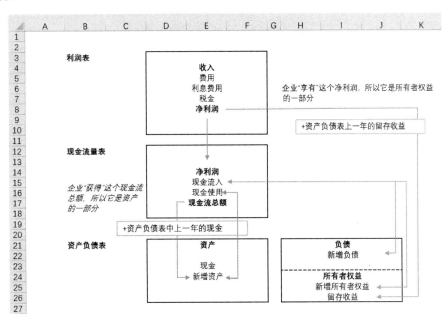

图 6-2 先看利润表和现金流量表，再看资产负债表

想要理解建模过程中各报表之间的会计勾稽关系，建议你了解以下两个规则。

6.4.1 规则 1：净利润将计入所有者权益中的留存收益科目

如果我们站在公司层面，则可以说净利润就是我们获得的且可由我们自己支配的。站在会计视角，我们*享有*它——则意味着它属于所有者权益的一部分。这就是为什么我们要将净利润与资产负债表中的所有者权益联系起来,并且专门设置了一个会计科目称为"留存收益"。实际上,正确的计算关系应是净利润加资产负债表上一期的留存收益。对于一家能够实现盈利的企业,留存收益科目余额会因每年获得的净利润而逐年增长。

6.4.2 规则2:现金流量表期末的现金将计入资产负债表的现金科目

在现金流量表的底部有个数值称为*现金流总额*。该数值代表我们"获得"的现金数量,所以可以将其加到上一年我们已经获得的现金中,并列示在当期资产类科目"现金"中。

6.4.3 建模顺序

如图6-2所示,实线箭头表示来自利润表的现金通过现金流量表最后计入资产负债表"现金"科目的路径。

但是,虚线箭头是双向的。这是因为以下两点:①我们可以从资产负债表的变动额开始(例如负债的增加额)推算现金流量表中的变动数据(在这种情况下,资产负债表中的变动额就是一个测算起点)或者相反;②我们将现金流量表作为起点来测算资产负债表负债的变动额。两种会计核算方式都可以(这些方法也适用于对现金使用情况的测算)。在本书的建模练习中,我们将采用第一种方式,即以资产负债表变动额为起点测算现金流量表中的相关数据。

6.5 三张财务报表之间的基本勾稽关系

下面通过一个示例来说明。我们假设收入是1 000美元,且没有其他费用,所以净利润就是1 000美元。我们会在现金流量表的顶部看到这一数值。我们没有其他现金流入也不使用现金,所以现金流总额也是1 000美元。该数值将会反映在资产负债表的"现金"科目中。这笔资金的具体流转路径见图6-3。

图6-3与我们之前的描述相符,资产负债表的左侧显示的是我们获得的东西(一堆现金),右侧显示了我们是如何获得这些东西的:是我们获得的也是我们享有的权益。

注意,只要遵循上文说的两个规则,按照箭头指示的方向进行操作,最后资产负债表的两边就会神奇般地实现平衡。

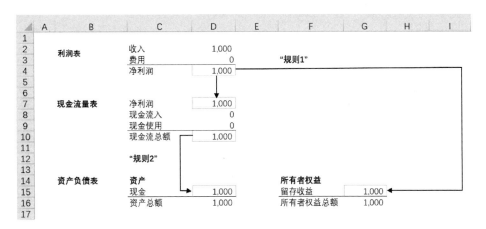

图 6-3　一笔资金在三张财务报表中的流转路径

我们还以图 6-3 中的假设来做另一项练习，假设存在 100 美元的费用，这就意味着：

◆ 净利润减少至 900 美元。
◆ 留存收益也因此减少至 900 美元。
◆ 同样，现金流总额和"现金"科目余额分别减少至 900 美元。

在上述这个练习中，期末的资产负债表两边仍是平衡的，都是 900 美元。

6.5.1　购买一项资产

让我们再进一步，假设收入仍为 1 000 美元。具体数据见图 6-4。

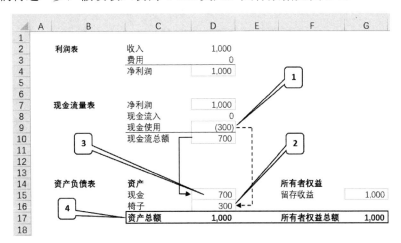

图 6-4　购买一把椅子

假设我们想要购买一项资产（一把椅子）价格为 300 美元。

（1）我们必须要向椅子的卖家支付货款，所以就要使用现金。现金流总额会因此减少至700美元。

（2）我们将增设一个称为椅子的新科目，对应数值为300美元。

（3）我们的现金水平也会下降至目前的700美元。

（4）资产负债表两边还是1 000美元，仍是平衡的。

（1）和（2）的顺序是可以互换的。图6-4中标注的序号只是代表从上到下的阅读顺序。

购买椅子使用的300美元在现金流量中是用括号括起来的，表示是负数。当前现金流总额仅为700美元，这也会流转至资产负债表。购买椅子后，我们就可以将它列示在资产负债表的资产部分，因为我们"获得"了这把椅子。以上就是图6-4中虚线所显示的路径。

6.5.2 负债购买一项资产

如果我们用500美元购买了一张桌子，其中400美元是借的。这就意味着我们需要动用100美元的自有现金。接下来三张报表就会变成图6-5中的样子。

具体步骤如下：

（1）我们因借钱形成了一项负债，其列示在资产负债表中。

（2）现金流量表中有了一笔现金流入，是正的400美元。

（3）接下来就是使用500美元购买一张桌子。现金流总额会减少至600美元。该金额会计入资产负债表中，最终显示的就是600美元（因为上一期金额为0）。

（4）在资产部分，我们会增设"桌子"这个科目，对应金额为500美元。

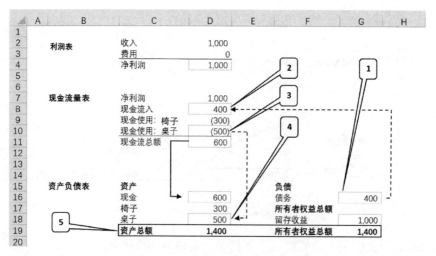

图6-5 负债购买一张桌子

（5）资产负债表中的资产总额为 1 400 美元，负债和所有者权益合计数也是 1 400 美元。

（3）和（4）可以互换顺序。

综上所述，资产的增加（例如购买东西）或负债的减少（偿还了债务）都会使用现金。进行会计核算时，资产增加和负债减少均计"借"方。

资产减少（例如出售了一些东西）负债增加（又有了一笔新债务）或所有者权益增加（公司引入了新的投资人）都会对应一笔现金流入。在进行会计核算时，上述科目变化均计入贷方。

6.5.3 模型示例

访问书中提供的网址 www.buildingfinancialmodels.com 并下载文件 *Financial Statement Flows.xlsx*⊖，你可以自己做里面的练习，这样就能更好地理解三张报表之间的基本勾稽关系。

6.6 折旧和累计折旧

随着我们对会计专业知识的深入讲解，你就会发现资产负债表左边列示的一些资产并不是有形的实物资产——如商誉、无形资产及递延所得税资产——此外，你一定会在资产负债表中看到一个名为"累计折旧"的科目，其在利润表中还有一个对应的科目，名为"折旧"。让人费解的是，后面这个科目被认定为*非现金费用*。如果会计记录的目的就是追踪现金，那么为什么要记录这项"非现金"费用呢？

6.6.1 折旧是什么

折旧反映的是两件事：①由于时间和使用原因导致一项资产的价值出现贬损；②如何将这种价值贬损按照时间分摊到经营性活动中。

我们假设一家公司获得了一项 100 美元的股权投资并以 100 美元购买了一辆卡车（实际上金额要以千倍计）。卡车的使用寿命为 10 年。在公司的所有者权益中卡车价值

⊖ 或访问 www.jinduoduo.net 下载模型的中文版。——编者注

100美元。收入为1 000美元。初始资产负债表数据见图6-6。

	A	B	C	D	E	F	G	H
1								
2		利润表	收入	1,000				
3			费用	0				
4			折旧	0				
5			净利润	1,000				
6								
7								
8		现金流量表	净利润	1,000				
9			加回：折旧	0				
10			现金流入	0				
11			现金使用	0				
12			现金流总额	1,000				
13								
14								
15								
16		资产负债表	资产			所有者权益		
17			现金	1,000		股东权益	100	
18			卡车	100		留存收益	1,000	
19			累计折旧	0				
20			资产总额	1,100		所有者权益总额	1,100	

图6-6 从头说明折旧对三张财务报表的影响

6.6.2 开始计提折旧

从会计核算角度，我们预计卡车的价值每年会贬损10美元（100美元/10年）。第一年年末，卡车在资产部分的价值就是90美元。同样，我们假设公司所有者权益中的卡车价值也会变成90美元。你可以看到资产负债表的两边都减少了10美元。详情见图6-7。

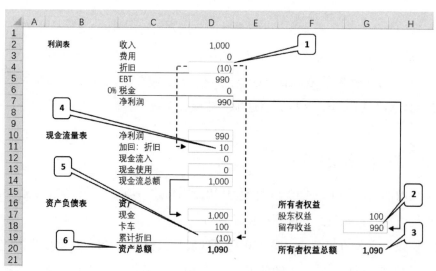

图6-7 折旧和累计折旧会减少资产负债表的合计总数

在资产负债表中，所有者权益部分的卡车价值贬值核算是通过以下步骤完成的：

（1）利润表中的一项折旧被视为一项 10 美元的费用。

（2）这项费用会导致净利润减少至 990 美元，留存收益也会随之减少至 990 美元。

（3）资产负债表右侧（不存在负债）合计数为 1 090 美元。

在现金流量表中：

（4）10 美元的折旧费用会被加回。这是因为在利润表中计入折旧费用时其实并没有引起真正的现金流出。现金流总额会变回 1 000 美元。

资产负债表中的资产部分：

（5）折旧费用是作为累计折旧（一个备抵资产科目）的补充项列示的。"备抵资产"科目是出现在资产负债表资产部分仅用于抵减资产余额的科目。累计折旧使卡车的账面价值减少至 90 美元（价值总额 100 美元减 10 美元累计折旧）。

（6）资产负债表的两边均为 1 090 美元，因为计提折旧，该数值比图 6-6 中的少了 10 美元。减少的金额就是卡车账面价值的贬值金额，所有者权益中的卡车价值也会出现相同的贬值。

在这个案例中，站在会计核算角度关注的是卡车价值的变化，其实公司并没有因此真的支付 10 美元的费用。资产负债表表两边同时减少了 10 美元，但是无须对资产负债表的"现金"科目进行任何调节——该科目对应的金额仍旧是 1 000 美元。折旧或是其他任何非现金性流出都不会对资产负债表中的"现金"科目造成任何影响。

折旧就是按照时间将资产的使用成本与各年的收入进行匹配，这样就可以核算年度的利润率。

6.6.3 现金流量表中的折旧

现金流量表中究竟发生了什么？该表是从净利润开始编制的。由于公司并没有实际支付 10 美元的折旧费用，这笔现金仍在公司里，因此我们就要将这部分费用加回到现金流量表的"净利润"科目中。这样，利润表中的"费用"就被转回了，最后现金流量表中剩余的就是公司实际可以支配的现金。

6.6.4 当卡车计提完所有折旧时

在第 10 年年末，卡车的账面净值就会降到 0 美元，也就是说卡车已经计提完所有折旧了。这并不是意味着必须要将卡车报废。相反，只要车况良好仍可以继续使用。这样一来，公司就相当于"免费使用"这辆卡车了。

6.7 无形资产摊销

我们通过研究财务报表中的折旧就可以追踪非现金流的路径,下面就来看看与折旧类似的科目:摊销。

6.7.1 摊销是什么

摊销就是将无形资产的成本分摊到各期的过程。和资产具有一定的折旧年限一样,无形资产也有使用寿命。一项无形资产的摊销费用会与特定会计期间的费用相匹配。

6.7.2 什么是无形资产

无形资产是非实物资产但其仍具有价值。例如,一家公司的品牌就具有经济价值,尽管它只是纸面上的几个字。同样,专利、商标和版权等知识产权也属于无形资产。此外,你还会在公司财务报表中看到另外一个无形资产科目——商誉。当收购公司支付的价格高于目标公司的账面价值时就会产生商誉。

尽管商誉是一项无形资产,但实际上"商誉"和"无形资产"还是有区别的。商誉是一项"无法辨认的无形资产"——并没有一个特定的非实物资产与之对应;实际上它只是一个会计科目,说白了,就是为了记录收购溢价。而无形资产则是一项"没有实物形态的可辨认资产",即可以计量价值的非实物资产(包括专利、商标、客户名单等)。

6.7.3 建模过程中不需要考虑商誉的摊销

自2001年6月起,美国会计准则规定,不允许对商誉进行摊销,所以建模时就不需要考虑商誉的摊销问题了。在新的会计准则下,商誉会出现"减值"。在特定的时间,公司必须对其收购的资产进行价值评估。如果发现资产价值低于账面价值,则需要计提商誉减值并将其计入利润表中。这里并不需要对商誉减值进行预测,尤其不需要对最近购买的资产所产生的商誉价值进行预测,因为预测资产价值损失本身只是公司自身悲观情绪的体现。

在某些情况下,如果创建模型是为使用税基测算税金,则可以对商誉进行摊销,但本书并不涉及此类内容。

6.7.4 无形资产摊销模型

前面介绍了折旧和累计折旧，无形资产摊销的测算模式也大体相同（见图 6-8 和图 6-9）。在现金流量表中，我们还在折旧项下新设一项"加回：摊销"。唯一不同之处在于这里没有被备抵资产科目"累计摊销"。相反，资产负债表中的无形资产数值是直接减去利润表摊销额后的数值——那里没有"累计摊销"科目。

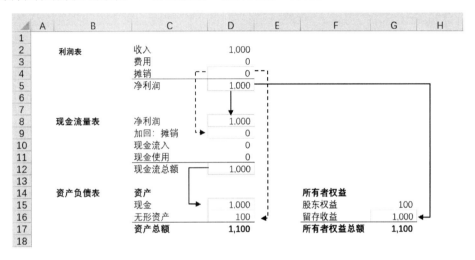

图 6-8　摊销说明（摊销额为 0；无形资产初始金额为 100）

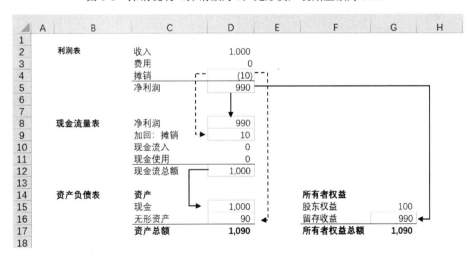

图 6-9　摊销额为 10；无形资产为 90（=100−10）

无形资产摊销并不会引起现金流出。如图 6-8 和图 6-9 所示，资产负债表中的"现金"科目金额一直是 1 000 美元。

6.8 少数股东权益

如果你正在分析公司的财务报表，可能就会看到"少数股东权益"这个科目（见图6-10）。少数股东权益会导致利润表最后的净利润金额减少（就像折旧和摊销一样），但是却会令资产负债表右侧的一个科目金额增加（不像折旧和摊销会令资产负债表左侧的科目金额减少）。

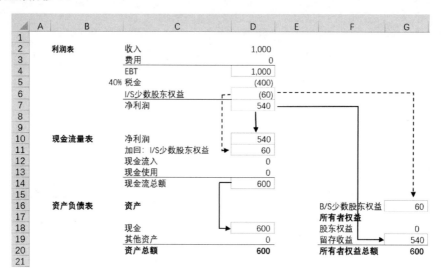

图6-10 持有公司收益的10%所对应的少数股东权益

下面我们来说说正在创建的SoloCo公司财务模型。少数股东权益是指独立运营集团（BigCo）在SoloCo享有的股权权益。之所以将该集团的权益数据单独列示是因为其持有的SoloCo的股份比较少（持股比例通常低于50%），没有达到与SoloCo合并报表的标准。

在利润表（I/S）中，少数股东权益一般列示在税金之后、净利润之前。在资产负债表（B/S）中，则一般会出现在负债总额之后、股东权益之前，或者直接作为权益的一部分列示。为了能够讲清楚，我会以利润表少数股东权益和资产负债表少数股东权益来区分。

利润表少数股东权益反映了在资产负债表中SoloCo公司税后利润究竟有多少是分配到单独的权益科目的。（如果没有设置利润表少数股东权益划分线，则税后收益就是净利润。）利润表少数股东权益是基于BigCo在SoloCo的持股比例以及SoloCo税后利润计算出来的,该数值会列示在 SoloCo 资产负债表中的"BigCo 权益和留存收益"科目中。在利润表的少数股东权益线下就是净利润(也就是 SoloCo 的税后利润),然后该数值就会转入 SoloCo 所有者权益部分的"留存收益"科目。

当你能够获得少数股东权益时,资产总额(负债和所有者权益总额)并不会发生变化。在资产负债表中,"留存收益"科目金额会略有下降,但是下降金额会与资产负债表少数股东权益科目的增加值相互抵消。

6.9 附属公司的股权投资收益

一家公司(这里称为我公司,Mylo)会投资另外一家公司(被投公司,Investeelo)。我公司对另一家公司的持股比例低于 20%,该投资列示在资产负债表资产部分的"股权投资"科目中。按照持股比例,我公司将获得被投公司的一部分收益,具体数值会列示在利润表中。具体列示科目为"附属公司的股权投资收益,"这只是一个会计记录。实际上,这是一项"非现金"收益!

将这项会计处理与我们之前介绍过的其他会计处理对比一下,就会看到附属公司的股权投资收益是利润表中增加的一项非现金收益,会导致资产负债表右边的留存收益增加。这项收益还会导致资产中"投资于附属公司"科目的金额增加。"现金"科目并不会受到影响——因为这是一项非现金收益。在现金流量表中,同样是因为这笔收益是非现金的,所以一定要将其从现金流中剔除。也就是说,并没有真正获得现金。

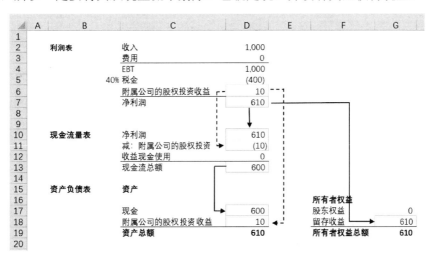

图 6-11 我公司财务报表中关于附属公司股权投资收益的会计记录

当你将附属公司的股权投资收益纳入到模型中，资产总额就会增加，但"现金"科目的金额则不变。

6.9.1　来自附属公司的股利分红

当你必须要将从被投公司处获得的股利纳入到模型中时，就要对附属公司的股权投资收益进行进一步分析。虽然股权收益是非现金收益，但是股利是现金收益。被投公司分配的股利并没有列示在我公司的利润表中，这笔现金流入直接被计到了现金流中。记住，就资产而言，现金增加意味着资产减少（类似于卖东西才能收到钱）。收到股利的同时资产负债表的投资科目就会减少相应的金额（见图6-12）。

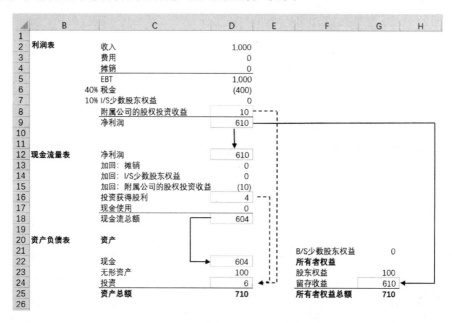

图6-12　收到附属公司分配的股利会导致投资科目金额减少，但"现金"科目金额增加

无论有无从附属公司获得股利，资产总额是不会变的。从附属公司获得股利，投资科目金额就会减少，"现金"科目金额则会增加。现金*应该*增加——毕竟公司获得的股利就是实打实的现金。

6.10　比较建模过程中的非现金项和现金项

表6-1中列示了我们对四个会计科目的处理方式。

表 6-1 比较非现金项和现金项对财务报表的影响

会计科目	利润表	现金流量	资产负债表资产	资产负债表的负债和所有者权益
折旧 100 美元	净利润减少 100 美元	将 100 美元加回到现金流中	计入资产备抵科目，固定资产净值减少 100 美元	留存收益减少 100 美元
摊销 100 美元	净利润减少 100 美元	将 100 美元加回到现金流中	无形资产减少 100 美元	留存收益减少 100 美元
少数股东权益 100 美元	净利润减少 100 美元	将 100 美元加回到现金流中	无	计入少数股东权益 100 美元；留存收益减少 100 美元；负债和所有者权益总额变动额为 0
附属公司的股权投资收益 10 美元	增加 10 美元。这是净利润下方的一个独立项	现金流减少 10 美元	投资科目增加 10 美元	留存收益增加 10 美元
附属公司分配的股利 4 美元	无影响	增加 4 美元	投资科目减少 4 美元；现金科目增加 4 美元	无影响

6.11 其他项

在建模的过程中，对财务报表中的其他项仍要注意。虽然有点麻烦，但你也应该能够模拟出这些科目的数据。需要记住一点，当利润表中存在非现金项（一项费用或一项收益）时，一定会导致资产负债表中的某项金额增加或减少。同时还要记住，一定要将利润表中计入的非现金费用在现金流量表中加回。

第 7 章
构建实验模型

在构建完整的财务模型之前,我们先来构建一个小型的试验模型,以便说明利润表、资产负债表以及现金流量表之间究竟是如何互相影响的。相关内容在本书第 6 章也有所涉及。

7.1 使用的文件

请使用 www.buildingfinancialmodels.com 网站上的 *Chapter 7 Pilot.xlsx* 文件。

7.2 实践练习

在本章请尽量跟着讲解一起做。我希望你能跟随本章的讲解内容在你的电脑中一步一步地构建模型。进行上下操作的过程中你将对输入公式开始形成肌肉记忆,改掉错误本身就是学习曲线中的一部分。真正自己动手进行操作才是学习的开始。

在这个试验模型中,我将带你完成构建完整财务模型前的所有步骤,在此过程中,将会说明重要的操作流程——尽管有些时候可能无法执行最佳操作。我们在本章要构建的模型就像是一辆原型车,结构非常简单,只有一台小型发动机、四个车轮、司机座椅和控制装置——通过仅有的这些部件就能大体了解车辆的整体结构。在第 11 章我们将构建一个更漂亮的模型,最后在第 15 章将会在模型中加入现金流折现(DCF)估值模块。

7.3 在 Excel 中添加一个空白的工作簿

打开 Excel,会出现一个新的工作簿。

7.3.1 设置常规样式

在*开始*>*样式*中,点击控制按钮就能看到相关内容(见图 7-1)。

图 7-1 从主菜单开始

用鼠标右键点击常规样式并选择修改（见图 7-2）。

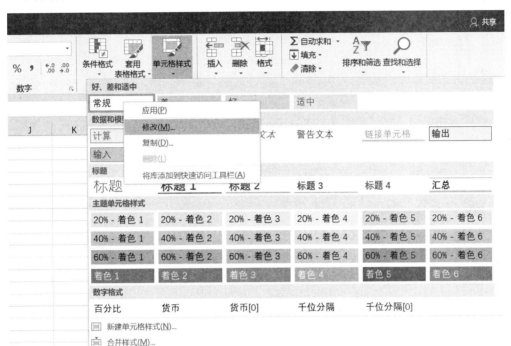

图 7-2　选择常规样式

在弹出的样式菜单中点击格式按钮（见图 7-3）。

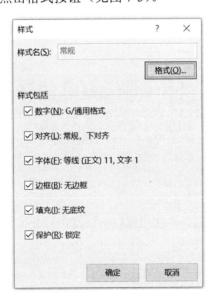

图 7-3　点击格式按钮设置样式

在弹出的设置单元格格式窗口中数字选项下,选择类别列表中的数值并进行如下设置(见图7-4):

- 小数位数设置为1。
- 使用千位符。
- 负数用黑色括号括起。

然后点击确定。样式列表中的数值格式是#,##0.0_);(#,##0.0)。分类中的常规为默认选项。

图7-4 设置数值格式

7.3.2 设置百分比样式

请看图7-2控制界面的底部。使用鼠标右键点击百分比样式并选择修改。我们只想设置数值格式而不想设置其他格式,所以可以只勾选数字选项而其他选项前的勾选全部取消。在弹出的样式窗口中点击格式按钮(见图7-5)。

在设置好单元格格式窗口后,从左侧分类列表中选择自定义(见图7-6)。然后在类型文本框中输入格式代码0.0%_);(0.0%)。点击确定。

图 7-5　设置百分比样式

图 7-6　选择自定义，然后在类型文本框中输入格式代码

7.3.3　设置输入样式

软件中自带了一个输入样式。修改方式和前面介绍的方法一样，即用鼠标右键点击样式名称并选择修改。在弹出的样式窗口中点击格式按钮，然后就可以照此方式依次设置字体、边框以及填充等格式了。

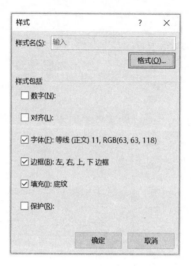

图 7-7 输入样式

你可以在字体选项中修改字体颜色。在字体选项中点击颜色下拉列表就可以选择想要的颜色。如果颜色列表无法满足需要，可以点击调色板底部的"其他颜色"。在显示的颜色窗口中，点击标准色然后选择你看到的最亮的蓝色，大致位置是在色盘的 1 点钟方向。

选择边框就可以将每个单元格的边框设置为细的虚线。

选择填充就可以将单元格的底色设置为淡黄色。

7.3.4 列宽

依次选择*开始>单元格>格式>默认列宽*将列宽设置为 10。然后可按照下方列示的参数设置列宽（见表 7-1）。

表 7-1 列宽参数表

A 列	B 列	C 列	其他列
2	30	6	10（默认）

7.3.5 网格线

如果你想在工作簿中显示网格线就勾选该项。文中的插图我都保留了网格线，这也是 Excel 中的默认设置，这样有助于定位输入项。如果你不想显示网格线，则可以在*视图>显示*选项中取消勾选*网络线*。将单元格底色填充为白色以隐藏网络线的做法千万不要用，因为这样会增加工作簿占用的内存。

7.3.6 添加边框

这里你应该熟练掌握一些添加线条（或边框，这是 Excel 中的叫法）的操作方法。使用〈Alt，H，B〉快捷键就会弹出各类边框的设置菜单。你也可以使用〈Ctrl+1〉调出*边框*选项卡进行设置。表 7-2 中显示了一些你应该记住的快捷操作方式。这些快捷方式的前三个按键都一样，第四个按键则是你最常用的边框类型。

表 7-2 设置常用边框的快捷方式

Alt，H，B，P	上框线	Alt，H，B，N	无框线
Alt，H，B，O	下框线	Alt，H，B，U	上框线和下框线
Alt，H，B，S	外侧框线		

7.4 利润表结构

利润表的具体结构如图 7-8 所示。底色显示为灰色的单元格应用了输入样式（在 Excel 文件中，这些单元格的底色会显示为黄色）表示其为输入项单元格。此外，C 列不仅使用了输入样式还使用了百分比样式。

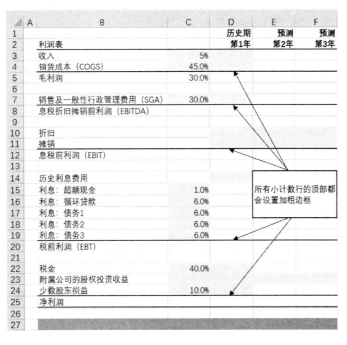

图 7-8 利润表结构

为了显示清楚通常都会对某些行添加下框线。不过，对于小计行而言，例如在图7-8中利润表第4行和第5行的COGS和毛利润之间，你就应该在第5行添加上框线。因为当你想要在小计行上方添加行数据时一定希望小计行的上框线仍有条加粗线条作为分割线。

A列为空白列。B列中是行标签。利润表和资产负债表中的C列到F列会显示以下信息（见表7-3）。

表7-3 列示顺序

假设C列	第1年D列	第2年E列	第3年F列
E列和F列用到的假设输入项	第1年历史数据	预测数据。目前我们只会手动输入数据，这些数据所在的单元格会使用输入样式，即底色显示为黄色	预测数据。目前我们只会手动输入数据，这些数据所在的单元格会使用输入样式，即底色显示为黄色

7.5 资产负债表结构

图7-9和图7-10分别展示了资产负债表两边的结构，但实际上在操作Excel时资产负债表两边的内容是由上而下列示的。你目前看到的是一个经典结构，如果我们想要增加更多列年度预测数据，复制起来也会更加容易。

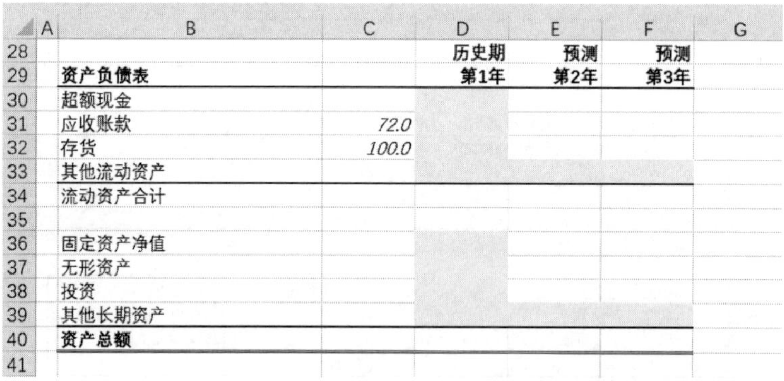

图7-9 资产负债表结构：资产部分

如图7-10所示，在所有者权益部分的底部你可以看到资产负债表检查项，这是用来检查资产负债表两边是否已经调平。此外，你还会在C60单元格中看到一个数值即0.001（如果你在C60单元格中没有看到小数点后三位，可以在工具栏*开始>数字*部分中增加小数点后的显示位数）。这是一项差额测试，目的就是检查资产负债表两边是否已经调平。输入的这个微小值代表我们能够容忍的差异。由于 Excel 的默认计算方式的原因，有时会出现比较小的舍入误差。如果我们不考虑到这一情况，在检查科目余额时可能就会出现误报——即返回的差异数值提示出现计算错误，但实际上这个差异完全可以被忽略。

	A	B	C	D	E	F	G
42		循环贷款					
43		应收账款	50.0				
44		其他流动负债					
45		流动负债合计					
46							
47		债务1					
48		债务2					
49		债务3					
50		其他长期负债					
51		负债总额					
52							
53		少数股东权益					
54							
55		普通股					
56		留存收益					
57		所有者权益总额					
58		负债和所有者权益总额					
59							
60		资产负债表检查项	0.001				
61		检查					
62							
63							

图 7-10　资产负债表结构：负债和所有者权益

7.6　其他输入项

有些输入项可能不适合放在利润表或资产负债表主框架里，所以我将这些内容放在利润表和资产负债表之间的空白区域内（见图 7-11）。这些输入项数据还是会按照之前财务报表中的年份顺序进行列示。

	A	B	C	D	E	F	G
64					预测 第2年	预测 第3年	
65		其他输入项					
66		资本支出					
67		宣布分配现金股利（计为正数）					
68							
69		与投资相关的假设					
70		收到附属公司分配的股利					
71							
72		债务：新增/（按计划摊销）					
73		债务1					
74		债务2					
75		债务3					
76							
77							

图 7-11　其他输入项

7.7 现金流量表结构

现金流量表中是没有输入项的（见图 7-12 和图 7-13）。这里的现金来源和使用数据都是用公式来编制的。现金流量表中的第 1 年（D 列）不会输入数据。因为现金流量表列示的是资产负债表当年与前一年的数值差异。由于第 1 年之前没有数据，所以现金流量表数据是从第 2 年开始的。

	A	B	C	D	E	F	G
78				历史	预测	预测	
79		现金流量表		第1年	第2年	第3年	
80		净利润					
81							
82		加回：折旧					
83		加回：摊销					
84		减：附属公司的股权投资收益					
85		加回：少数股东损益					
86		经营性现金流					
87							
88		应收账款的（增加）/减少					
89		存货的（增加）/减少					
90		其他流动资产的（增加）/减少					
91		应付账款的增加/（减少）					
92		其他流动负债的增加/（减少）					
93		营运资本净额的（增加）/减少					
94							
95		其他长期资产的（增加）/减少					
96		其他长期负债的增加/（减少）					
97		经营活动产生的现金流					
98							

图 7-12　现金流量表结构（上部）

	A	B	C	D	E	F	G
99		资本支出					
100		收到附属公司分配的股利					
101		投资活动产生的现金流					
102							
103		新增/（按计划偿还债务）债务1					
104		新增/（按计划偿还债务）债务2					
105		新增/（按计划偿还债务）债务3					
106		发行/（回购）股票					
107		宣布分配现金股利					
108		融资活动产生的现金流					
109		现金流总额					
110							
111		初始现金（循环）					
112		期末现金（循环）					
113							
114							
115		完					
116							

图 7-13　现金流量表结构（下部）

7.8 初始模板

到这里你就要开始亲自动手构建模型了，请检查你初始模型中的各行以确定与本书中介绍的一致。接下来，我们就要开始输入公式了，这些公式会将初始模型中的四个部分连接起来，在不匹配的行中输入公式会导致出现错误。

如果你完全按照说明认真执行了操作，那么现在就会得到一个与 *Chapter 7 Pilot.xlsx* 中一样的初始模型。你可以继续使用自己构建的初始模型，但是如果你希望手里模型的各项细节都能和后续章节所讲解的要点完美匹配，那么可以随时从网站上下载模型模板来用。

7.9 怎样阅读下面的图表

我们将按照图 7-14 中所示的那样来说明各步操作。其中底色为灰色（在真实的模型中显示为黄色）的单元格均为输入项单元格。

G 列中显示的就是 E 列（第 2 年）中编写的公式。只要编写完 E 列的公式，就可以将其复制到 F 列中（第 3 年）。

7.9.1 FORMULATEXT 函数

想要让你编写的公式便于查看，则可以使用 Excel 中的 FORMULATEXT 函数。在图 7-14 中的 G3 单元格中就输入了如下公式：

=FORMULATEXT（E3）

这样就可以看到 E3 单元格中的内容。向下复制该公式就可以查看其他行中的内容。如果碰到一个空白的单元格就会返回 n/a 这个错误提示信息。为了解决这个问题，你可以使用 IFERROR 函数编写如下公式：

=IFERROR（FORMULATEXT（E3），""）

7.10 构建模型

在构建实验模型的过程中有些内容是人为预设的，我们在开始编写和输入公式之前就已知行数。在实际操作中,一个模型的各部分会互相影响,最终就会汇总形成三张报表。在建模的过程中可以添加新的行和公式,还可以对已有的公式进行编辑、扩展或者完全删除。但是遵循优质模型的构建准则并牢记相关的会计专业知识才是获得优质模型的终极秘籍。

7.10.1 最后一个历史年份的数据必须已经调平

本练习中使用的都是假设或者"虚拟"数据。完成模型后,就可以在模型中使用你自己的数据了;如果建模工作没有出错,模型就会继续追踪所有现金流的走向并模拟出未来年度已经调平的资产负债表数据。

将预测年度的资产负债表调平是非常重要的,因为最后一个历史年份的数据本身就是平的。对于所有会生成三张报表的模型而言都是如此。如果历史数据本身就不平,那么即使前几年建模的公式100%正确无误,预测期的数据也会不平。如果不平,且你发现各预测年份的数据不平的情况都相同,就应该检查第一列预测数据之前最后一个历史年份的数据。

7.11 逐步计算至利润表的 EBIT

请将图 7-14 和表 7-4 放在一起看。

	A	B	C	D	E	F	G
1				历史	预测	预测	第2年,E列
2		利润表		第1年	第2年	第3年	中的公式
3		收入	5.0%	3,000.0	3,150.0	3,307.5	=D3*(1+$C3)
4		COGS	45.0%	(1,400.0)	(1,417.5)	(1,488.4)	=-$C4*E$3
5		毛利润		1,600.0	1,732.5	1,819.1	=SUM(E3:E4)
6							
7		SGA	30.0%	(900.0)	(945.0)	(992.3)	=-$C7*E$3
8		EBITDA		700.0	787.5	826.9	=E5+E7
9							
10		折旧		(100.0)	(110.0)	(120.0)	
11		摊销		(30.0)	(30.0)	(30.0)	
12		EBIT		570.0	647.5	676.9	=E8+SUM(E10:E11)
13							

图 7-14 利润表,其中包含预测的假设数据以及历史年份数据

表 7-4 图 7-14 中的科目

行	B列	C列	图 7-14 中的 E 列(第 2 年)
3	收入	增长(%)	=D3*(1+$C3)。这是标准的增长公式。注意列$C3 使用的是绝对引用,因为我们在预测后续年份数据时需要引用该列数据
4	COGS	比例(%)	=-$C4*E$3。注意公式前有个负号。对于引用相同参数的公式(SGA 的计算会使用相同的公式即比例(%)×收入),最好就是对收入所在行设置绝对引用,即E$3。同理,C 列的公式中会输入$C4

(续)

行	B 列	C 列	图 7-14 中的 E 列（第 2 年）
5	毛利润		=SUM(E3:E4)。将费用设置成负数就可以直接使用 SUM 函数进行计算了
7	SGA	比例（%）	=-$C7*E$3。将 COGS 的计算公式快速复制到这个单元格
8	EBITDA		=E5+E7。该项为息税折旧摊销前利润。这里我使用了加号，因为第 6 行是个空行。我可以使用 SUM(E5,E7)这个公式。SUM 函数中最好不要包含空行或空列，因为之后或许会在这些空白区域输入数值，这样可能会导致合计数出错
10	折旧		项目的折旧金额比较难模拟。目前这些数值一般都是手动输入的
11	摊销		与折旧类似
12	EBIT		=E8+SUM(E10:E11)。息税前利润是 EBITDA 与折旧摊销金额之和

接下来，我将设置第 2 年的数据。然后，你就可以将其复制到第 3 年的数据列中。（第 1 年的数值基本都是手动输入的。）

我的设置习惯是将费用均设置为负数以便清楚地反映各个数值之间的运算关系。在大多数的财务报表格式中，利润表中的数据大部分都是正数，读者一般都会知道哪些科目是费用，也知道需要用收入减去这些费用才能得到净利润。

7.12 逐步计算至利润表的净利润

这里列示了一张完整的利润表，其中还设置专门的列以便查询计算公式。请将图 7-15 和表 7-5 放在一起看。

	A	B	C	D	E	F	G
1				历史	预测	预测	第 2 年，E 列
2		利润表		第 1 年	第 2 年	第 3 年	中的公式
3		收入	5.0%	3,000.0	3,150.0	3,307.5	=D3*(1+$C3)
4		COGS	45.0%	(1,400.0)	(1,417.5)	(1,488.4)	=-$C4*E$3
5		毛利润		1,600.0	1,732.5	1,819.1	=SUM(E3:E4)
6							
7		SGA	30.0%	(900.0)	(945.0)	(992.3)	=-$C7*E$3
8		EBITDA		700.0	787.5	826.9	=E5+E7
9							
10		折旧		(100.0)	(110.0)	(120.0)	
11		摊销		(30.0)	(30.0)	(30.0)	
12		EBIT		570.0	647.5	676.9	=E8+SUM(E10:E11)
13			N				
14		历史利息费用		(80.0)			
15		利息：超额现金	1.0%		0	0	=$C15*D30
16		利息：循环贷款	6.0%		0	(3.5)	=-$C16*D42
17		利息：债务1	6.0%		(33.6)	(28.8)	=-$C17*AVERAGE(D47:E47)
18		利息：债务2	6.0%		(16.2)	(12.6)	=-$C18*AVERAGE(D48:E48)
19		利息：债务3	6.0%		(10.8)	(8.4)	=-$C19*AVERAGE(D49:E49)
20		EBT		490.0	586.9	623.6	=E12+SUM(E15:E19)
21							
22		税金	40.0%	(200.0)	(234.8)	(249.4)	=-$C22*E20
23		附属公司的股权投资收益		25.0	25.0	25.0	
24		少数股东损益	10.0%	(20.0)	(37.7)	(39.9)	=-$C24*SUM(E20,E22:E23)
25		净利润		295.0	339.4	359.2	=E20+SUM(E22:E24)
26							
27							

图 7-15　逐步计算至利润表中的净利润

表 7-5 图 7-15 中的科目

行	B 列	C 列	图 7-15 中的 E 列（第 2 年）
14	历史利息费用		无
15	利息：超额现金	利率（%）	=$C15*D30。你可能发现公式中使用了前一年的数据。这是因为如果引用当期数据就会引发循环引用的问题。相关内容我们会在下一章进行讨论
16	利息：循环贷款	利率（%）	=-$C16*D42。与超额现金利息的计算一样
17	利息：债务 1	利率（%）	=-$C17*AVERAGE(D47:E47)。公式的前面设置了负号。该公式会查询资产负债表中的数值，并使用当年和前一年债务金额的平均值。使用 AVERAGE 函数进行计算意味着未偿还债务余额的变化（无论是新增债务还是偿还债务）均发生在年中。在没有获得其他的信息的情况下，这是比较合理的假设
18	利息：债务 2	利率（%）	=-$C18*AVERAGE(D48:E48)。与债务 1 的计算一样
19	利息：债务 3	利率（%）	=-$C19*AVERAGE(D49:E49)。与债务 1 的计算一样
20	EBT		=E12+SUM(E15:E19)。税前利润。该公式执行的计算不包含第 14 行中的空白单元格
21			空白行
22	税金	税率（%）	=-$C22*E20。用 EBT 乘以税率
23	附属公司的股权投资收益		该数值很难预测，因为它取决于附属公司的运营情况。目前只是手动输入一个数值。假设其为税后收益
24	少数股东损益	持有公司的比例（%）	=-$C24*SUM(E20,E22:E23)。EBT 减税金加股权投资收益就是公司获得的收益总额。少数股东损益行中的数据将属于少数股东的部分分离出来
25	净利润		=E20+SUM(E22:E24)。这是最后一行数据。该数值将计入资产负债表的留存收益中。不要忘了，支付任意股息都会导致留存收益减少

7.13 逐步计算至资产负债表的流动资产总额

请将图 7-16 和表 7-6 放在一起看。

	A	B	C	D	E	F	G
28				历史	预测	预测	第 2 年，E 列
29		资产负债表		第 1 年	第 2 年	第 3 年	中的公式
30		超额现金		0.0	0.0	90.1	=MAX(E$112,0)
31		应收账款	72.0	600.0	630.0	661.5	=$C31/360*E$3
32		存货	100.0	400.0	393.8	413.4	=-$C32/360*E$4
33		其他流动资产		1,200.0	1,260.0	1,320.0	
34		流动资产总额		2200.0	2283.8	2485.0	=SUM(E30:E33)
35							

图 7-16 截至流动资产总额的资产负债表数据

表 7-6　图 7-16 中的科目

行	B 列	C 列	图 7-16 中的 E 列（第 2 年）
30	超额现金		=MAX(E$112,0)。该项与现金流量表底部的现金总额有关。该公式的意思是：如果总额是正数，那么该数值就会显示在这里；如果总额是负数，则该单元格中就会显示 0，同时循环贷款科目中（第 42 行）会显示这个负的现金总额的绝对值。 　　超额现金和循环贷款是在构建完整的财务模型过程中用于实现报表平衡的两个调节科目。它们并不是"补充"科目（千万不要手动输入数据以隐藏不平的项），其对应的数值都是基于三张财务报表中的数据计算的
31	应收账款	应收账款周转天数（DSO）	=$C31/360*E$3。DSO 即账款的回收天数。DSO 等于 36 意味着年销售收入的 1/10（36/360，假设一年有 360 天）没有收回。计算公式就是=$C31/360*E$3。如果想要计算更加准确的数值则可以将 360 设置为一个单独的输入项。以后根据需要可以将其改成 365 或 366（闰年）
32	存货	存货周转天数（DIO）	= - $C32/360*E$4。DIO 是指仍在库房未用于生产的存货直至消耗、销售为止所经历的天数。 　　与 DSO 不同，DIO 是基于 COGS 而不是收入计算。DIO 等于 45 意味着放在库房的存货价值是当年 COGS 的 1/8（45/360，假设一年有 360 天）。注意在公式里 COGS 前面有一个负号，因为在利润表中该数值是个负数。 　　如果想要计算更加准确的数值则可以将 360 设置为一个单独的输入项。以后根据需要可以将其改成 365 或 366（闰年）
33	其他流动资产		预测该数值的难度比较大。一般都是手动输入数值。还有一种预测方法可供参考，即按照收入的一定比例确定该数值
34	流动资产总额		=SUM(E30:E33)。对计算以上四个科目的合计数

7.14　逐步计算至资产负债表的资产总额

请将图 7-17 和表 7-7 放在一起看。

	A	B	C	D	E	F	G
28				历史	预测	预测	第2年，E列
29		资产负债表		第1年	第2年	第3年	中的公式
30		超额现金		0.0	0.0	90.1	=MAX(E$112,0)
31		应收账款	72.0	600.0	630.0	661.5	=$C31/360*E$3
32		存货	100.0	400.0	393.8	413.4	= -$C32/360*E$4
33		其他流动资产		1,200.0	1,260.0	1,320.0	
34		流动资产总额		2200.0	2283.8	2485.0	=SUM(E30:E33)
35							
36		固定资产净值		1,200.0	1,190.0	1,170.0	=D36+E66+E10
37		无形资产		200.0	170.0	140.0	=D37+E11
38		投资		500.0	524.0	548.0	=D38+E23-E70
39		其他长期资产		400.0	440.0	465.0	
40		资产总额		4500.0	4607.8	4808.0	=E34+SUM(E36:E39)
41							

图 7-17　资产负债表，资产部分

表 7-7　图 7-17 中的科目

行	B 列	C 列	图 7-17 中的 E 列（第 2 年）
36	固定资产净值（物业，厂房及设备净值）		=D36+E66+E10。该项是基于资本支出金额（E66）计算的，且是扣除折旧（E10）后的金额。该科目称为固定资产净值，我们可以增设两行分别列示固定资产总额和累计折旧。因为没有获得额外的信息，所以固定资产净值才是比较重要的数据
37	无形资产		=D37+E11。该科目列示的是像商标、客户名单以及知识产权等无形资产的价值。虽然它们不是实物资产，但是随着时间的推移其价值也会发生贬损。核算贬值的科目是摊销而不是折旧。利润表中的摊销金额（第 11 行）会使无形资产初始金额减少
38	投资		=D38+E23 - E70。该科目代表公司对其他公司的投资，投资比例为 20%～50%。利润表中的股权投资收益（第 23 行）会使该科目金额增加，收到附属公司分配的股利（第 70 行）则会使该科目金额减少
39	其他长期资产		与其他流动资产一样，目前都是手动输入数值。可考虑按照收入的一定比例预测该数值
40	资产总额		=E34+SUM(E36:E39)。其为流动资产和长期资产的合计数

7.15　逐步计算至资产负债表的负债与所有者权益金额

请将图 7-18 与表 7-8 放在一起看。

	A	B	C	D	E	F	G
42		循环贷款		0.0	58.7	0.0	=-MIN(E$112,0)
43		应付账款	50.0	200.0	196.9	206.7	=-$C43/360*E$4
44		其他流动负债		1,000.0	980.0	1,090.0	
45		流动负债总额		1,200.0	1,235.6	1,296.7	=SUM(E42:E44)
46							

图 7-18　资产负债表：流动负债

表 7-8　图 7-18 中的科目

行	B 列	C 列	图 7-18 中的 E 列（第 2 年）
42	循环贷款		= - MIN(E$112,0)。该项与现金流量表底部的现金总额（无论是正还是负）有关。如果现金总额是负的，则会显示在这里，不过数值会变成正的，因为 MIN(E$112,0) 前面有个负号。如果现金总额是正的，则会显示在超额现金科目中（第 30 行） 　　循环贷款，是"循环信贷额度"的缩写，其为公司在资金短缺时可以使用的短期借款。偿还完债务后可再次借入，这个操作可反复进行，这就是称为"循环"贷款的原因 　　超额现金和循环贷款是在构建完整的财务模型过程中用于实现报表平衡的两个调节科目。它们并不是"补充"科目（千万不要手动输入数值以隐藏不平的项），其对应的数值都是基于三张财务报表中的数据计算的

(续)

行	B列	C列	图 7-18 中的 E 列（第 2 年）
43	应付账款	应付账款周转天数（DPO）	=-$C43/360*E$4。DPO 是指允许拖欠供应商账款的天数。 DPO 与 DIO 相同，其是基于 COGS 而不是收入计算的，DPO 等于 50 是指欠款占年 COGS 的 50/360（假设一年有 360 天）。注意利润表中的 COGS 前面有个负号。如果想要计算更加精确的数值则可以将 360 设置为一个单独的输入项。以后根据需要可以将其改成 365 或 366（闰年）
44	其他流动负债		模拟该科目数据难度比较大。目前一般都是手动输入数值。还可以考虑按照年收入或 COGS 的一定比例来预测数值
45	流动负债总额		=SUM(E42:E44)。其为所有流动负债的合计数，其中包括循环贷款

请将图 7-19 和表 7-9 放在一起看。

	A	B	C	D	E	F	G
42		循环贷款		0.0	58.7	0.0	=-MIN(E$112,0)
43		应付账款	50.0	200.0	196.9	206.7	=-$C43/360*E$4
44		其他流动负债		1,000.0	980.0	1,090.0	
45		流动负债总额		1,200.0	1,235.6	1,296.7	=SUM(E42:E44)
46							
47		债务 1		600.0	520.0	440.0	=D47+E73
48		债务 2		300.0	240.0	180.0	=D48+E74
49		债务 3		200.0	160.0	120.0	=D49+E75
50		其他长期债务		500.0	475.0	495.0	
51		负债总额		2,800.0	2,630.6	2,531.7	=SUM(E45,E47:E50)
52							

图 7-19 计算至资产负债表的负债总额

表 7-9 图 7-19 中的科目

行	B列	C列	图 7-19 中的 E 列（第 2 年）
47	债务 1		=D47+E73。长期负债中共有三项，此为第一项。其他新增债务或还债金额都会对该科目金额产生影响。具体来说，任何新增债务都会导致债务初期余额（即前一年的债务期末余额）增加；偿还债务会导致债务初始余额减少。 利润表中利息：债务（第 17 行）就是基于该科目数值计算的
48	债务 2		=D48+E74。与债务 1 的计算方式一样。利润表第 18 行的数值就是基于该科目计算的
49	债务 3		=D49+E75。与债务 1 的计算方式一样。利润表第 19 行的数值就是基于该科目计算的
50	其他长期负债		模拟该科目数值难度比较大。目前一般都是手动输入数值。还可以考虑按照收入或 COGS 的一定比例来预测数值
51	负债总额		=SUM(E45,E47:E50)。其为流动负债和长期负债的合计数

请将图 7-20 和表 7-10 放在一起看。

	A	B	C	D	E	F	G
42		循环贷款		0.0	58.7	0.0	=-MIN(E$112,0)
43		应付账款	50.0	200.0	196.9	206.7	=-$C43/360*E$4
44		其他流动负债		1,000.0	980.0	1,090.0	
45		流动负债总额		1,200.0	1,235.6	1,296.7	=SUM(E42:E44)
46							
47		债务1		600.0	520.0	440.0	=D47+E73
48		债务2		300.0	240.0	180.0	=D48+E74
49		债务3		200.0	160.0	120.0	=D49+E75
50		其他长期债务		500.0	475.0	495.0	
51		负债总额		2,800.0	2,630.6	2,531.7	=SUM(E45,E47:E50)
52							
53		少数股东权益		100.0	137.7	177.6	
54							
55		普通股		400.0	400.0	400.0	
56		留存收益		1,200.0	1,439.4	1,698.6	=D56+E25-E67
57		所有者权益总额		1,600.0	1,839.4	2,098.6	=SUM(E55:E56)
58		负债和所有者权益总额		4,500.0	4,607.8	4,808.0	=E51+E53+E57
59							
60		资产负债表差异精度	0.001	0.0	0.0	0.0	
61		检查	OK	OK	OK	OK	=IF(ABS(E60)<$C$60,0,1)
62							
63							

图 7-20 计算至资产负债表的负债和所有者权益总额

表 7-10 图 7-20 中的科目

行	B 列	C 列	图 7-20 中的 E 列（第 2 年）
53	少数股东权益		=D53 - E24。一定要注意这个公式中的符号。利润表第 24 行的少数股东损益是负数，但是它会导致资产负债表负债部分的少数股东权益增加。-E24 的这个负号就是为了方便将第 24 行中的数据加到资产负债表的科目中 少数股东权益的产生是因为对合并报表的子公司并非 10%持有
55	普通股		公司的普通股。只能手动输入一个数值
56	留存收益		=D56+E25 - E67。利润表中的净利润（第 25 行）会导致该科目余额增加，收到的股利（第 67 行）则会导致该科目余额减少
57	所有者权益总额		=SUM(E55:E56)。其为上面两个科目的合计数
58	负债及所有者权益总额		=E51+E53+E57。其为负债总额、少数股东权益（不要忘记这项）以及所有者权益总额的合计数

7.16 检查资产负债表的两边是否已经调平

请将图 7-21 和表 7-11 放在一起看。

	A	B	C	D	E	F	G
60		资产负债表检查项	0.001	0.0	0.0	0.0	
61		检查	OK	OK	OK	OK	=IF(ABS(E60)<$C$60,0,1)
62							
63							

图 7-21 检查资产负债表是否调平

表 7-11 图 7-21 中的科目

行	B 列	C 列	图 7-21 中的 E 列（第 2 年）
60	资产负债表检查项	0.001	=E58-E40。该项是用来检查资产负债表两边是否已经调平了。我用的公式是负债和所有者权益金额减资产，如果结果是负数，则说明负债和所有者权益金额比资产总额低；当该结果是正数时，则说明资产总额这边较低。不过对于计算结果的判断而言计算顺序并不重要
61	检查		=IF(ABS(E60)<$C$60,0,1)。C 列中的数值代表了我们能够容忍的差异精度，如果检查结果高于该数值，我们就希望 Excel 能够给予提示。你可以将这个单元格的区域名设置为"容忍度"。 该公式是用于计算资产负债表两边差额的绝对值（使用了 ABS 函数）。如果差额大于 C 列中的数值，就会返回 1，意思就是"报表两边不平，差额大于预设的容错值"。 该单元格需要使用自定义格式： [红色]"错误"_);"错误"_);[绿色]"OK"_) 如果差额是正数则会使用第一个分号前的格式，单元格中会显示红色的"错误"。这种情况下设置的第二个负数格式就用不到了，该格式只是输入"错误"这个词但对字体颜色不做特殊设置。如果差额为 0 则会使用第三个格式，即如果报表两边是平的就会显示绿色的"OK"。最后一步设置：需要将该单元格边框加粗以突出显示"OK"和"错误"。"OK"字体颜色为绿色，但是如果差额是正数，则会显示红色的"错误"

7.17 逐步计算其他输入项

本节不涉及公式。这些都是额外的输入项，所以并不属于利润表和资产负债表的常规科目。

请将图 7-22 和表 7-12 放在一起看。

	A	B	C	D	E	F
64				历史	预测	预测
65		其他输入项		第1年	第2年	第3年
66		资本支出			100.0	100.0
67		宣布分配现金股利（计为正数）			100.0	100.0
68						
69		与投资相关的假设				
70		收到附属公司分配的股利			1.0	1.0
71						
72		债务：新增/（按计划还款）				
73		债务1			(80.0)	(80.0)
74		债务2			(60.0)	(60.0)
75		债务3			(40.0)	(40.0)
76						
77						

图 7-22 其他输入项

表 7-12　图 7-22 中的科目

行	B 列	C 列	图 7-22 中的 E 列（第 2 年）
66	资本支出		这些科目输入的都是正数以便于用户使用。但是当资本支出出现在现金流量表中时，则需要在数值的前面加一个负号以表示现金的使用
67	宣布分配现金股利		是指公司要向股东分配的现金股利。该项在现金流量表中表示现金的使用。股利会导致留存收益余额减少。该科目输入的是个正数
70	收到附属公司分配的股利		这些输入项不会单独出现，但是在计算现金流量表投资金额时，该科目则会出现在现金流入和使用的计算中。 不要将股利（第 67 行）与公司宣布向股东分配的现金股利搞混。该科目是从附属公司*收到*的股利。附属公司的股权投资收益会导致资产负债表中的投资（第 38 行）余额增加，收到附属公司分配的股利则导致投资余额减少
73	债务 1		该数值将会影响资产负债表中的债务 1 科目。如果这里输入的是正数，则意味着有新增债务，未偿还债务余额就会增加。如果输入的是负数，则意味着偿还了债务，未偿还债务余额就会减少
74	债务 2		同债务 1
75	债务 3		同债务 1

7.18　逐步计算现金流量表数据（第 1 部分）

请将图 7-23 和表 7-13 放在一起看。

	A	B	C	D	E	F	G
78					历史	预测	预测 第2年，E列
79		现金流量表			第1年	第2年	第3年 中的公式
80		净利润				339.4	359.2 =E25
81							
82		加回：折旧				110.0	120.0 =-E10
83		加回：摊销				30.0	30.0 =-E11
84		减：附属公司的股权投资收益				(25.0)	(25.0) =-E23
85		加回：少数股东损益				37.7	39.9 =-E24
86		经营性现金流				492.1	524.1 =E80+SUM(E82:E85)
87							

图 7-23　计算至现金流量表经营活动产生的现金流（第 1 部分）

表 7-13　图 7-23 中的科目

行	B 列	图 7-23 中的 E 列（第 2 年）
80	净利润	=E25。直接从利润表中提取
82	加回：折旧	=-E10。直接从利润表中提取，但这一行必须是正数，因为这属于要加回的非现金折旧费用。E10 是负数
83	加回：摊销	=-E11。直接从利润表中提取，但这一行必须是正数，因为这属于要加回的无形资产非现金折旧摊销费用。E11 是负数
84	减：附属公司的股权投资收益	=-E23。直接从利润表中提取。E23 是正数，因为其属于非现金项，需要从现金流量表中减掉，所以要在数值前面加个负号

行	B 列	图 7-23 中的 E 列（第 2 年）
85	加回：少数股东损益	=-E24。直接从利润表中提取。该行必须是正数，因为其属于非现金项，需要加回到资产负债表的少数股东权益里。E24 是负数
86	经营性现金流	=E80+SUM(E82:E85)。是上述现金流的合计数

7.19 逐步计算现金流量表数据（第 2 部分）

请将图 7-24 和表 7-14 放在一起看。

	A	B	C	D	E	F	G
88		应收账款的（增加）/减少			(30.0)	(31.5)	=D31-E31
89		存货的（增加）/减少			6.3	(19.7)	=D32-E32
90		其他流动资产的（增加）/减少			(60.0)	(60.0)	=D33-E33
91		应付账款的增加/（减少）			(3.1)	9.8	=E43-D43
92		其他流动负债的增加/（减少）			(20.0)	110.0	=E44-D44
93		营运资本净额的（增加）/减少			(106.9)	8.7	=SUM(E88:E92)
94							
95		其他长期资产的（增加）/减少			(40.0)	(25.0)	=D39-E39
96		其他长期负债的增加/减少			(25.0)	20.0	=E50-D50
97		经营活动产生的现金流			320.3	527.8	=SUM(E86,E93,E95:E96)
98							

图 7-24 计算至现金流量表经营活动产生的现金流（第 2 部分）

表 7-14 图 7-24 中的科目

行	B 列	图 7-24 中的 E 列（第 2 年）
88	应收账款的（增加）/减少	=D31-E31。该数值是资产负债表中第 1 年和第 2 年应收账款的差额。注意如果当年的应收账款较上一年有所增加，则显示的差额就是负的。增加额会用括号括起来，表示其为负数
89	存货的（增加）/减少	=D32-E32。与第 88 行相同
90	其他流动资产的（增加）/减少	=D33-E33。与第 88 行相同
91	应付账款的增加/（减少）	=E43-D43。它与应收账款的概念是一样的，主要区别在于，如果该科目当期数值较前一年有所增长则显示为正数
92	其他流动负债的增加/（减少）	=E44-D44。与第 91 行相同
93	营运资本净额的（增加）/减少	=SUM(E88:E92)。此为上面 5 行数据的合计数
95	其他长期资产的（增加）/减少	=D39-E39。与第 88 行相同
96	其他长期负债的增加/减少	=E49-D49。与第 91 行相同
97	经营活动产生的现金流	=SUM(E86,E93,E95:E96)。此为上面各行数据的合计数

7.20 逐步计算现金流量表数据（第 3 部分）

请将图 7-25 和表 7-15 放在一起看。

	A	B	C	D	E	F	G	H
99		资本支出			(100.0)	(100.0)	=-E66	=-F66
100		收到附属公司分配的股利			1.0	1.0	=E70	=F70
101		**投资活动产生的现金流**			**(99.0)**	**(99.0)**	=SUM(E99:E100)	=SUM(F99:F100)
102								
103		新增/（按计划偿还债务）债务1			(80.0)	(80.0)	=E47-D47	=F47-E47
104		新增/（按计划偿还债务）债务2			(60.0)	(60.0)	=E48-D48	=F48-E48
105		新增/（按计划偿还债务）债务3			(40.0)	(40.0)	=E49-D49	=F49-E49
106		发行/（回购）股票			-	-	=E55-D55	=F55-E55
107		宣布分配现金股利			(100.0)	(100.0)	=-E67	=-F67
108		**融资活动产生的现金流**			**(280.0)**	**(280.0)**	=SUM(E103:E107)	=SUM(F103:F107)
109		现金流总额			(58.7)	148.8	=E97+E101+E108	=F97+F101+F108
110								
111		初始现金（循环）			0.0	(58.7)	=D113	=E112
112		期末现金（循环）		0.0	(58.7)	90.1	=IFERROR(E109+E111,0)	=IFERROR(F109+F111,0)
113				0.0				
114								
115		完						

图 7-25 计算至现金流量表经营活动产生的现金流（第 3 部分）

表 7-15 图 7-25 中的科目

行	B 列	图 7-25 中的 E 列（第 2 年）
99	资本支出	=-E66。提取自其他输入项部分。该行数值必须是负的，表示购买资产所使用的现金
100	收到附属公司分配的股利	=E70。提取自其他输入项部分。该行数值为正，表示收到附属公司分配的现金股利
101	投资活动产生的现金流	=SUM(E99:100)。此为上面两行数据的合计数
103	新增/（按计划偿还债务）债务 1	=E47-D47。该科目反映的是资产负债表中债务 1 的变动额。增加额表示未偿还债务增加，同时现金流入增加。未偿还的债务 1 减少意味着已经偿还了债务，所以数值就是负的表示使用了现金
104	新增/（按计划偿还债务）债务 2	=E48-D48。计算方式与债务 1 相同
105	新增/（按计划偿还债务）债务 3	=E49-D49。计算方式与债务 1 相同
106	发行/（回购）股票	=E55-D55。该数值反映了普通股的变动额。增加额表示增发新股获得正的现金流，减少额表示使用现金回购了股票
107	宣布分配现金股利	=-E67。提取自其他输入项部分。该项也是第 56 行留存收益的一部分。因为输入的是正数，所以这里加了一个负号，我们必须将其变为负数以表示使用了现金
108	融资活动产生的现金流	=SUM(E103:E107)。此为本部分的合计数

7.21 调节超额现金或循环贷款

请将图 7-26 和表 7-16 放在一起看。

	A	B	C	D	E	F	G
109		现金流总额			(58.7)	148.8	=E97+E101+E108
110							
111		初始现金（循环）			0.0	(58.7)	=D113
112		期末现金（循环）		0.0	(58.7)	90.1	=IFERROR(E109+E111,0)
113				0.0			
114							
115		完					

图 7-26 计算超额现金或循环贷款

表 7-16　图 7-26 中的科目

行	B 列	图 7-26 中的 E 列（第 2 年）
109	现金流总额	=E97+E101+E108。此为以下几行数据的合计数： 经营活动产生的现金流 投资活动产生的现金流 融资活动产生的现金流
111	初始超额现金/（循环贷款）	=D112。此为当期的初始数值。对于第 2 年而言，就是直接提取第 112 行第 1 年的数值，这里会手动输入 0，因为资产负债表对应的历史期数据应该是平的
112	期末超额现金/（循环贷款）	=IFERROR(E109+E111,0)。此为现金或循环贷款的期末数值 如果该数值是正的，就会显示在资产负债表的超额现金科目（第 30 行）中 如果该数值是负的，就会显示在资产负债表的循环贷款科目（第 42 行）中 使用的 IFERROR 函数可以对输入的公式参数进行检查。如果有错误，就会返回数字 0，如果没发现错误则会返回 E109+E111 的计算结果。该函数可以有效阻止输入性错误在整个模型中蔓延，特别是当我们为了计算超额现金或循环贷款的利息开启迭代计算的时候，该函数就会更加有用。循环引用的相关内容请参见第 8 章

7.22　统制账户说明

我们构建的第一个模型比较简单，因为输出结果对应的公式比较简单。不过，对于那些会受到利润表或现金流量表数据影响的资产负债表科目，我们就要设置*统制账户*。所谓统制账户就是在期初金额（等于前一年的期末余额）的基础上跟踪影响该账户的各项金额，即加减相关金额，最终计算出期末余额。设置该账户可以大幅提高模型数据计算的透明度且更加方便审计。

资产负债表中有八个科目需要按年计算合计数，其中有三个科目反映了三个验算点的计算结果。具体账户列示在表 7-17 中。括号表示数值为负。对于少数股东权益科目，会将 I/S 中的少数股东损益金额计入资产负债表的科目中。

表 7-17　需要列示增加和/或减少额的资产负债表科目

行	B 列	公式
36	固定资产净值	前一年期末的固定资产净值+资本支出+（折旧）
37	无形资产	前一年期末的无形资产余额+（摊销）
38	投资	前一年期末投资余额+附属公司的股权投资收益-收到附属公司分配的股利
47	债务 1	前一年的债务 1 余额+债务 1 新增或（偿还金额）
48	债务 2	前一年的债务 2 余额+债务 2 新增或（偿还金额）
49	债务 3	前一年的债务 3 余额+债务 3 新增或（偿还金额）
53	少数股东权益	前一年 B/S 中的少数股东权益余额-（I/S 中的少数股东损益金额）
56	留存收益	前一年的留存收益+净利润-股利分配

7.22.1 BASE 计算格式

统制账户采用 BASE 计算格式：

- 期初余额
- +增加额
- −减少额
- =期末余额

BASE 计算方式以 B（期初）开头以 E（期末）结尾，中间则是一些增加项和减少项，有些增加项或减少项对应的数值可能是 0。

设置统制账户并不会导致资产负债表的计算量增加多少。资产负债表在进行内部运算时只会读取统制账户最后一行的数据。现金流量表也会使用统制账户，以读取其中列示的增减现金流。通过这种方式，我们就可以弄清账户金额核算的来龙去脉，从而验证计算的正确性。

7.23 在模型中增设统制账户

图 7-27 中列示的是固定资产净值的统制账户。G 列中列示的是第 2 年 E 列中使用的公式。

	A	B	C	D	E	F	G
116				历史	预测	预测	第2年，E列
117		统制账户		第1年	第2年	第3年	中的公式
118							
119		固定资产期初净值		n/a	1,200.0	1,190.0	=D122
120		+资本支出		n/a	100.0	100.0	=E66
121		-折旧		n/a	(110.0)	(120.0)	=E10
122		固定资产期末净值		1,200.0	1,190.0	1,170.0	=SUM(E119:E121)
123							

图 7-27 固定资产净值统制账户

在 D 列中，前 3 行均显示 "n/a"，是因为用不到这些数据——我们只要获得历史期期末的固定资产净值就可以了。

由于这个统制账户就是一个计算固定资产净值以及该科目进出金额的"工具"，模型的其他部分都可以直接引用其计算结果。因此，现金流量表中的资本支出引用的就应该是统制账户第 120 行的数值。我们要记住，现金流量表中的资本支出数值一定要显示为负值。

7.23.1 在模型中增设其他统制账户

图 7-28 列示了一些统制账户供你参考。所有使用 BASE 计算方式核算的统制账户的最后一行数据都应被资产负债表相应科目所引用。各统制账户中用到的增加和/或减少项也应该与资产负债表或现金流量表的相应科目相关联。

	A	B	C	D	E	F	G
116					历史	预测	预测 第2年，E列
117		统制账户			第1年	第2年	第3年 中的公式
118							
119		固定资产期初净值		n/a	1,200.0	1,190.0	=D122
120		+资本支出		n/a	100.0	100.0	=E66
121		-折旧		n/a	(110.0)	(120.0)	=E10
122		固定资产期末净值		1,200.0	1,190.0	1,170.0	=SUM(E119:E121)
123							
124		无形资产期初余额		n/a	200.0	170.0	=D126
125		-摊销		n/a	(30.0)	(30.0)	=E11
126		无形资产期末余额		200.0	170.0	140.0	=SUM(E124:E125)
127							
128		投资期初余额		n/a	500.0	524.0	=D131
129		+附属公司的股权投资收益		n/a	25.0	25.0	=E23
130		-收到的股利		n/a	(1.0)	(1.0)	=-E70
131		投资期末余额		500.0	524.0	548.0	=SUM(E128:E130)
132							
133		B/S中的少数股东权益期初余额		n/a	100.0	137.7	=D135
134		+I/S中新增的少数股东损益		n/a	37.7	39.9	=-E24
135		B/S中的少数股东权益期末余额		100.0	137.7	177.6	=SUM(E133:E134)
136							
137		留存收益期初余额		n/a	1200.0	1,439.4	=D140
138		+净利润		n/a	339.4	359.2	=E25
139		-股利		n/a	(100.0)	(100.0)	=-E67
140		留存收益期末余额		1,200.0	1,439.4	1,698.6	=SUM(E137:E139)
141							
142							

图 7-28 其他统制账户

第 1 列即 D 列中的期末数值引用的是手动输入的历史数据。

图 7-29 列示的是一个债务统制账户。资产负债表读取的是该账户的最后一行数值。现金流量表读取的则是其中的"+新增/（还款）"行数据。

	A	B	C	D	E	F	G
143					历史	预测	预测 第2年，E列
144		债务统制账户			第1年	第2年	第3年 中的公式
145							
146		债务1期初余额		n/a	600.0	520.0	=D148
147		+新增/（还款）		n/a	(80.0)	(80.0)	=E73
148		债务1期末余额		600.0	520.0	440.0	=SUM(E146:E147)
149							
150		债务2期初余额		n/a	300.0	240.0	=D152
151		+新增/（还款）		n/a	(60.0)	(60.0)	=E74
152		债务2期末余额		300.0	240.0	180.0	=SUM(E150:E151)
153							
154		债务3期初余额		n/a	200.0	160.0	=D156
155		+新增/（还款）		n/a	(40.0)	(40.0)	=E75
156		债务3期末余额		200.0	160.0	120.0	=SUM(E154:E155)
157							
158		完					

图 7-29 债务统制账户

7.24 使用统制账户设置对账表

随着建模工作的推进，不一定哪一天你就需要从一个客户那里复制一个已经建好的预测模型。通常情况下，为了防止信息泄露，客户不会把可以编辑的 Excel 模型原始文件发给你，也就是说，你需要处理的 Excel 文件里面一般都是不可编辑的固定数值或者干脆拿到的就是一个只显示输出结果的 PDF 格式文件。

7.24.1 找出隐匿的差异

你必须要找到一种方法将已有的预测数据添加到模型中——这个并不难，我们将在第 11 章讲解相关内容——但是之后你可能会发现一些问题，例如预测的固定资产净值与模型中计算的固定资产净值不一致。遇到这种情况时，就要使用统制账户的 BASE 计算方式来查找不匹配的数据项，然后针对找到的数据行在现金流量表中进行调整。

图 7-30 中是按照统制账户（我们正在构建的模型中并没有这部分）的计算方式编制的对账表。这里会将按照 BASE 计算方式基于各增减项得到的预测数值与显示的数值（手动输入项）进行比较。只要存在差额就会显示出来。如图所示，客户模型预测的第 2 年固定资产净值中有的高于我们计算的预测值，有的则低于我们计算的预测值。在第 10 行我们就会看到存在差异的项。如果客户模型的固定资产净值高于我们计算的预测值，则差额就是负的，即较高的固定资产净值意味着资本支出更多，反之差额就是正的，表示有可能是通过出售现有资产获得了一笔现金。

	A	B	C	D	E	F	G
1				历史	预测	预测	
2	对账表			第1年	第2年	第3年	第2年，E列中的公式
3							
4	固定资产净值期初余额			n/a	1,400.0	1,495.0	
5	+资本支出			n/a	100.0	6.0	
6	-折旧			n/a	(5.0)	(5.0)	
7	预测的固定资产净值期末余额			1,400.0	1,495.0	1,496.0	
8							
9	客户模型中的固定资产净值			1,400.0	1,530.0	1,475.0	
10	固定资产净值的其他变动额			0.0	(35.0)	21.0	=E7-E9
11							

图 7-30 以一个统制账户为例计算"其他变动额"

我们将显示差额的那行称为"固定资产净值的其他变动额"，我们可以将这行数据添加到现金流量表资产支出数据行的下方。通过对现金流量表进行调整，你模型中的资产负债表会再次被调平。另外还有很重要的一点就是，从对账表的检查结果中我们就可以知晓客户的建模过程是否足够严谨。可以这样说，有了对账表我们就会在查看客户提供的数据时大概知道究竟需要针对哪些数据进行额外调整。

7.25 使用自己的数据测试模型

到这里，模型就算构建完成了，你可以随时通过修改输入项数值来测试模型。当你修改输入项时，模型各部分之间的平衡机制应该会起作用。

你也可以跳出恒等式来看这个模型，即对模型进行扩展。以资产负债表为例，可以将流动资产拆分成应收账款、存货以及其他流动资产。同理也可以对利润表进行相同修改。进行扩展时，要确保 SUM 函数已经将各部分新增的数据行都包含在内，同时都已反映在了现金流量表中。

7.26 对实验模型的附加说明

这是一个简化模型，但足以说清楚一个完整的模型究竟是如何构建完成的。

- ◆ 在基于超额现金和循环贷款计算利息时并不会用每年当期补充的现金来计算利息。因为如果同时使用当期补充的现金来计算利息就会引发循环引用的问题。在建模过程中反复出现的一个问题就是——如何基于循环贷款计算利息费用和基于超额现金计算利息收入。本书第 8 章将会围绕这一内容展开讨论，第 16 章则会介绍如何使用宏来解决这一问题。
- ◆ 现金流量表和资产负债表都是经过简化的。在实践中，它们会更加复杂。不过，实验模型已经厘清了三张报表之间的基本勾稽关系，并且证明只要计算正确，资产负债表就应该是平的。

第 8 章
循环引用和迭代计算

循环引用就是一个公式引用了自身所在的单元格。之所以称为循环引用，是因为单元格的输出结果会变成公式的输入项参与计算，然后又会得到输出结果，此过程会循环往复。在建模过程中，循环引用可以是某个单元格引用本身，或是引用了其他一串公式，而最后的引用位置又回到了起始单元格。上述循环过程称为公式*回路*。*迭代*就是在一个回路中反复执行计算。

虽然都认为循环引用是致命的错误，但它确实有用：当从一个起始数值开始不断调整以获得最终的计算结果时，就适合使用循环引用。在执行迭代计算的过程中，每一次迭代都会通过循环引用不断逼近和*收敛*至最优解，只有当两次迭代计算结果之间的最大误差足够小时，Excel才会终止迭代计算。（你可以在 Excel 中设置最大误差值。）

如果迭代计算使用不好就会出现下面这种情况，即因为公式编写得不好，导致计算不收敛反而发散，计算数值"打破"Excel 的计算上限。另外还会导致出现多个解，且基于多个解执行的循环计算将一直执行下去无法停止。（你可以在 Excel 中设置最大迭代次数。）

下面我们就来一起看看循环引用的优缺点。

8.1 使用的文件

请使用 www.buildingfinancialmodels.com 网站上的 *Chapter 8 Circulars.xlsx* 文件。

8.2 不要使用它们

反对使用循环引用的理由如下：

- 如果一打开你的模型就弹出一个存在循环引用的警告信息，会让使用者没有信心看下去并会认为这个模型不好用。
- 如果你真的使用了循环引用且其中有错误，例如单元格中出现了 #DIV/0! 或 #REF! 这种错误提示信息，则错误就会随着循环引用蔓延至整个模型且一发不可收拾。即使更正了源头错误，错误信息仍在循环计算中以至模型无法使用。消除错误提示信息的过程非常麻烦，需要删除循环引用的单元格，再重新创建。
- 如果为了进行特定计算开启了迭代计算，则无意间形成的循环引用就无法检测出来了。这是因为在开启迭代计算的情况下，Excel自带的循环引用查找功能就无法使用了。
- 如果Excel中的迭代计算被禁用而模型中出现了循环引用，Excel将会被"冻结"——屏幕定格且计算也会停止。
- 如果输入的公式本身有错，使用循环引用就可能得到多个解或无法得到解。

8.3 或许它们并非一无是处

对以上反对意见逐一进行反驳，内容如下：
- 我们可以用一个能自动运行的宏程序来启动迭代计算。弹出的消息框有助于提醒用户迭代计算已开启。一个能够熟练使用Excel的高手也知道如何手动开启这一功能。
- 如8.11.3中所示，可以在公式回路中设置一个IFFERROR函数来处理错误值。这样做可以阻止错误信息在整个模型中蔓延。在此基础上找到错误源头并将其修正后，模型就会自动清除错误信息。
- 通过一个宏就可以关闭公式回路也可以关闭迭代计算。然后任何不好的循环引用都能被找到。将它们处理后，公式回路还可以重新开启。
- 如果你的工作团队习惯使用循环引用，就会懂得其实这是高级模型的标志。
- 在Excel中输入任何公式时，对于构建的迭代计算务必要小心以确保只在需要的位置执行正确的计算。
- 循环引用，特别是在计算能够维持资产负债表平衡的利息均值时就会用到，这常见于投资银行模型（请参见8.7部分）。

8.4 是的，循环引用还是有用的

综上所述，通常认为在计算超额现金或循环贷款利息时，为了保证资产负债表是平的是可以使用循环引用的。在商业和投资银行的信贷分析或交易数据测算模型中，正确计算利息是非常重要的，通常都会使用循环引用。你在使用它们时，一定要确保接触到模型的每一个人都不会介意你使用循环引用。

8.4.1 循环引用和循环逻辑

尽管大家都认可利息的循环计算逻辑，但是仍有些使用者一听到循环引用就浑身不自在。你可以用复制粘贴替代循环引来实现循环计算，但是反复操作会很烦人。使用自动运行的宏替代复制粘贴可以缩短操作时间，但是你需要背一些编制宏程序的 VBA 代码（见第 16 章），且每当数值发生变化时都要重新运行宏以获得最新的计算结果。

此外，本章还会讲解如何使用循环引用和迭代计算。

8.5 开启 Excel 中的迭代计算功能

要想在 Excel 中使用迭代计算，就必须对 Excel 进行设置以允许使用循环引用。

点击*文件>选项*，在 Excel 选项框左侧列中找到*公式*选项，然后勾选右上角的*启用迭代计算*选项。

迭代计算的最大误差为 0.001，最多迭代次数为 100 次。

最大误差是指只要工作表的当次和上一次计算之间绝对差额高于最大误差数值 Excel 就会继续进行迭代计算。如果两次计算的绝对差额低于最大误差，即使此时还没有达到最多迭代次数，Excel 也会认为已经得到最优解从而停止迭代计算。

最多迭代次数是指 Excel 在得到最优解之前能够重复计算的次数。设置该参数就可以防止 Excel 为了得到解而进行无限次的迭代计算。对于我们要进行的迭代计算，Excel 的最多迭代次数应该不超过 10 次，以求计算能够逐步收敛从而获得最优解。如果要增加迭代计算次数，就可能出现错误或导致公式出现问题。如果经过 100 次迭代计算后还没有获得最优解，则肯定是哪里出错了。

8.6 迭代计算过程究竟会发生什么

启用迭代计算后，Excel 中的当次计算就可以使用上一次的计算结果。想要弄清每一步的计算细节，最好是将计算过程想象成是 Excel 从左至右逐步执行公式中的迭代计算。让我们后退一步先来看看，在关闭迭代计算功能的情况下 Excel 究竟是如何执行普通公式计算的。

8.6.1 常规设置（未启用迭代计算）

如此设置后，Excel 就会对整个工作簿进行计算。如果所有公式执行无误，即先计算一些单元格，后续计算将引用这些计算结果，随后新得出的计算结果又会成为其他单元格计算的输入变量，直至得到最终的输出结果。但使用循环引用后，上述计算轨迹就被打破了。如果单元格 A1 所包含的公式引用了其本身，例如 A1=A1+1，这就破坏了 Excel 本应遵循的"首先"与"之后"的计算顺序。难以处理的矛盾就会导致 Excel 停止或"冻结"计算。

8.6.2 允许循环引用（必须启用迭代计算）

启用迭代计算后，Excel 会从左至右读取公式。起初，A1 单元格为 0，那么所用的值就是 0。继续向右读取公式，就是 A1+1。这里由于之前存储的 A1 单元格数值为 0，所以 A1+1 就等于 1。

$$A1 单元格=A1 单元格+1$$
$$0=0+1$$

最终结果就是 1。

这时迭代计算会继续进行，开始下一轮计算，由于当前 A1 单元格显示为 1，所以 A1+1 就等于 2。

$$A1 单元格=A1 单元格+1$$
$$1=1+1$$

最终结果就是 2。

第三轮计算开始时，A1 单元格等于 2，因此 A1+1 就等于 3。

$$A1 单元格=A1 单元格+1$$
$$2=2+1$$

最终结果就是 3。后面以此类推……

上述计算过程会一直持续下去，直至达到最大迭代次数。注意，每一次迭代的误差为 1，远远超出 0.001 这个默认的最大误差，因此 Excel 会继续执行迭代计算。

一个单元格自己加自己的想法其实是非常奇怪的，或许这就是为什么我们本能地不太喜欢这种"错误"构想的原因。然而，那些使用 Excel 的宏程序 VBA 以及掌握其他程序语言的人们知道，x=x+1 语句是一个很好的程序结构，它不会引发任何循环问题。

8.7 例子：利息计算

在这里将对循环贷款平衡变量的利息计算进行讲解。本案例中，会开启迭代计算功能。

随着每一次的迭代计算，必须要借入的循环贷款会不断产生利息——反过来又会增加资金缺口。在接下来的例子中，每次迭代计算的误差逐渐缩小，直至小于 0.001，届时 Excel 就会停止计算（0.001 是设定的最大迭代误差）。

当最终得到的余额数值计入超额现金时原理同上，其代表了融资盈余。在这种情况下，随着超额现金产生的利息收益增加，留存收益就会增加，最后又会导致超额现金增加。下面我们就来看看每一次迭代计算中到底发生了什么。

8.7.1 0次迭代计算

图 8-1 所示的资产负债表中显示循环贷款为 10 美元，此时还没有进行迭代计算。当公司拥有的资产超过其融资规模时就会产生循环贷款。因此，模型会通过设置循环贷款来填补融资缺口。

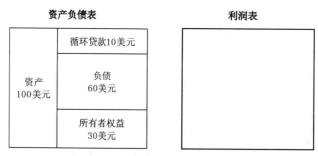

图 8-1 0次迭代计算，没有进行任何计算

循环贷款是一项债务。我们假设其利率为 10%。为方便说明，我们会假设循环贷款发生在年初且利润表中不考虑税金，因此利息费用变动多少，净利润就会变动同等金额。在资产负债表中，资产总额、负债与所有者权益合计数的初始值都是 100 美元。

8.7.2 1次迭代计算

在第 1 次迭代计算中（第 1 次循环计算），我们以 10 美元的循环贷款为起点。基于 10% 的利率，可知循环贷款产生的利息费用为 1 美元（初始 10 美元的循环贷款×10%的利率)。这会使净利润和留存收益都减少 1 美元。在这种情况下,该公司没有现金且已经有一笔循环贷款。之前减少的 1 美元导致了循环贷款金额增加,即循环贷款期末余额变成了 11 美元(见图 8-2)。上述迭代计算证明一个事实,那就是计算从循环贷款开始最终又回到了这里。

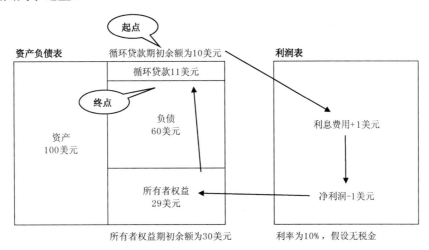

图 8-2　1 次迭代计算

8.7.3　2 次迭代计算

第 2 次迭代计算从 11 美元的循环贷款开始。经过相同的迭代计算,循环贷款期末余额就变成了 11.1 美元(见图 8-3)。

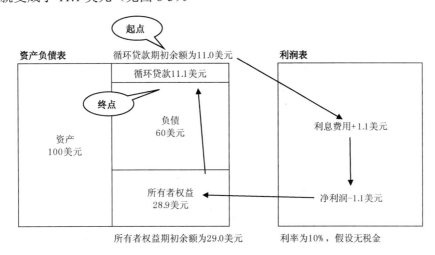

图 8-3　2 次迭代计算

8.7.4 3次迭代计算

第 3 次迭代计算从 11.1 美元的循环贷款开始。经过相同的迭代计算,循环贷款期末余额就变成了 11.11 美元(见图 8-4)。

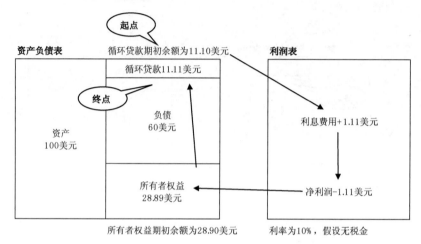

图 8-4　3 次迭代计算

8.7.5 以此类推

第 4 次迭代计算结束时,循环贷款余额将为 11.111 美元;第 5 次迭代计算结束时,循环贷款余额将为 11.111 1 美元,后面以此类推。

你可以看到每完成一轮计算(见表 8-1),利息费用就会导致循环贷款余额增加 10%。如果设定的最大迭代误差是 0.001,第 4 次迭代计算后的误差值就已经达到这个标准了。第 5 次迭代计算后,误差达到 0.000 1,因为小于所设定的最大误差,Excel 就会停止迭代计算。

表 8-1　迭代计算结果　　　　　　　　　　　　　　　　　(单位:美元)

迭代次数	期初循环贷款(A)	利率为 10% (B)=10%*(A)	期末循环贷款 (C)=$10+(B)	循环贷款增加额
0	10	0	10	0
1	10	1	11	1
2	11	1.1	11.1	0.1
3	11.1	1.11	11.11	0.01
4	11.11	1.111	11.111	0.001
5	11.111	1.111	11.111 1	0.000 1

8.7.6 如果考虑税赋的影响

如果税率为 40%，每次迭代计算循环贷款的变动率就只有 6% [10%的利率×（1-40%的税率）]，这种情况下达到最大误差的速度更快，即第 4 次迭代计算就会达到（见表 8-2）。

表 8-2　税率是 40%的情况下进行的利息迭代计算　　　　　　　（单位：美元）

迭代次数	期初循环贷款	税后利息 (B)=6%×(A)	期末循环贷款 (C)=$10+(B)	循环贷款增加额
0	10	0	10	0
1	10	0.6	10.6	0.6
2	10.6	0.636	10.636	0.036
3	10.636	0.638 16	10.638 16	0.002 16
4	10.638 16	0.638 289 6	10.638 289 6	0.000 129 6

8.7.7 只在计算超额现金和循环贷款时使用循环引用

在我们的建模过程中，只有在进行超额现金和循环贷款的利息计算时才允许使用循环引用。

因为利息费用是基于债务期初余额计算的，资产负债表的每个负债科目（不包含循环贷款）都不会使用循环引用，而当期产生的利息费用是不会加回到债务期初余额中的。每年的债务期初余额等于前一年的债务期初余额减前一年的还款额。（注意：当我们在模型中对非循环贷款债务科目增设了一个"现金清算"机制，可能会引发循环引用。本书第 10 章将会介绍现金清算的相关内容。）

同样，"经营性现金"科目（在模型中会经常看到这个科目，其与超额现金是分开列示的，反映了公司正常运营活动产生的现金）和短期投资科目所产生的利息收益对这两个科目的期初余额都不会产生影响。

8.8　计算平均利息

之前图表中的利息费用都是基于当期循环贷款科目余额计算的。而在建模过程中，还有一个更经典的方法就是基于当期和前一期的循环贷款*均值*来计算利息费用，这样就会将整个时期内的未偿还债务的变化都考虑在内。我们会假设一年内的循环贷款是逐步产生的，期间该金额会有增有减不断变化。

并不是只有在超额现金或循环贷款的计算中会使用平均利息，所有会产生利息收益或利息费用的科目都会计算平均利息。例如，我们假设利率为10%。第1年12月31日和第2年12月31日你需要承担的债务分别为100美元和200美元。第2年1月1日出现新增债务的可能性很低。相反，在没有获得其他信息的情况下，我们会假设债务变动都是发生在年中时点，所以就需要使用AVERAGE函数计算100美元和200美元的均值，或者直接使用150美元。然后用利率10%×150美元就会得到利息费用为15美元。

8.8.1 使用部分年份因子

AVERAGE函数中内嵌的公式实际上是（100美元+200美元）/2。该公式可以改写为（100美元×0.5+200美元×0.5），其中0.5就代表年中时点。如果我们获得了关于新增债务的其他信息，假设新增债务发生在第2年的9月30日，该时点位于一年的3/4处，我们可以计算更加准确的利息费用：[100美元×0.75+200美元×（1-0.75）]×10%，结果为12.5美元。可以将这个有趣的功能放到财务模型中，这样就可以更加准确地预测利息费用。

8.8.2 周期越短，你就越不需要计算均值

对于利息计算而言，周期越短你就越不需要使用均值因子或部分年份因子。实际上，在极端情况下，你会以月为周期计算利息，这时的债务利息就是直接用利率乘以期初债务余额。年利率必须要乘以1/12以调整为月利率。在某些银行的贷款分析中，甚至会用月中的实际天数除以360（是360而不是365或366）。

8.9 规避循环引用

介绍完循环引用后，接下来就来说说如何规避它们。

8.9.1 使用前一年的超额现金或循环贷款

图8-5中使用了前一年的超额现金或循环贷款。第2年利息费用是基于第1年的循

环贷款计算的。第 2 年的利息费用计算不一定要收敛,因为它是基于第 1 年的数值计算的,其并不包含在第 2 年的余额中。这样一来,就不存在循环引用。接下来,计算第 2 年的利息费用时并不会使用第 2 年年末的循环贷款余额。该数值会出现在第 3 年的利息计算中。

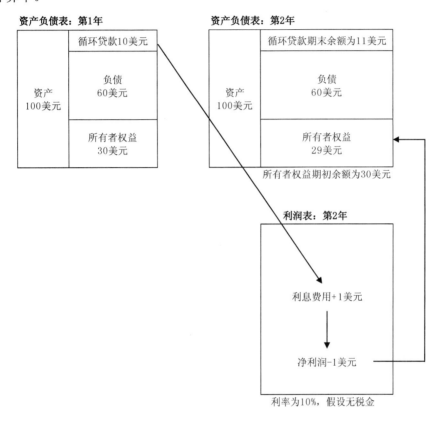

图 8-5 使用前一年的循环贷款金额

尽管这样做可以得出结果,但是也有一个缺点:假设第 2 年公司盈利状况比较好,偿还了循环贷款(余额为 0 美元)并且拥有较多的现金头寸。如果按照上面的方法进行计算,第 2 年还是会有利息费用,因为计算中使用的仍是第 1 年的数值。同理,如果第 2 年亏损严重,则循环贷款可能会远远超过 10 美元。这样一来第 2 年利润表中显示的利息费用将会导致当年的现金流需求被严重低估。

如果循环贷款和超额现金数值与其他资产负债表数值相比较小,就可以使用上述方法进行计算,但是当数值比较大时就要格外小心。这个不太完美的计算方法可能会导致数百万美元的差异。

8.10 使用复制和粘贴来规避循环引用

请使用 *Chapter 8 Iterations.xlsx* 文件。第一个标签为 Ch 7 Model Master 的电子表是我们在第 7 章建模型的副本。如果你想要按照下面的步骤进行操作就请复制这个电子表。

Ch 8 Circular Toggle 与 Ch 7 Model Master 一样,在 C13 单元格中都增设了一个转换开关,用来开启或关闭电子表中的循环引用功能。

"复制和粘贴数值"工作表列示了每一步的计算结果。

8.10.1 首先,我们来进行循环引用

当我们使用 AVERAGE 函数计算超额现金和循环贷款利息时就会生成一个循环引用。这是因为计算平均利息时会使用超额现金或循环贷款的期初和期末余额,而期末余额中又包含了利息的计算结果。

为了测试我们规避循环引用的操作方法,就必须先生成一个循环引用。具体做法见图 8-6。

	A	B	C	D	E	F	G
11		摊销		(30.0)	(30.0)	(30.0)	
12		息税前利润 (EBIT)		570.0	647.5	676.9	=E8+SUM(E10:E11)
13		使用循环引用Y/N	N				
14		历史期的利息费用		(80.0)			
15		利息:超额现金	1.0%		0.0	0.0	=IF($C$13="Y",$C$15*AVERAGE(D30:E30),$C$15*D30
16		利息:循环贷款	6.0%		0.0	(3.5)	=IF($C$13="Y",$C$16*AVERAGE(D42:E42),-$C$16*D42
17		利息:债务 1	6.0%		(33.6)	(28.8)	=-$C$17*AVERAGE(D47:E47)
18		利息:债务 2	6.0%		(16.2)	(12.6)	=-$C$18*AVERAGE(D48:E48)
19		利息:债务 3	6.0%		(10.8)	(8.4)	=-$C$19*AVERAGE(D49:E49)
20		税前利润 (EBT)		490.0	586.9	623.6	=E12+SUM(E15:E19)
21							

图 8-6 生成一个循环引用

1. 在 C13 单元格中,增设了一个可以开启或关闭循环引用公式的转换开关。这是一个非常好的做法,通过开关你就可以控制模型。选择"N"则提示我们目前循环引用是关闭的,如果需要可以自行开启。

2. 对于第 15 行利息:超额现金,可输入以下公式:

=IF($C$13="Y",$C$15*AVERAGE(D30:E30), $C$15*D30)

当 C13 单元格中是"Y"时,则开始基于当年和前一年的超额现金计算平均利息。

当 C13 单元格中是"N"时,就会使用原始公式基于前一年的余额数值计算利息。

3. 对于第 16 行利息:循环贷款,可输入以下公式。计算方式与超额现金相同。

=IF($C$13="Y",$C$16*AVERAGE(D42:E42), $C$16*D42)

4. 现在,我们先屏气凝神,然后将 C13 单元格中的转换开关设置成"Y"。如果你没有开启 Excel 中的迭代计算(见前文 8.5 中的内容),则 Excel 中的持续保护机制会不停地弹出循环引用警告以提醒你注意。如果遇到这种情况,请马上开启迭代计算。

5. 随即我们就可以将 C13 单元格中的转换开关设置回"N"。你也可以一直开启迭代计算。

你的模型应该看起来与 Ch 8 Circular Toggle 工作表一致。接下来我们还会对模型布局进行更多的修改。

8.10.2 复制和粘贴数值的方法

下面就来介绍一下复制和粘贴数值操作方法的工作原理。

请查看 Chapter 8 Circulars.*xlsx* 文件中的 Copy and Paste Value 工作表。

我们知道超额现金/循环贷款是在现金流量表的底部,以供资产负债表某些科目提取数据。计算利息时也会依次读取资产负债表的数据。现在我们要打破循环引用,在现金流量表底部的超额现金/循环贷款行数据设置"跳转"点,具体做法就是复制该行数据然后再将其粘贴到下一行。这样就不存在循环引用了。

1. 复制 A112:F112 中的数值然后将其粘贴到 A113:F113(见图 8-7)。

	A	B	C	D	E	F	G
110							
111		超额现金/(循环贷款)期初余额		0.0	0.0	(58.7)	=D112
112		**超额现金/(循环贷款)期末余额**		0.0	(58.7)	90.1	=IFERROR(E109+E111,0)
113		**超额现金/(循环贷款)期末余额**		0.0	(58.7)	90.1	<==XS现金,循环贷款读取该行数值
114							
115							

图 8-7 复制第 112 行中的公式,仅将数值粘贴到第 113 行。

2. 超额现金变动额会引用那行粘贴的数值(见图 8-8)。E 列中的公式是:

=MAX(E$113,0)

3. 循环贷款变动额的引用与超额现金一样(见图 8-8)。E 列中的公式是:

=–MIN(E$113,0)

	A	B	C	D	E	F	G
28				历史	预测	预测	第2年，E列
29		资产负债表		第1年	第2年	第3年	中的公式
30		超额现金		0.0	0.0	90.1	=MAX(E$113,0)
31		应收账款	72.0	600.0	630.0	661.5	=$C31/360*E$3
32		存货	100.0	400.0	393.8	413.4	=-$C32/360*E$4
33		其他流动资产		1,200.0	1,260.0	1,320.0	
34		流动资产总额		2,200.0	2,283.8	2,485.0	=SUM(E30:E33)
35							
36		固定资产净值		1,200.0	1,190.0	1,170.0	=E122
37		无形资产		200.0	170.0	140.0	=E126
38		投资		500.0	524.0	548.0	=E131
39		其他长期资产		400.0	440.0	465.0	
40		资产总额		4,500.0	4,607.8	4,808.0	=E34+SUM(E36:E39)
41							
42		循环贷款		0.0	58.7	0.0	=-MIN(E$113,0)
43		应付账款	50.0	200.0	196.9	206.7	=-$C43/360*E$4
44		其他流动负债		1,000.0	980.0	1,090.0	
45		流动负债总额		1,200.0	1,235.6	1,296.7	=SUM(E42:E44)
46							

图 8-8　引用第 113 行中粘贴的数值作为超额现金和循环贷款变动额

4. 现在，请将 C13 单元格中的转换开关调回成"Y"。这样就不会弹出循环引用警告信息了！一切就像什么都没有发生过一样。

现在你手里的模型应该和 Copy and Paste Value 工作表一致。

到这里应该怎么办呢？我们必须要在第 112 行和第 113 行之间重复四五次的复制粘贴操作。这相当于在模拟 Excel 中的迭代计算过程，经过反复操作计算就会逐步收敛。

8.10.3　手动操作或使用宏

不停地手动进行复制粘贴操作是可以得到计算结果的，但是整个过程非常麻烦——尤其是每次对模型进行修改时都要手动进行复制粘贴操作以令计算逐步"收敛"，从而获得最优解。当然，也可以在屏幕上设置一个按钮，通过内嵌的宏来自动执行上述操作，直到资产负债表检查行读数为 0 时才会终止计算。相关内容将在第 16 章进行讨论。

8.11　使用循环引用：预防措施

看过之前为了规避循环引用但又要获得"准确"数值所进行的全部操作后，大家对循环引用的固有看法可能会有些许改观，毕竟它还是有点用的！如果你确定要使用循环引用，且假设你的客户也同意你使用循环引用，那就继续往下看吧。

8.11.1 设置断路器

这是一个手动切断公式链接的转换开关。实际上，C13 单元格中的转换开关（"使用循环引用提示 Y/N"）就是一个非常好的例子。任何可以打破循环回路的设置都有助于找到循环回路中出现的错误提示信息。即使源头的错误被纠正，错误提示信息仍不会消失。这种情况下，就可以使用断路器将错误提示信息"清除"。

8.11.2 定期检查无用的断路器

关闭断路器然后再关闭迭代计算功能。这样你就可以检查是否存在"无用的"断路器——因为开启迭代计算会隐藏其他循环回路。最后决定是否删除它们。

8.11.3 始终使用错误中断器

还可以利用 IFERROR 函数设置错误中断器，具体公式如下：

=IFERROR(原始公式,0)

当出现错误时，IFERROR 函数就会直接返回数字 0，这样可以有效切断错误蔓延途径。

此时，你可以对错误源头进行更正。当 Excel 执行重算时，如果 IFERROR 函数公式没有检测到错误，则原始公式就会保持不变，迭代计算需要进行的循环引用也会重新恢复。

8.11.3.1 在哪里设置 IFERROR 函数？

在我们的模型中,会在现金流量表的底部利用 IFERROR 函数设置一个错误中断器。为什么偏偏在这里设置而不选其他地方呢？其实，中断器是可以放在模型任何地方的，但是现金流量表底部这行数据恰好是资产负债表会引用的数据。将中断器设在这里最大的意义就是，当错误出现时可以及时用 0 替换错误信息，从而迅速切断错误信息向资产负债表和模型其他地方蔓延的路径。这种自我防御机制可以令包含迭代计算的模型更易于管理。

第 9 章
平衡变动项

现在我们已经知道如何使用现金流量表将资产负债表调平，本章将会在没有现金流量表的情况下重新回顾一下资产负债表的调平过程。我们还将介绍一些需要使用平衡表的情况，例如投资项目所需的现金流入和使用数据表。

9.1　使用的文件

请使用 www.buildingfinancialmodels.com 网站上的 *Chapter 9 Balancing variations. xlsx* 文件。

9.2　在没有现金流量的情况下调平报表（方法1）

本章会在第 7 章的基础上进行扩展，所以请确保你已经学习过第 7 章且完成了试验模型的构建练习。

9.2.1　为什么会这样

在模拟超额现金和循环贷款的平衡数值时，现金流量表看似非常重要，但实则不然。如果你从算术视角而不是会计视角来看待资产负债表，那么每年只需完成一件事，那就是让资产部分的数值等于负债与所有者权益之和。按照这个思路，每当遇到一边的数值比另一边少的时候，我们就会用 Excel 计算缺口金额以实现平衡。

9.2.2　我们在哪里会用到该方法

当你需要快速做出资产负债表时该方法就会派上用场。另外，在构建金融机构的模型时，现金流量表的意义并非总是那么大，因为资产负债表中的数据变动主要来自贷款、投资以及存款的变化——这就是全部现金。在这种情况下，使用本节介绍的方法就比较合适。

9.2.2.1　获得平衡数值

图 9-1 中列示的内容来自 *Chapter 9 Balancing variations. xlsx* 文件。该文件的开头是第 8 章研究的试验模型。请先复制这个模型然后按照以下步骤操作。

下图中的加粗数字代表操作顺序。其为 *Chapter 9 Balancing variations. xlsx* 文件中的 Ch 9 BS balancing method 1。

	A	B	C	D	E	F	G
28				历史	预测	预测	第2年，E列
29		资产负债表		第1年	第2年	第3年	中的公式
30		超额现金	**4**	0.0	0.0	90.1	=MAX(E$62,0)
31		应收账款	72.0	600.0	630.0	661.5	=$C31/360*E$3
32		存货	100.0	400.0	393.8	413.4	=-$C32/360*E$4
33		其他流动资产		1,200.0	1,260.0	1,320.0	
34		流动资产总额		2,200.0	2,283.8	2,485.0	=SUM(E30:E33)
35							
36		固定资产净值		1,200.0	1,190.0	1,170.0	=E125
37		无形资产		200.0	170.0	140.0	=E129
38		投资		500.0	524.0	548.0	=E134
39		其他长期资产		400.0	440.0	465.0	
40		资产总额		4,500.0	4,607.8	4,808.0	=E34+SUM(E36:E39)
41							
42		循环贷款	**5**	0.0	58.7	0.0	=-MIN(E$62,0)
43		应付账款	50.0	200.0	196.9	206.7	=-$C43/360*E$4
44		其他流动负债		1,000.0	980.0	1,090.0	
45		流动负债总额		1,200.0	1,235.6	1,296.7	=SUM(E42:E44)
46							
47		债务1		600.0	520.0	440.0	=E151
48		债务2		300.0	240.0	180.0	=E155
49		债务3		200.0	160.0	120.0	=E159
50		其他长期债务		500.0	475.0	495.0	
51		负债总额		2,800.0	2,630.6	2,531.7	=SUM(E45,E47:E50)
52							
53		少数股东权益		100.0	137.7	177.6	=E138
54							
55		普通股		400.0	400.0	400.0	
56		留存收益		1,200.0	1,439.4	1,698.6	=E143
57		所有者权益总额		1,600.0	1,839.4	2,098.6	=SUM(E55:E56)
58		负债和所有者权益总额		4,500.0	4,607.8	4,808.0	=E51+E53+E57
59							
60		不包含超额现金的资产	**1**	4,500.0	4,607.8	4,717.9	=SUM(E31:E33,E36:E39)
61		不包含循环贷款的负债和所有者权益	**2**	4,500.0	4,549.0	4,808.0	=SUM(E43:E44,E47:E50,E53,E55:E56)
62		超额现金/（循环贷款）	**3**	0.0	(58.7)	90.1	=IFERROR(E61-E60,0)
63		资产负债表检查项	0.001	0.0	0.0	0.0	=E58-E40
64		检查		OK	OK	OK	OK	=IF(ABS(E63)<$C$63,0,1)
65							

图9-1 报表调平方法

C13单元格（"使用循环引用提示Y/N"）中显示为"N"，这是针对利润表中的利息计算进行的设置。

1. 首先，为了方便计算在资产负债表的底部专门设置了几行。在第60行，输入的公式是对除了超额现金行的其他资产项进行加总求和。要一个一个地选择对应科目进行加总求和以获得最后的总额，之所以这样做是因为小计数中会包含超额现金。不要用资产总额减去超额现金，因为这会生成一个小的循环计算回路。

2. 同样，在第61行需要将除循环贷款行的其他负债数据行进行加总求和。要一个一个地选择负债数据进行加总，不要用负债总额那行数据因为其中包含了循环贷款，而所有者权益总额那行是可以使用的。

3. 在第 62 行，输入公式（不包含循环贷款的负债+所有者权益）减（不包含超额现金的资产）。上述公式中的计算顺序是反过来的，这样一来计算超额现金和循环贷款时使用的 MAX 和 MIN 函数公式就可以直接提取这里的计算结果了。为了保证公式的正确性，这里还会设置一个 IFFERROR 函数公式。

4. 超额现金数据行是使用 MAX 函数读取第 62 行数据得到的计算结果。

5. 循环贷款数据行是使用-MIN 函数读取第 62 行数据得到的计算结果。

作为最后一项检查，资产负债表最底部一行是平衡检查行，报表平衡该行就会显示"OK"。由于我们使用的试验模型中已经有现金流量表了，你也可以结合现金流量表来检查我们模拟的超额现金或循环贷款数值。

请注意，要想使用 AVERAGE 函数计算超额现金或循环贷款产生的利息收益或利息费用，就必须先开启 Excel 的迭代计算功能。

9.3　在没有现金流量的情况下调平报表（方法 2）

在没有现金流量表的情况下还有另外一种方法可以调平报表。即使我们不使用 AVERAGE 函数计算超额现金或循环贷款产生的利息（见图 9-2），使用该方法时仍要求开启迭代计算。图 9-2 就是 *Chapter 9 Balancing variqtions. xlsx* 文件中的 Ch 9 Balancing method 2。

该方法同样会使用公式读取自身计算结果这个概念，相关内容我们曾在本书第 8 章的 8.6.2 中进行过讨论。

针对利润表中的利息计算，C13 单元格（"使用循环引用提示 Y/N"）中显示为"N"。

1. 首先，为了方便计算在资产负债表的底部专门设置了几行。在第 60 行，输入的公式是计算资产负债表两边的差异（包含循环贷款的负债总额+所有者权益总额）减（包含超额现金的资产总额）。请注意该方法与方法 1 的区别，使用方法 1 计算合计数差额时我们剔除了超额现金和循环贷款。

2. 在第 61 行，输入的公式是*自己*与上一行（资产负债表两边的差额）的合计数。这里还是设置一个 IFERROR 函数公式。

3. 资产负债表中第 30 行中的超额现金数据是使用 MAX 函数读取第 61 行数据得到的计算结果。

	A	B	C	D	E	F	G
28				历史	预测	预测	第2年,E列
29		资产负债表		第1年	第2年	第3年	中的公式
30		超额现金		0.0	0.0	90.1	=MAX(E$61,0)
31		应收账款	72.0	600.0	630.0	661.5	=$C31/360*E$3
32		存货	100.0	400.0	393.8	413.4	=-$C32/360*E$4
33		其他流动资产		1,200.0	1,260.0	1,320.0	
34		流动资产总额		32200.0	32283.8	32485.0	=SUM(E30:E33)
35							
36		固定资产净值		1,200.0	1,190.0	1,170.0	=E125
37		无形资产		200.0	170.0	140.0	=E129
38		投资		500.0	524.0	548.0	=E134
39		其他长期资产		400.0	440.0	465.0	
40		资产总额		4,500.0	4,607.8	4,808.0	=E34+SUM(E36:E39)
41							
42		循环贷款		0.0	58.7	0.0	=-MIN(E$61,0)
43		应付账款	50.0	200.0	196.9	206.7	=-$C43/360*E$4
44		其他流动负债		1,000.0	980.0	1,090.0	
45		流动负债总额		1,200.0	1,235.6	1,296.7	=SUM(E42:E44)
46							
47		债务1		600.0	520.0	440.0	=E151
48		债务2		300.0	240.0	180.0	=E155
49		债务3		200.0	160.0	120.0	=E159
50		其他长期债务		500.0	475.0	495.0	
51		负债总额		2,800.0	2,630.6	2,531.7	=SUM(E45,E47:E50)
52							
53		少数股东权益		100.0	137.7	177.6	=E138
54							
55		普通股		400.0	400.0	400.0	
56		留存收益		1,200.0	1,439.4	1,698.6	=E143
57		所有者权益总额		1,600.0	1,839.4	2,098.6	=SUM(E55:E56)
58		负债和所有者权益总额		4,500.0	4,607.8	4,808.0	=E51+E53+E57
59							
60		负债+所有者权益减资产的差额	**1**	0.0	0.0	0.0	=E58-E40
61		超额现金/(循环贷款)	**2**	0.0	(58.7)	90.1	=IFERROR(E60+E61,0)
62							
63		资产负债表检查项	0.001	0.0	0.0	0.0	=E58-E40
64		检查		OK	OK	OK	=IF(ABS(E63)<$C$63,0,1)
65							

图 9-2 报表调平方法 2

4. 资产负债表中第 42 行中的循环贷款数据是使用 -MIN 函数读取第 61 行数据得到的计算结果。

9.3.1 为什么会这样

让我们来想想看每一次迭代循环究竟都计算了什么。

表 9-1 展示了超额现金（循环贷款）行的计算过程，其实就是记录每次迭代计算之后资产负债表两边差异逐渐递增的变动额。

在第 1 次迭代计算时，我们假设差异行（图 9-2 中的第 60 行）检测到报表两边相差 100 美元。（为了方便说明，我使用的是虚拟数据。）然后第 61 行即超额现金/（循环贷款）行会读取该数值。设想超额现金一开始是 0，但经过第 1 次迭代计算后，则等于本身数据（0）加上一行数据（100）。也就是说，经过第 1 次迭代计算后超额现金就变成了 100。

第 2 次迭代计算后，超额现金行数值会增加 10，这是因为假设年利息收益率为 10%（不考虑税）。在之前 100 的基础上增加 10（10%×100）后，超额现金就变成了 110。

第 3 次迭代计算后，资产负债表两边的差异会增加 1（10%×110-10）。超额现金也会相应增加。

你会发现上述计算过程会持续进行，直到迭代的增量变动额足够小，Excel 才会终止计算。

表 9-1 跟踪平衡数值的迭代计算过程

迭代次数	差异行（第 60 行）	差异行累计金额：资产负债表（第 61 行）超额现金/（循环贷款）会提取本行数据
1	100	100
2	10	110
3	1	111
4	0.1	111.1
5	0.01	111.11
6	0.001	111.111

9.4　平衡数值不一定非要计入循环贷款

9.4.1　可通过"发行新股"来融资，但实操性比较差

一旦出现资金缺口就会自动生成一项短期债务即循环贷款，这是我们使用的一个默认假设。从算数视角来看，资金缺口可以对应资产负债表右边的任意科目，其中就包括一项所有者权益类科目，即"发行新股票"。但是，实际上在预测模型中是看不到这个科目的，因为公司并不会如此运作：如果公司用这种融资方式来补充资金缺口则意味着在短期内会随时发行或回购股票。在发行新股票和回购股票之前需要完成大量的准备工作，且整个过程所耗成本颇高。因此，没有必要在模型中对该融资方式下的数据进行预测。

9.4.2　在模拟交易时点的现金流入和使用数据时可能会考虑股权融资方式

但是，有一种情况下我们可能会使用权益类科目来调平报表。对于一项杠杆收购（LBO）或并购（M&A）交易而言，当你从"最开始"设置交易的资本结构时就需要模

拟交易时点的现金流入和使用数据表。在这种情况下就可以模拟股权融资方式下的数值了，当公司想要将股票发行作为交易的一部分时，只需要确定交易日股票发行的数量就可以了。

在案例中（见图9-3），我们提供了两种融资方式，可以根据需要将循环贷款或权益资金作为报表平衡项。该平衡调节法就是根据现金流入和使用之间的差额来生成平衡项，具体的计算结果主要取决于对E2单元格下拉列表中"循环贷款"或"权益资金"的选择。

在资金来源方面，循环贷款的计算公式如下：

=IF($E$2="循环贷款",MAX(SUM(K6,K8:K9,K14:K16)−SUM(E9:E11,E17,E20),0),0)

权益资金的计算公式为：

=IF($E$2="循环贷款",0,MAX(SUM(K6,K8:K9,K14:K16)−SUM(E9:E11,E17,E20),0))

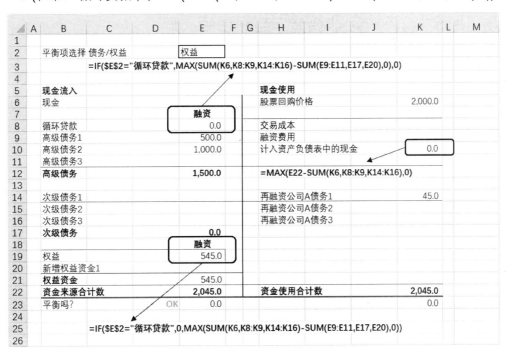

图9-3　模拟现金流入和使用数据表以计算平衡数值

无论是哪种融资方式下的计算公式，SUM函数计算公式中都不会使用K10单元格中的数据，因为该单元格中有一个出现超额现金时用于计算平衡数值的公式。如果使用了K10单元格数据，就会形成循环引用。

（上面第二个公式开头本来是= IF($E$2="权益资金"……但是最后还是用相同的条件参数来测试。这样一来，我们就能确保对两个条件做的是同一项测试：即是选择"循环贷款"或不是？）

在现金使用方面，用于计算资产负债表现金的 K10 单元格公式如下：

=MAX(E22-SUM(K6,K8:K9,K14:K16),0)

该公式用于计算超额现金，如果有的话，该公式会用到 E22 单元格中的合计数，因为 E 列中的循环引用和权益资金行之间不涉及循环引用。这两行数据的计算公式中不会使用 K10 单元格的数值。

该平衡调节方法的关键就是计算资产负债表两边差异时使用的合计数中不包含平衡数值行。

9.5 平衡数值不一定非要计入超额现金

当存在超额现金流时，为了将资产负债表调平，并不一定非要计入一项超额现金。相反，你可以通过设置将现金流分出去。相比于加计一项现金，我们也可以设置一项股利以达到减少现金流的目的。还可以设置一个规定现金流分配比例的输入项。它可以是一个百分比、固定数字或是基于每股股息设定的一个可以乘以股数的数值，这里既可以规定上限也可以不规定。

下面就来介绍一下超额现金流的分配步骤。

请将以下步骤中涉及的行插入到模型中。先保持空白设置后再回来输入公式。

1. 请在其他输入项部分（见图 9-4）插入新增的输入项。我们可以添加两个输入项：(a) 现金流总额中用于股利分配的百分比，(b) 额外股息的分配上限。不设上限则此位置空白；如果你输入了 0，则意味着分配上限为 0——换句话说就是不分配股利。

2. 在现金流量表的底部，插入一行以列示额外股息数据（见图 9-5）。该行一定要在现金流总额的下方，因为我们不希望现金流总额中包含额外现金流流出数据。

3. 转到计算留存收益的统制账户，插入一行并在 E142 单元格中输入公式，然后再将该公式复制到整行中（见图 9-6）。

=-MIN(MAX(E68*E110,0)+MIN(D114,0),E69)

第 9 章 平衡变动项

	A	B	C	D	E	F
64				历史期	预测期	预测期
65		其他输入项		第1年	第2年	第3年
66		资本支出			100.0	100.0
67		宣布分配现金股利（要输入正数）			100.0	100.0
68		额外股息：现金流的分配比例%			100.0%	100.0%
69		额外股息的分配上限				125.0
70		与投资相关的假设				
71		收到附属公司分配的股利			1.0	1.0
72						
73		债务：新增/（按计划摊销）				
74		债务1			(80.0)	(80.0)
75		债务2			(60.0)	(60.0)
76		债务3			(40.0)	(40.0)
77						

图 9-4　步骤 1：插入额外股息输入项

	A	B	C	D	E	F	G
102		投资活动产生的现金流			(99.0)	(99.0)	=SUM(E100:E101)
103							
104		新增/（按计划偿还债务）债务1			(80.0)	(80.0)	=E150
105		新增/（按计划偿还债务）债务2			(60.0)	(60.0)	=E154
106		新增/（按计划偿还债务）债务3			(40.0)	(40.0)	=E158
107		发行/（回购）股票			-	-	=E55-D55
108		宣布分配现金股利			(100.0)	(100.0)	=E141
109		融资活动产生的现金流			(280.0)	(280.0)	=SUM(E104:E108)
110		现金流总额			(58.7)	148.8	=E98+E102+E109
111							
112		初始现金（循环）		0.0	0.0	(58.7)	=D114
113		额外股息			0.0	(90.1)	=E142
114		期末现金（循环）		0.0	(58.7)	90.1	=IFERROR(E110+E112+E113,0)
115					0.0		

图 9-5　步骤 2：在现金流量表中插入额外股息行

	A	B	C	D	E	F	G
139		留存收益期初余额			n/a	1,200.0	1,439.4	=D143
140		+净利润			n/a	339.4	359.2	=E25
141		-股利			n/a	(100.0)	(100.0)	=-E67
142		-额外股息			n/a	0.0	(90.1)	=-MIN(MAX(E68*E110,0)+MIN(D114,0),E69)
143		留存收益期末余额			1,200.0	1,439.4	1,698.6	=SUM(E139:E141)
144							
145							

图 9-6　步骤 3：在留存收益统制账户中添加额外股息数据

a. 我们来拆解一下第 142 行的计算。外部公式使用了-MIN 函数并以 E69 单元格收尾，其中还内嵌了一个公式。

$$=MAX(E68*E110,0)+MIN(D114,0)$$

第一部分 MAX(E68*E110,0)计算的是执行额外股息分配的现金流比例，但是只有当现金流为正时才会进行分配——这需要依靠 MAX（，0）函数来判断。不过我们还必须要紧盯前期的任意一项循环贷款，因为必须要先偿还贷款（只有存在额外的超额现金时我们才会计算股利分配金额，这就意味着必须要先偿还循环贷款）。第二部分

+MIN(D114,0)计算的是减去前期任意循环贷款金额后可用作额外股息分配的资金,只有该部分的计算结果是负数时,D114 单元格中的数值才会参与整个计算——这也是 MIN 函数的计算逻辑。

b. 在上面两部分公式的外层,我们又添加了一个 MIN 函数:

–MIN(额外股息,E69)

这等于将第 69 行数值设置为上限。公式前面的负号是确保行数据被视作现金使用项

4. 对期末留存收益行中的 SUM 函数公式进行修改,以确保新增数据行被纳入到加总求和的计算中。

到这里就设置完毕了。可以通过输入带有上限参数或不带有上限参数的各种百分比来测试模型。

第 10 章
现金清算和利息计算

现金清算是在建模过程中使用的一项技术，设置后就会自动偿还债务，但对已经约定分期还款金额的债务除外。现金清算使用的是一年内获得的现金流总额。其通常不会使用资产负债表中已经存在的前期超额现金。

本章还提供一些与现金清算情况下的利息计算有关的其他资料，另外如果债务是按季偿还的，你就需要缩短利息费用的计算间隔（或计算更加细化的数据），在本章也会看到相关的练习。

10.1　使用的文件

请使用 www.buildingfinancialmodels.com 网站上的 *Chapter 10 Cash sweep. xlsx* 文件。

文件中的第一个标签就是曾在第 8 章中看到的模型主体的副本。第二个则是 Ch 10 Exercise Step 1，想要跟随本章介绍的内容一步一步地进行操作就需要使用这个文件。我已经打开 Ch 10 Exercise Step 1 并在其中插入了多行以便日后输入新公式，因为我们需要在不同的功能之间转换。如此设置后，你就无须再烦恼添加数据行的问题了，在我们学习各章节课程时，说明中涉及的单元格引用都会始终保持一致。一开始，请忽略现有布局中各部分之间的空白行。记住，随着添加更多的新内容和新公式，你还需要对一些已经完成了的行中的公式进行调整。

为了节省时间，请随时从下一个已经完成的电子表中将标题复制到你正在处理的表格中。不过，请你至少在第 1 列中亲自输入新的公式以便熟悉操作流程并形成肌肉记忆。

你可以查看已建好的工作表以核对自己的完成情况。如果你希望每个阶段都能从头开始设置，则可以基于文件中上一个已经完成的工作表进行操作。例如，如果你对按照说明进行操作得到的表格不满意，又想直接进入下一步，则直接复制我已建好的工作表即可，然后就可以开始下一个练习了。

10.2　概念

在现金清算中，我们希望用每年的现金流总额来减少年初未偿还的长期银行贷款。在以下情况下才会进行现金清算：

- 仅出现在预测年份。

- 只有当现金流量表中现金流总额为正数时。
- 适用于自动偿还的长期债务。一般就是特指银行贷款,次级债务和发行债券则不适用。

按照定义,短期债务需要在一年内还清,所以并不适用于现金清算。某些长期债务因为设置了特定的还款计划和/或在提前偿债时会施以罚金,因此它们也不属于现金清算的范畴。

10.2.1 现金流总额或超额现金

现金清算是基于一年能够获得的现金流总额计算的。但是为了便于说明,设想我们正在看的是首个预测年份数据,一年能够获得的现金流总额与资产负债表中的超额现金之间存在联系。目前看来超额现金与现金流总额是相等的。

在图 10-1 所示的案例中,超额现金(250)小于需要偿还的债务总额(300)。执行现金清算后,所有超额现金都被用完,此时债务 C 仍有 50 的债务待偿还。前一年已经形成的超额现金并没有被执行现金清算。

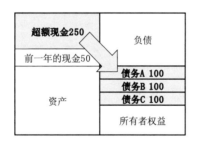 

图 10-1　正的现金流总额形成超额现金可被执行现金清算

在图 10-2 所示的案例中,超额现金(400)高于债务总额(300)。在这种情况下,执行现金清算后,资产部分还剩下超额现金 100。所有"可清算的"的债务均已还清。

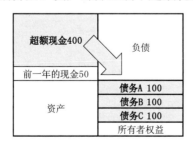

图 10-2　在超额现金高于可清算债务总额的情况下执行现金清算

10.2.2 避免形成新的循环引用

设置现金清算时可能会生成循环引用，因为债务变动额就是可用现金流等于形成了同列引用。在计算利息费用时会发生循环引用，因为这也属于现金流的一部分。为了避免形成循环引用，我们可以假设每年计算的用于偿还债务的现金清算金额发生在下一年的某个较早时点——期末核算，核对业务科目并确定超额现金的清算时点，在现实生活中用可清算的现金实际偿还债务的时间可能最早也要到下一年的首个季末。这样一来，当年的未偿还债务金额不会受到影响，利息费用也可以直接计算了。即使在建模过程中要求对 12 月 31 日的债务金额进行建模，我们仍旧可以规避循环引用，只要假设在 12 月 31 日的最后一刻完成现金清算就可以了。这样一来，在计算年度利息费用时就不需要进行调整了。

在本章的练习中，保留了对现金清算偿付日期进行调整的练习。还有一件事要记住，如果我们现金清算偿付的时间推后了一个月或者延至下一年，则仍会产生利息，所以我们应该继续计算相关的利息费用。

10.2.3 仍应该关闭迭代计算

为了让操作更容易一些，我们先将 C13 单元格（"使用循环引用提示 Y/N"）设置为"N"。由于超额现金和循环贷款的利息计算中使用的是前一年的数值，所以这里不涉及循环引用。当我们开始运行现金清算公式时，如果无意间在模型中形成了不好的循环引用，Excel 就会弹出提示。

一旦你对模型进行了修改以至它能够正常运行，请随时将 C13 单元格中的转换开关切换成"Y"，这样就可以使用 AVERAGE 函数来计算超额现金和循环贷款的利息（不要忘记启用 Excel 中的迭代计算）。如果我们设置的现金清算公式是正确的，那么这两个公式就会是唯一使用循环引用行的公式。

10.2.4 现金清算中的难点：触发器

从图 10-1 和图 10-2 中可以看出，在模型中执行现金清算并不难。关键就是找到现金流总额，然后用它去偿还债务，直到现金流被用完或债务被还清，这两个终止现金清算的条件先满足哪个，现金清算都会停止。但是这里也有一个难点：那就是用于偿还债务的现金流总额会影响债务金额。随着债务的减少,作为驱动因素的现金流总额也会随之减少,而现金流总额减少就意味着无法减少债务,无法偿还债务又会导致现金流总额重新增加,那么反过来又会导致债务减少……

图10-3阐述了资产负债表超额现金科目中的触发器。

1. 我们从第1循环开始。假设超额现金与债务金额相等。

2. 在第2循环中,现金清算执行顺利,所有超额现金都被用来偿还债务以至债务金额变成0。

3. 在第3循环中,由于超额现金为0,意味着可用于现金清算的金额也是0,则不会再偿还债务以及出现新的债务……当资产负债表中重新出现债务时,模型中就会重新生成超额现金。随后我们就会回到第1循环。

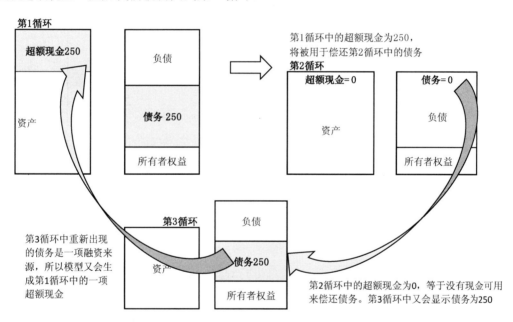

图10-3 现金清算触发器

10.2.5 将现金清算涉及的现金流进行分拆以避免激活触发器

为了解决这个问题,我们似乎需要针对同一家公司构建两个财务模型:首先需要测算现金流总额,其次就是执行现金清算。每当我们想要模型中具备现金清算功能时就要构建两个模型显然是不现实的,但是只要能够明确我们要做的事情,就可以尝试在同一模型中通过设置两组现金流来达到目的。

10.2.6 现金清算中的新概念：现金流瀑布

现金流瀑布是用来描述使用现金流总额逐笔偿还债务的专业术语。（想象一下，水从一个多层喷泉上方倾斜而下，每下泄一层水量就会减少一些，直到水完全流干。）一般会先用现金流总额尽可能地偿还首笔未还清债务。还清第 1 笔债务后，剩余现金将全部用于偿还第 2 笔债务。还清第 2 笔债务后，将会用剩下的现金偿还第 3 笔债务，以此类推。无论你的模型中有多少笔债务都可以设置现金流瀑布。

10.2.7 现金清算流程图

图 10-4 中展示了现金清算的整个流程。

图 10-4 现金清算流程图

这里显示了利润表及现金流量表（中间）中的主要现金流。输入项在左边，资产负债表输出项显示在右边。

正确执行现金清算（下面的数字对应图 10-4 中的数字）：

1. 现金流总额是基于扣除分期还款金额但未执行现金清算的初始债务金额计算的。这就意味着现金流总额不会受到现金清算结果的影响。

执行现金清算的现金流总额通常不会包含资产负债表之前任意年度的超额现金。

2. 将多个债务金额列示在一起。这些都是扣除分期还款金额（输入项）但未执行现金清算的债务金额。

3. 执行现金清算并计算债务-债务的现金流瀑布。

4. 可能所有现金流都用完了还会留下一些债务没有还清，或者所有债务都还清之后还留下一些现金没有用完。无论最后的计算结果是多少，都会计回到资产负债表中。

5. 执行现金清算后，无论现金流总额还剩多少都会形成当年的超额现金/（循环贷款）。

6. 超额现金/（循环贷款）行连同以前年份的数据都会反映在资产负债表中。如果这一年的现金流总额是负的，则不会进行现金清算。这种情况下，我们还要记得将循环贷款计入资产负债表中。

因为我们进行现金清算时使用的是现金流总额而不是超额现金，所以即使将年度现金流全部（100%）执行现金清算，仍然可以在资产负债表中看到超额现金。

10.2.8 利息计算

利息费用是基于初始债务余额（扣除分期还款金额）计算的。因为会在一年的最后一天执行现金清算，如果我们基于现金清算前债务期初和期末余额的平均值计算利息，则债务利息就会受到影响。

10.2.9 现金清算的其他功能设置

我们将在本章介绍现金清算的其他功能设置。

10.2.9.1 设置可执行现金清算的可用现金流总额百分比

并不是对所有的现金流都要执行现金清算，我们可以设置执行清算的现金流总额百分比，在一份贷款文件中可能就会设置这样的百分比，我们可以设置一个限额用于执行现金清算。为了提供最大的灵活性，不要只设置一个统一数值，应该在每个预测年度都设置一个百分比（从 0~100%）。如果你希望在模型中设置宽限期，将百分比设置成 0

就可以关闭当年的现金清算。

10.2.9.2 一种改变现金流瀑布资金流动次序的方法

我们将会介绍一种重新设置现金流瀑布债务偿还次序的方法，以便让现金流瀑布可以适用于各种债务偿还次序，而不是只能按照资产负债表中的债务列示顺序进行偿还。

10.2.9.3 按照比例法进行现金清算

我们还要介绍一种现金清算偿债方法，称为"比例法"，这是一个拉丁词语意为"平等地位"。在该方法下，我们会使用超额现金来偿还未还清的债务，而各项债务的具体偿还金额则是按照各项债务在年初债务总额中的比例计算的。

10.3　让我们从最基础的现金清算数据开始建模

10.3.1　从 Ch 10 Exercise Step1 工作表开始

打开文件中的 Ch 10 Exercise Step1 工作表。使用鼠标右键点击标签选择"移动或复制工作表"就可以创建一个副本。在弹出的移动和复制工作表窗口中勾选"建立副本"（见图 10-5）。然后点击确定即可。现在你就获得了一个表名为 Ch 10 Exercise Step1（2）的工作表。你也可以对该工作表重新命名。我将这个新得到电子表命名为"练习表"。

图 10-5　移动或复制工作表窗口，请按照图中所示进行设置

请在此工作表中执行下面的操作步骤。如果各项操作你都执行正确，那么到了本章末尾，你手中的工作表看起来就和标签为 Ch 10 Detailed Interest 的工作表一样了。

10.3.2 添加/编辑标签并将其置入公式

图 10-6 中就是要处理的区域。请在 Ch 10 Basic Cash Sweep 工作表中查看。

请将你在框中看到的公式添加到工作表中。你可以在 Ch 10 Basic Cash Sweep 工作表（未使用的行会降低行高）中看到完成后的样子。当你在 E 列中编辑或输入下面描述的公式时，一定要保证将每个公式复制到相邻的 F 列单元格中。

你在练习表中添加的行和标签要用加粗边框标记出来。在真正的工作表中该边框应该设置为红色。

请将图 10-6 和表 10-1 放在一起看。

	A	B	C	D	E	F	G
119		融资活动产生的现金流			(280.0)	(280.0)	=SUM(E114:E118)
120		现金流总额			(58.7)	148.8	=E108+E112+E119
121							
122							第2年，E列
123		现金清算					中的公式
124		执行现金清算的现金流总额%			100.0%	100.0%	
125		可用于现金清算的现金流总额		n/a	0.0	90.1	=MAX(E120,0)*E$124+MIN(D174,0)
126							
127		适用于现金清算的债务					
128		债务1		n/a	520.0	440.0	=E210
129		债务2		n/a	240.0	180.0	=E216
130		债务3		n/a	160.0	120.0	=E222
131		适用于现金清算的初始债务		0.0	920.0	740.0	=SUM(E128:E130)
132							
140		现金清算对每项债务的偿还情况					
141		债务1		n/a	0.0	(90.1)	=-MIN(E128,E$125)
142		债务2		n/a	0.0	0.0	=-MIN(E129,E$125+SUM(E$141:E141))
143		债务3		n/a	0.0	0.0	=-MIN(E130,E$125+SUM(E$141:E142))
144		现金清算总额			0.0	(90.1)	=SUM(E141:E143)
145							
171		执行现金清算后的现金流总额		0.0	(58.7)	58.7	=E120+E144
172							
173		超额现金/（循环贷款）期初余额		0.0	0.0	(58.7)	=D174
174		超额现金/（循环贷款）期末余额		0.0	(58.7)	0.0	=IFERROR(E171+E173,0)
175							

图 10-6 输入现金清算金额计算所需的标签和公式

表 10-1　图 10-6 注释

行	图 10-6 注释
124	E 列和 F 列中输入的是我们想要执行现金清算的现金流总额百分比
125	"可用于现金清算的现金流总额"是正数。MAX 函数只会读取第 120 行中的正数。然后再乘以输入的百分比。但是在公式的末尾设置了一个很重要的条件（标记为粗体的部分）。在我们使用任何现金流执行现金清算之前，必须要先偿还未还清的循环贷款。 =MAX(E120,0)*E$124+**MIN(D174,0)** 公式末尾+MIN(D174,0)针对的是以前年度的循环贷款余额——MIN(,0)将会提取负数即循环贷款金额，但并不是所有数值都是正的——然后可用于现金清算的现金流总额就会减少相同的金额。末尾部分前的符号是一个加号，因为这里对应的计算结果是循环贷款的数值，该数值本身是负的
128～130	这三行列示的是适用于现金清算的债务，其对应的是执行现金清算之前的金额。信息来源是工作表底部债务统制账户的"初始"数据行
131	上面各行的合计数
132～140	这些行中没有公式
141	这是现金清算中形成的第一个瀑布。第一个要确定的现金清算数值是"债务 1"和"可用于现金清算的现金流总额"中的较小者
142	这是第二个瀑布。该数值是"债务 2"与"可用于现金清算的现金流总额减去偿还债务 1 使用的现金"中的较小者
143	这是第三个瀑布。与"债务 2"一样，该数值是"债务 3"与"可用于现金清算的现金流总额减去偿还债务 1 及债务 2 使用的现金"中的较小者
144	现金清算总额
145～170	后面会用到的空白行
171	执行现金清算后的现金流总额。其类似于初始模型中的"现金流总额"，该行数据决定了资产负债表中究竟是会形成超额现金还是（循环贷款）
174	确保你已经更新了该行公式以便可以读取*现金清算后*的现金流总额。IFERROR 函数可以防止错误信息蔓延至整个模型

我们会继续调整债务统制账户。请将图 10-7 和表 10-2 放在一起看。

	A	B	C	D	E	F	G
205				历史	预测	预测	第2年，E列
206		债务统制账户		第1年	第2年	第3年	中的公式
207							
208		债务1期初余额		n/a	600.0	520.0	=D212
209		+新增(分期偿还)		n/a	(80.0)	(80.0)	=-MIN(-E73,E208)
210		执行现金清算前		n/a	520.0	440.0	=SUM(E208:E209)
211		-现金清算		n/a	0.0	(90.1)	=E141
212		债务1期末余额		600.0	520.0	349.9	=SUM(E210:E211)
213							
214		债务2期初余额		n/a	300.0	240.0	=D218
215		+新增(分期偿还)		n/a	(60.0)	(60.0)	=-MIN(-E78,E214)
216		执行现金清算前		n/a	240.0	180.0	=SUM(E214:E215)
217		-现金清算		n/a	0.0	0.0	=E142
218		债务2期末余额		300.0	240.0	180.0	=SUM(E216:E217)
219							
220		债务3期初余额		n/a	200.0	160.0	=D224
221		+新增(分期偿还)		n/a	(40.0)	(40.0)	=-MIN(-E83,E220)
222		执行现金清算前		n/a	160.0	120.0	=SUM(E220:E221)
223		-现金清算		n/a	0.0	0.0	=E143
224		债务3期末余额		200.0	160.0	120.0	=SUM(E222:E223)
225							
226		完					

图 10-7　债务统制账户中新增的标签和公式

第 10 章 现金清算和利息计算

表 10-2 图 10-7 的注释

行	图 10-7 注释
210	设置执行现金清算前的债务总额标签和公式
211	提取上方第 141 行的数据
212	这是上面两行的合计数。在我们正在处理的模型中该行数据已经计回资产负债表中。该行为现金清算后的债务余额
216~218	参照债务 1 的设置也对债务 2 分设三行
222~224	参照债务 1 的设置也对债务 3 分设三行

到此,将进行最后的调整,这次是计算利息费用,以便它们能够与统制账户相匹配(见图 10-8)。请将图 10-8 和表 10-3 放在一起看。

	A	B	C	D	E	F	G
12		EBIT		570.0	647.5	676.9	=E8+SUM(E10:E11)
13		使用循环引用提示Y/N	N				
14		历史期利息费用		(80.0)			
15		利息: 超额现金	1.0%		0.0	0.0	=IF($C$13="Y",$C$15*AVERAGE(
16		利息: 循环贷款	6.0%		0.0	(3.5)	=IF($C$13="Y",-$C$16*AVERAGE(
17		利息: 债务1	6.0%		(33.6)	(28.8)	=-$C17*AVERAGE(D212,E210)
18		利息: 债务2	6.0%		(16.2)	(12.6)	=-$C18*AVERAGE(D218,E216)
19		利息: 债务3	6.0%		(10.8)	(8.4)	=-$C19*AVERAGE(D224,E222)
20		EBT		490.0	586.9	623.6	=E12+SUM(E15:E19)
21							
22		税金	40.0%	(200.0)	(234.8)	(249.4)	=-$C22*E20
23		附属公司的股权投资收益		25.0	25.0	25.0	
24		少数股东权益	10.0%	(20.0)	(37.7)	(39.9)	=-$C24*SUM(E20,E22:E23)
25		净利润		295.0	339.4	359.2	=E20+SUM(E22:E24)

图 10-8 利息费用调整

对于债务 1,请注意 E 列的 AVERAGE 函数公式中使用的前一年债务期末余额是执行现金清算后的金额(D212),但是当年债务期末余额则是现金清算*前*的金额(E210)。这就是为什么引用了不同行中的数据。基于上述设置,就可以使用当前年度*不考虑*现金清算的债务均值计算利息了。(包含前一年的现金清算并不会影响当年现金清算金额的计算。)债务 2 和债务 3 的调整方式于债务 1 一样。

表 10-3 图 10-8 的注释

行	图 10-8 注释
17	这里将用设定的利率乘以债务均值计算利息,其中债务均值是基于现金清算前的债务期初和期末余额计算的
18	与第 16 行中的处理方式一样
19	与第 17 行中的处理方式一样

我们在模型中仅会设置最简单的现金清算机制。

下面介绍的操作步骤都是为了使用现金清算的一些其他功能。你可能会觉得这些功能并不常用,为了尽可能地与大家分享更多的信息,我还是决定在这里介绍一下。

10.4 指定现金清算的顺序

我们来添加一个"特色项"并增设一个指定现金清算顺序的小功能。一直以来,现金清算是按照资产负债表中的债务列示顺序执行的。我们可以增设一个输入项来指定现金清算的顺序,这样一来现金清算就可以不受债务列示顺序的约束了。

10.4.1 现金清算方法是一样的

修改现金清算顺序后,实际的现金流瀑布并不会有任何变化。唯一要做的就是对现金流瀑布中的债务顺序进行修改。现金流瀑布一旦完成,我们就会将现金清算金额的排列顺序恢复成原样以便债务统制账户和资产负债表引用(见图10-9)。请将图10-9和表10-4放在一起看。

	A	B	C	D	E	F	G
131		适用于现金清算的债务初始总额		0.0	920.0	740.0	=SUM(E128:E130)
132							
133							第2年,E列
134		按照指定顺序执行现金清算					中的公式
135		重新调整执行现金清算的债务顺序					
136		债务3	3	n/a	160.0	120.0	=CHOOSE($C136,E$128,E$129,E$130)
137		债务1	1	n/a	520.0	440.0	=CHOOSE($C137,E$128,E$129,E$131)
138		债务2	2	n/a	240.0	180.0	=CHOOSE($C138,E$128,E$129,E$132)
139							
140		按照重新调整的债务顺序执行的现金清算金额					
141		债务3	3	n/a	0.0	(89.3)	=-MIN(E136,E$125)
142		债务1	1	n/a	0.0	0.0	=-MIN(E137,E$125+SUM(E$141:E141))
143		债务2	2	n/a	0.0	0.0	=-MIN(E138,E$125+SUM(E$141:E142))
144		现金清算总额				(89.3)	=SUM(E141:E143)
145							
146		按照原始债务顺序列示的现金清算金额					
147		债务1	1	n/a	0.0	0.0	=INDEX(E$141:E$143,MATCH($C147,$C141:$C143,0))
148		债务2	2	n/a	0.0	0.0	=INDEX(E$141:E$143,MATCH($C148,$C141:$C143,1))
149		债务3	3	n/a	0.0	(89.3)	=INDEX(E$141:E$143,MATCH($C149,$C141:$C143,2))
150		按顺序列示的现金清算总额			0.0	(89.3)	=SUM(E147:E149)
151							

图10-9 添加控件和区域以记录现金流瀑布数据

表10-4 图10-9的注释

行	图10-9注释
136	C136~C138 单元格均为用于指定顺序的输入项。在本例中,我们将顺序设置成 3、1、2,这就等于假设,现金流瀑布的第一项将是债务 3,接下来依次是债务 1 和债务 2。你可以从下一个工作表复制这些输入框,由于它们本身内嵌了条件格式,所以你复制的数值一眼就能看出来。 E136 单元格中的公式是一个 CHOOSE 函数公式,用于挑选第 128~130 行中的数据,这三行中的债务金额是按照原始顺序列示的
137~138	与第 136 行的处理方式一样
139~140	这些行中没有公式
141~143	这些都是我们在以前的现金流瀑布中使用的公式,唯一的区别就是这里要查找的是第 136~138 行的数据,它们都是经过重新排序的债务金额

（续）

行	图 10-9 注释
144	上方三行债务金额的合计数
145~146	这些行中没有公式
147~149	这是按照 1、2、3 即债务的原始列示顺序排列的现金清算金额，E147 单元格中的公式为： =INDEX(E$141:E$143,MATCH($C147,$C$141:$C$143,0)) 该公式会被复制到下面两行。复制后唯一要修改的就是 MATCH 函数中的引用行

完成本练习前，我们先要修改债务统制账户中引用的现金清算金额（见图 10-10）。请将图 10-10 和表 10-5 放在一起看。

	A	B	C	D	E	F	G
205				历史 第1年	预测 第2年	预测 第3年	第2年，E列 中的公式
206		债务统制账户					
207							
208		债务1期初余额		n/a	600.0	520.0	=D212
209		+新增(分期偿还)		n/a	(80.0)	(80.0)	=-MIN(-E73,E208)
210		执行现金清算前		n/a	520.0	440.0	=SUM(E208:E209)
211		-现金清算		n/a	0.0	(90.1)	=E147
212		债务1期末余额		600.0	520.0	349.9	=SUM(E210:E211)
213							
214		债务2期初余额		n/a	300.0	240.0	=D218
215		+新增(分期偿还)		n/a	(60.0)	(60.0)	=-MIN(-E78,E214)
216		执行现金清算前		n/a	240.0	180.0	=SUM(E214:E215)
217		-现金清算		n/a	0.0	0.0	=E148
218		债务2期末余额		300.0	240.0	180.0	=SUM(E216:E217)
219							
220		债务3期初余额		n/a	200.0	160.0	=D224
221		+新增(分期偿还)		n/a	(40.0)	(40.0)	=-MIN(-E83,E220)
222		执行现金清算前		n/a	160.0	120.0	=SUM(E220:E221)
223		-现金清算		n/a	0.0	0.0	=E149
224		债务3期末余额		200.0	160.0	120.0	=SUM(E222:E223)
225							
226		完					

图 10-10 债务统制账户

表 10-5 图 10-10 的注释

行	图 10-10 注释
211	更改引用行以便提取按照债务的原始列示顺序排列的现金清算金额
217	处理方式同上
223	处理方式同上

到这里，重新对现金流瀑布各项进行排序的功能设置就完成了。按照 1、2、3 列示的现金清算金额与基础流程数据工作表中的计算结果一致。

10.5 比例法

使用比例法（Pari Passu）后，现金流总额会按照各项债务占期初未还清债务总额的比例进行分配。下文中的图表来自 *Chapter 10 Cash sweep.xlsx* 中的 Ch 10 Pari passa 工作表。

10.5.1 使用比例法而非现金流瀑布进行现金清算

在该方法下，不设现金流瀑布。我们会按照扣除分期还款金额后仍未偿还债务金额中各项债务的比例对现金流总额计算还款金额。

鉴于我们现在介绍的第二种方法，我们可以在模型中设置一个转换开关以便选择是"按照顺序"还是"按照比例"执行现金清算（见图10-11）。请将图10-11和表10-6放在一起看。

	A	B	C	D	E	F
131		适用于现金清算的债务初始金额		0.0	920.0	740.0
132						
133		对各项债务使用的现金清算方式		按照比例		
134		按照指定顺序进行现金清算		按照顺序		
135		重新调整执行现金清算的债务顺序		按照比例		

图 10-11 是否设置现金流瀑布的选项

表 10-6 图 10-11 的注释

行	图 10-11 注释
133	这里的下拉列表是使用数据验证选项卡创建的（见第12章中的12.4）

下一步就是要获得各项债务在债务总额中的占比，然后基于这些比例来确定现金流总额对于各项债务的偿还比例（见图10-12）。请将图10-12和表10-7放在一起看。

	A	B	C	D	E	F	G
151							
152		按比例计算现金清算金额					
153		各项债务在债务总额中的占比					
154		债务1				56.5%	59.5%	=IFERROR(E128/SUM(E$128:E$130),0)
155		债务2				26.1%	24.3%	=IFERROR(E129/SUM(E$128:E$130),0)
156		债务3				17.4%	16.2%	=IFERROR(E130/SUM(E$128:E$130),0)
157		债务总额				100.0%	100.0%	=SUM(E154:E156)
158							
159		按比例计算现金清算金额					
160		债务1		0.0	0.0	(53.1)	=-E154*MIN(E$125,E$131)
161		债务2		0.0	0.0	(21.7)	=-E155*MIN(E$125,E$131)
162		债务3		0.0	0.0	(14.5)	=-E156*MIN(E$125,E$131)
163		按比例计算的现金清算总额				(89.3)	=SUM(E160:E162)
164							
165		按照选择方式计算现金清算金额					
166		债务1		0.0	0.0	(53.1)	=IF($D$133="By order",E147,E160)
167		债务2		0.0	0.0	(21.7)	=IF($D$133="By order",E148,E161)
168		债务3		0.0	0.0	(14.5)	=IF($D$133="By order",E149,E162)
169		现金清算总额				(89.3)	=SUM(E166:E168)
170							
171		执行现金清算后的现金流总额		0.0	(58.7)	58.7	=E120+E169
172							
173		超额现金/（循环贷款）期初余额		0.0	0.0	(58.7)	=D174
174		超额现金/（循环贷款）期末余额		0.0	(58.7)	(0.0)	=IFERROR(E171+E173,0)
175							

图 10-12 按比例计算

表 10-7　图 10-12 的注释

行	图 10-12 注释
154～156	计算每笔债务在债务总额中的占比。每笔债务金额均为扣除分期还款金额后的未偿还债务余额
157	上面三行的合计数
158～159	这些行中没有公式
160～162	此为比例法计算结果。这里没有现金流瀑布，这些公式就是基于各项债务比例计算每笔债务偿还金额。公式中使用了 MIN 函数，如果现金流总额高于债务总额，则现金清算总额就等于未偿还债务金额，而不是现金流总额
163	上面三行的合计数
164～165	这些行中没有公式
166～168	这几行数据取决于第 133 行中选择的现金清算方式
169	这是执行现金清算的现金流总额
170	这些行中没有公式
171	此行是执行现金清算后的现金流总额。计算超额现金/（循环贷款）时会使用此行数据

请将图 10-13 和表 10-8 放在一起看。

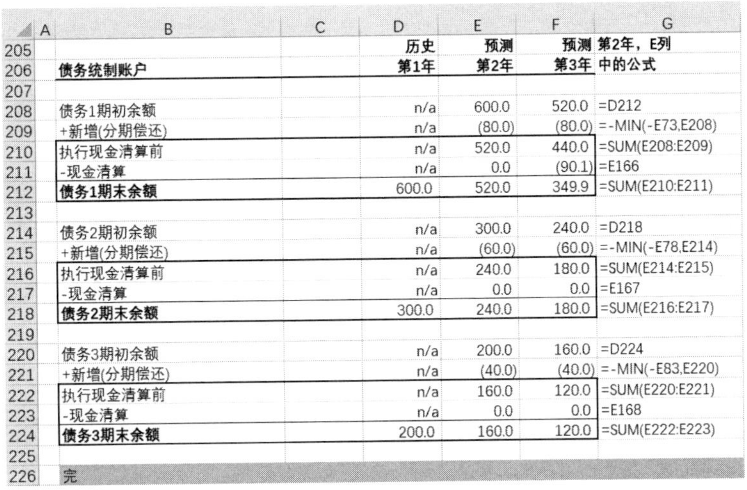

	A	B	C	D	E	F	G
205				历史	预测	预测	第2年，E列
206		债务统制账户		第1年	第2年	第3年	中的公式
207							
208		债务1期初余额		n/a	600.0	520.0	=D212
209		+新增(分期偿还)		n/a	(80.0)	(80.0)	=-MIN(-E73,E208)
210		执行现金清算前		n/a	520.0	440.0	=SUM(E208:E209)
211		-现金清算		n/a	0.0	(90.1)	=E166
212		债务1期末余额		600.0	520.0	349.9	=SUM(E210:E211)
213							
214		债务2期初余额		n/a	300.0	240.0	=D218
215		+新增(分期偿还)		n/a	(60.0)	(60.0)	=-MIN(-E78,E214)
216		执行现金清算前		n/a	240.0	180.0	=SUM(E214:E215)
217		-现金清算		n/a	0.0	0.0	=E167
218		债务2期末余额		300.0	240.0	180.0	=SUM(E216:E217)
219							
220		债务3期初余额		n/a	200.0	160.0	=D224
221		+新增(分期偿还)		n/a	(40.0)	(40.0)	=-MIN(-E83,E220)
222		执行现金清算前		n/a	160.0	120.0	=SUM(E220:E221)
223		-现金清算		n/a	0.0	0.0	=E168
224		债务3期末余额		200.0	160.0	120.0	=SUM(E222:E223)
225							
226		完					

图 10-13　对债务统制账户中引用的现金清算金额进行调整

表 10-8　图 10-13 中的注释

行	图 10-13 注释
211	和之前一样，我们需要修改债务统制账户中对现金清算金额的引用以便能从上方获得合适的数据。当前读取的是 E166 单元格的数据
217	处理方式同上。当前读取的是 E167 单元格的数据
223	处理方式同上。当前读取的是 E168 单元格的数据

至此，关于比例法的各项修改就完成了。

10.6 现金清算补充项

财务年度结束 1~3 个月后，公司可能才会向银行偿还贷款，下一节将会围绕这种情况展开讨论。出现这种情况的原因很现实：核算结束后需要一段时间才能确定有多少现金可用来提前偿还债务。无论我们是按照债务列示顺序或是按照比例执行现金清算都会遇到上述情况。

请查看 *Chapter 10 Cash sweep. xlsx* 文件中的 Ch 10 sweep offset 工作表。

用现金清算资金偿还债务的时点可能是下面列示的其中一个，这些时点都是相对于当前财务年度而言的：

- 下个财务年度的第 1 个月末（我们假设是 1 月份），我们称为第 1 个月。
- 2 月末，或第 2 个月。
- 3 月末，或第 3 个月。
- 或者为了创建模型，假设发生在当前财务年度末。我们称为第 0 个月。

下面的操作会用到这些时点（见图 10-14）。请将图 10-14 和表 10-9 放在一起看。

	A	B	C	D	E	F	G
133		每项债务对应的现金清算金额		按照顺序	支付月份数	1	
134		**按照指定顺序执行现金清算**					
135		重新调整执行现金清算的债务顺序					

图 10-14 添加与现金清算偿债金额有关的设置项

表 10-9 图 10-14 的注释

行	图 10-14 注释
133	在 F 列中会添加一个输入项单元格。该输入项中内嵌了 0、1、2、3 这几个选项。从技术层面来讲，可选数值只要是整数，最高设置到 11 也可以，如果真是这样就意味着执行现金清算偿还贷款的时点是下一年的第 11 个月末。实际上，在下一年的第 1 个季度末就有望用现金清算的资金偿还债务。

10.6.1 操作步骤

添加关于支付时点的月份控制单元格后，我们就来对下面遇到的一些情况进行说明，当月份控制单元格中选择的数字为 0 时则表示会在当年对现金流总额执行现金清算以偿还债务，或者如果选择 1、2 或 3（见图 10-15）则表示在下年的对应月份偿还债务。请将图 10-15 和表 10-10 放在一起看。

	A	B	C	D	E	F	G
164							
165	使用选择的补充项计算现金清算金额						
166	债务1			n/a	0.0	0.0	=IF($F$133=0,IF($D$133="带边框",E147,E160),
167	债务2			n/a	0.0	0.0	=IF($F$133=0,IF($D$133="带边框",E148,E161)
168	债务3			n/a	0.0	0.0	=IF($F$133=0,IF($D$133="带边框",E149,E162),
169	现金清算总额			0.0	0.0	0.0	=SUM(E166:E168)
170							

图 10-15　添加除 0 以外的补充设置项

表 10-10　图 10-15 的注释

行	图 10-15 注释
166	这里对原有公式进行了修改。该公式会读取"支付月份"中的选项，这是我们刚在 F133 单元格中添加的内容。当前选择的是 1。D133 单元格中的现金清算也设置为"By order"。 E166 单元格中的公式为： =IF($F$133=0,IF($D$133="Byorder",E147,E160),IF($D$133="By order",D147,D160)) 我们对该公式进行简化，这样理解起来更容易。由于我们设置了读取"By order"，所以我们就先将这些附加设置去掉。 =IF($F$133=0,~~IF($D$133="By order"~~,E147,E160)~~,IF($D$133="By order"~~,D147,~~D160~~)) 简化后的公式为： =IF($F$133=0,E147,D147) 当$F$133 单元格中的选择是 0，该公式就会返回同列中执行现金清算偿还的债务金额；如果选择的不是 0，则会读取以前年度的单元格数据。从现金清算公式的角度来看，当"支付月份"是 0 时，就表示会在当年支付；如果不是 0，则表示会在下一年支付
167	与第 166 行中的处理方式一样
168	与第 167 行中的处理方式一样

由于现金清算的引用信息没有变化，所以我们无需对债务统制账户中的数据进行任何调整。

10.6.2　补充项导致需要支付的金额和实际支付时点出现错位

当你这样设置后，确定现金流瀑布的时点与实际的支付时点就会出现错位。对模型而言，当现金清算发生在第 1 年年末之后，则在第 1 年就等于没有执行现金清算。同理，在第 2 年，第 1 年现金清算的支付金额可能是随便的一个数值，其与第 2 年的现金流总额无关。

10.6.3　因为延期 1~3 个月偿还债务产生的利息怎么支付

我们会在下一节中讨论这个问题，或许可以在利息费用的计算中添加其他计算间隔选项。在模型中添加其他功能设置的同时，在实践中，我们一定要对相关设置产生的财务和会计影响时刻保持清醒地认识。

10.7 重新计算利息

我们来看看"分段计息"的工作表计算，该表就在我们一直使用的文件中。

我们正在使用的是 Chapter 10 Cash sweep.xlsx 文件中的 Ch 10 Detailed interest 工作表。

10.7.1 按季偿还债务

如果您是从 Ch 10 Exercise 工作表开始逐步执行操作至此，就请按照图10-16所示，将其他输入项部分中的分期还债数据行补充完整，以便我们可以基于这些数据运行统制账户中的公式。

	A	B	C	D	E	F
64				历史	预测	预测
65		其他输入项		第1年	第2年	第3年
66		资本支出			100.0	100.0
67		宣布分配现金股利（输入正数）			100.0	100.0
68						
69		与投资有关的假设				
70		收到附属公司分配的股利			1.0	1.0
71						
72		债务：新增/（按计划分期偿还）				
73		债务1	1季度			
74			2季度		(40.0)	(40.0)
75			3季度			
76			4季度		(40.0)	(40.0)
77						
78		债务2	1季度		(15.0)	(15.0)
79			2季度		(15.0)	(15.0)
80			3季度		(15.0)	(15.0)
81			4季度		(15.0)	(15.0)
82						
83		债务3	1季度		(20.0)	(20.0)
84			2季度			
85			3季度		(20.0)	(20.0)
86			4季度			
87						
88						

图10-16 将按季分期偿还债务的详细数据补充完整

如果一个年度模型中的债务是按季偿还的就会有点麻烦，因为通常季度数据都是横向按列归集。但是对于一个年度模型来说一意味着为了按季核算数据，本部分的列数是就会是原来的四倍。（这就是为什么模型通常不是全年度模型就是全季度模型。）另外还有一种列示方式，正如表10-12所示，将分期还款金额列示在一列中，然后在统制账户中对每季末仍未偿还的债务金额逐行进行计算。基于此,我们就可以计算出各季度的利息费用。按照这个思路,下面我们就来看看这样设置究竟有多好。

10.7.2 扩充统制账户

扩充统制账户以便我们可以获得分期偿债金额并计算利息,图 10-17 仅列示了债务 1 的相关情况。债务 2 和债务 3 的计算逻辑与债务 1 是一样的。请将图 10-17 和表 10-11 放在一起看。

	A	B	C	D	E	F	G
205				历史	预测	预测	第2年,E列
206		债务1的统制账户		第1年	第2年	第3年	中的公式
207							
208		债务1的期初余额		n/a	600.0	520.0	=D217
209		=-当年执行前一年的现金清算		n/a	n/a	0	=IF($F$133>0,E166,0)
210		分期偿还债务1		n/a	600.0	520.0	=SUM(E208:E209)
211		+1季度末新增/(分期偿还)金额	1季度	n/a	0.0	0.0	=-MIN(-E73,SUM(E$210:E210))
212		+2季度末新增/(分期偿还)金额	2季度	n/a	(40.0)	(40.0)	=-MIN(-E74,SUM(E$210:E211))
213		+3季度末新增/(分期偿还)金额	3季度	n/a	0.0	0.0	=-MIN(-E75,SUM(E$210:E212))
214		+4季度末新增/(分期偿还)金额	4季度	n/a	(40.0)	(40.0)	=-MIN(-E76,SUM(E$210:E213))
215		执行当年现金清算之前的债务1		n/a	520.0	440.0	=SUM(E210:E214)
216		-当年的现金清算金额		n/a	0.0	0.0	=IF($F$133>0,0,E166)
217		债务1的期末余额		600.0	520.0	440.0	=SUM(E215:E216)
218							

图 10-17 补充分期偿债和利息计算数据,以债务 1 为例

表 10-11 图 10-17 的注释

行	图 10-17 注释
208	这是每年的期初余额。实际上引用的就是前一年的期末数值
209	使用前一年现金清算金额偿还的债务需要从当年债务期初余额中扣除。在一开始就要设置这个扣除额,我们必须确保按计划分期还款的债务在当年没有被超额支付,从而导致未偿还债务余额变成负数
210	这是需要分期偿还的债务 1 金额
211	这是新增/(分期偿还)数据行的第一行,读取的就是我们刚刚在第 73 行设置的输入项。公式中使用了一个 MIN 函数以确保分期偿还金额是"输入项数值"和"第 210 行未偿还债务金额"之中的较小值。SUM 函数公式中对行序号设置了绝对引用: =–MIN(–E73,SUM(E$210:E210)) 如此设置后,当你将该公式复制到下面三行中时,求和范围就会自动扩大,但计算起始行不变。 在这个特定行中,引用区域仍然仅限一个单元格
212	将第 211 行中的公式向下复制到本行。公式如下: =–MIN(–E74,SUM(E$210:E211)) SUM 函数的计算范围就会变成两个单元格。而计算起始行仍为第 210 行
213~214	将第 211 行中的公式复制到这几行中
215	这是债务 1 的数值。如果当年设置了现金清算,则债务 1 的期末余额会减少,而减少额就是下一行中的数值,在下一年的计算中也会用到债务 1 的期末余额

(续)

行	图 10-17 注释
216	这行为现金清算数值,如果当年设置了的话。如果"支付月份"项设置的是 0,这里就会出现现金清算金额。如果设置的数值大于 0(也就是说,现金清算金额会在下一年偿还债务),然后该行会变成 0,现金清算金额将作为下一年的数据出现在第 209 行中
217	这是债务的期末数值。也是下一年债务的期初数值,资产负债表亦会读取该行数值

10.7.2.1 利息计算

快速计算利息。年利息的基础计算公式如下:

$$债务金额 \times 年利率$$

如果债务金额在一年中发生了变化但又没有任何相关的信息,我们就可以使用下面的公式:

$$(债务期初余额和期末余额的平均值) \times 年利率$$

但是如果我们知道债务金额发生的具体时点(假设在 3 月末或一个季度内),我们就可以使用部分年份因子并输入以下公式:

$$(债务期初金额 \times 1/4 + 债务期末金额 \times 3/4) \times 年利率$$

如果我们多次偿还债务,假设还款发生在每季度末,情况就会变得更加复杂。表 10-12 列示了一项债务的利息数据,债务本金为 1 000 美元,每季末会偿还 100 美元。

表 10-12 按季计算利息费用(方法 1)

季初	未偿还债务金额	利率为 10%	各季度的利息费用
1	1 000 美元	1 000 美元×10%×1/4	25.00 美元
2	1 000 美元−100 美元	900 美元×10%×1/4	22.50 美元
3	900 美元−100 美元	800 美元×10%×1/4	20.00 美元
4	800 美元−100 美元	700 美元×10%×1/4	17.50 美元
年末	700 美元	年度合计数	85.00 美元

10.7.3 非常规利息计算

如果每季度初新增一笔债务,则计算公式就会更复杂。我们换一种计算方式:如果不偿还债务,那么首先就是计算全年的利息费用。然后为了反映偿债情况,我们会用各季"未支付"利息来冲减全年的利息费用(见表 10-13)。

在表 10-13 中,假设会在每季度末支出偿债金额,每季度末也是下季度初。"未支付的"利息计算会在下一季度开始。例如,在 3 月 31 日偿还债务,我们也可以将偿债时点看成是 4 月 1 日的第 1 分钟。因此,计算"未支付的"利息时,选择的时间间隔就是从 4 月 1 日到年末这段时间，即 3/4 年。基于上述情况，无论在 12 月 31 日偿还多少债务都不会对年度"未支付的"利息产生影响。

表 10-13　按季计算利息费用（方法 2）

季初	未偿还债务金额	季初偿还的债务金额	利率为 10%	支付的利息费用以及年度（未支付的）利息费用
1	1 000 美元		（100 美元）×10%	100 美元
2		（100 美元）	（100 美元）×10%×3/4	（7.50 美元）
3		（100 美元）	（100 美元）×10%×2/4	（5.00 美元）
4		（100 美元）	（100 美元）×10%×1/4	（2.5 美元）
年末	700 美元		年度合计数	85.00 美元

10.7.4　在使用现金清算资金实际偿还债务之前产生的利息

我们还需要针对现金清算资金的实际偿债情况增设一行。回想一下，如果下一年才会用现金清算的资金偿还债务，那么我们就必须要计算持有期间的利息，因为在此期间现金清算资金还一直留在公司的账上。

利息计算方法（见表 10-14）与表 10-13 中的"未支付的"利息计算方法一样。

表 10-14　持有现金清算资金期间产生的利息费用

持有月份数	现金清算金额	利率为 10%	"未支付的"利息费用
0	（100 美元）	（100 美元）×10%（12-0）/12	（10.00 美元）
1	（100 美元）	（100 美元）×10%（12-1）/12	（9.17 美元）
2	（100 美元）	（100 美元）×10%（12-2）/12	（8.33 美元）
3	（100 美元）	（100 美元）×10%（12-3）/12	（7.50 美元）

到目前为止，我们已经完成了所有计算，利息计算的相关数据会逐行进行列示。请将图 10-18 与表 10-15 放在一起看。

	A	B	C	D	E	F	G
205				历史	预测	预测	第2年，E列
206		债务1的统制账户		第1年	第2年	第3年	中的公式
207							
208		债务1的期初余额		n/a	600.0	520.0	=D217
209		+=-当年执行前一年的现金清算		n/a	n/a	0	=IF($F$133>0,E166,0)
210		分期偿还债务1		n/a	600.0	520.0	=SUM(E208:E209)
211		+1季度末新增/（分期偿还）金额	1季度	n/a	0.0	0.0	=-MIN(-E73,SUM(E$210:E210))
212		+2季度末新增/（分期偿还）金额	2季度	n/a	(40.0)	(40.0)	=-MIN(-E74,SUM(E$210:E211))
213		+3季度末新增/（分期偿还）金额	3季度	n/a	0.0	0.0	=-MIN(-E75,SUM(E$210:E212))
214		+4季度末新增/（分期偿还）金额	4季度	n/a	(40.0)	(40.0)	=-MIN(-E76,SUM(E$210:E213))
215		执行当年现金清算之前的债务1			520.0	440.0	=SUM(E210:E214)
216		-当年的现金清算金额			0.0	0.0	=IF($F$133>0,0,E166)
217		债务1的期末余额		600.0	520.0	440.0	=SUM(E215:E216)
218							
219		基于债务1初始金额计算的利息	6%	n/a	36.0	31.2	=$C219*E208
220		减：到实际支付现金清算资金的月	1月	n/a	0.0	0.0	=$C$219*N(E209)*(12-$F$133)/12
221		减：到1季度末	1季度	n/a	0.0	0.0	=$C$219*E211*3/4
222		减：到2季度末	2季度	n/a	(1.2)	0.0	=$C$219*E212*2/4
223		减：到3季度末	3季度	n/a	0.0	0.0	=$C$219*E213*1/4
224		减：到4季度末	4季度	n/a	0.0	0.0	=$C$219*E214*0/4
225		债务1的利息总额		n/a	34.8	30.0	=SUM(E219:E224)
226							

图 10-18　计算债务 1 的利息，从第 219 行开始

表 10-15　图 10-18 的注释

行	图 10-18 的注释（这与图 10-17 中围绕未偿还债务进行的计算一样）
219	这里计算的是年度利息
220	如果"支付月份"没有选择 0，则需要针对现金清算金额计算"未支付的"利息。该设置显示在 C220 单元格中（在本例中显示的就是"1 月"）。该项可以选择 0~3 中的任意整数
221	这里计算的是分期还款后第一季度末未支付的利息金额。3/4 这个因子代表一年中剩下的 9 个月，我们不需要再支付利息了
222	在 2 季度同样要计算半年可以"节省"的利息费用
223	在 3 季度同样要计算 1/4 年可以"节省"的利息费用
224	为了说明，我还在 4 季度计算了能够节省的成本。0/4 这个因子表示没有可节省的成本
225	此行为债务 1 的利息合计数。利润表将会从这里提取数值

10.7.5　对其他债务项也执行上述修改

至此我们已经完成了关于债务 1 的全部修改。不要忘记也要对债务 2 和债务 3 执行相同的修改。

10.7.6　调整每项债务的计划分期还款金额

回到现金流量表并对第 114~116 行新增/（分期偿还）债务金额中的公式进行调整（见图 10-19）。

	A	B	C	D	E	F	G
112		投资活动产生的现金流			(99.0)	(99.0)	=SUM(E110:E111)
113							
114		债务1新增/（分期偿还）金额			(80.0)	(80.0)	=SUM(E211:E214)
115		债务2新增/（分期偿还）金额			(60.0)	(60.0)	=SUM(E233:E236)
116		债务3新增/（分期偿还）金额			(40.0)	(40.0)	=SUM(E255:E258)
117		发行/（回购）股票			-	-	=E55-D55
118		宣布分配的股利			(100.0)	(100.0)	=E201
119		融资活动产生的现金流			(280.0)	(280.0)	=SUM(E114:E118)
120		现金流总额			(59.7)	147.8	=E108+E112+E119
121							

图 10-19　对每项债务新增/（分期偿还）金额继续调整

10.7.7　检查利润表中的利息费用行

最后一步，就是修改利润表债务 1~3 的利息费用项。在计算中我们可以不使用 AVERAGE 函数，而是让模型从扩展后的统制账户中读取相应的利息数据（见图 10-20）。

	A	B	C	D	E	F	G
13		使用循环引用提示Y/N	N				
14		历史期利息费用		(80.0)			
15		利息：超额现金	1.0%		0.0	0.0	=IF($C$13="Y",$C$15*A
16		利息：循环贷款	6.0%		0.0	(3.6)	=IF($C$13="Y",-$C$16*A
17		利息：债务1	6.0%		(34.8)	(30.0)	=E225
18		利息：债务2	6.0%		(16.7)	(13.1)	=E247
19		利息：债务3	6.0%		(10.8)	(8.4)	=E269
20		EBT		490.0	585.3	621.8	=E12+SUM(E15:E19)
21							

图 10-20　调整债务 1~3 的利息费用

至此，本章练习就全部完成了！

10.8　最后的说明

其实在实务中，现金清算和其变动情况以及分段计息都不太常见，但是我们还是对相关内容以及构建步骤进行了介绍，这样一来，你在需要处理这些问题的时候就可以参照上述讲解进行操作。到目前为止，我们已经构建了一个非常可靠的试验模型，该模型功能丰富，不仅包含你所需的几个基础功能，还包含很多高级功能。我希望你能把它当成一个学习工具并从中受益，最终能将关键的建模要点全部掌握。在后续的章节中，我们希望重新打磨我们的模型，力求获得一个更加优质的、能够让你无比自豪地向全世界展示的模型。

第 11 章
重组模型

在本章，我们将对第 10 章模型的布局和构建流程进行重新安排，原来的单一工作表模型会变成三个工作表模型，重新梳理流程就是为了能让模型看起来更加直观。模型将被拆成三个工作表：

- 设置（Settings）
- 假设（Assumptions）
- 报告（Report）

我们之前一直开发的主要的建模引擎仍会被保留。更重要的是，如果未来你需要仍可以对其进行修改和改进。

11.1 使用文件

请使用 www.buildingfinancialmodels.com 网站上的 *Chapter 11 Full model. xlsm* 文件。因为我在其中使用了宏，文件的扩展名是 *xlsm*。

文件中的第一个标签是 Ch 10 Model Master 这是第 10 章完整模型的副本。我们要使用的是其旁边的工作表即 Settings Stage 1。

11.2 最终的成品

最右边的三个标签是完成的模型，原来的单一工作表模型被拆分成了三个工作表，为的就是展示模型中的三大交互模块。

11.2.1 或者你可以从头构建一个终版模型

你也可以在查看示例文件的终版模型后，从头再构建一个模型，而不是按照下面介绍的步骤对现有模型进行重置。你可以将本章练习文件中包含三个工作表的终版模型作为样板。

11.3 建议

在重组模型的过程中可以遵循这一最佳操作准则：将输入项和输出项数据分开列

示。目前,我们手里的模型输入项和输出项都在同一个工作表,且通常是在同一行。另外,除了预测数据列我们还想扩充历史数据列。

首先,先来看看下方这个操作步骤预览图(见图 11-1):

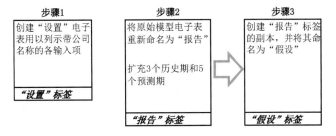

图 11-1 修改模型的前三步

1. 插入一个名为"设置"的新电子表。整个模型中的设置项和可用的输入项都会列示在这里,例如公司的名称和模型其他两个电子表都会引用的时间序列标签。操作完成后,就暂时先将该表放在一边待用。

2. 创建 Ch 10 Model Master 工作表副本,并将其命名为"报告"。(原来的 Ch 10 Model Master 工作表保持不变。这样一来,如果一开始尝试创建新工作表时并不顺利,则可以再以原工作表为母版重新创建一个新副本以便继续执行操作。)在"报告"工作表中会扩展历史期和预测期数据列。我们将基于一组虚构或"模拟"数字进行操作,因为表中都是空白单元格的话就无法进行任何操作了。

3. 创建"报告"工作表的副本并将其命名为"假设"。

4. 按照指定的排列顺序,"假设"工作表应该放在"报告"工作表之前(见图 11-2)。

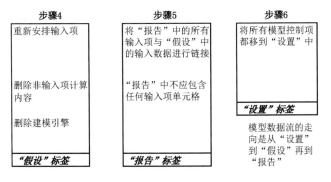

图 11-2 修改模型的第 4~6 步

对"假设"工作表中的输入项格式进行重新设计,以便用户有机会了解预测数据究竟是如何设定的。请将该表中的建模引擎删除,将其仅作为设置用户输入项的地方。

5. 让“报告”从“假设”中读取假设数据。修改“报告”中的数据格式以令该电子表中不会出现使用输入项格式的单元格。那些单元格的位置并不会发生变化，但是从格式上一定会与输入项单元格有所区分。在这些单元格中，会编写一个公式用于引用“假设”行中的数据。

6. 将模型中设置的所有控制项都汇总到“设置”电子表中。“设置”和“假设”两张电子表中的数据最终都会流向“报告”。

“报告”工作表中利润表、资产负债表以及一些统制账户中使用的输入项数值都是从“假设”和“设置”工作表中提取过来的。在“报告”电子表中不会出现用户输入项。

后文将会介绍具体的操作步骤。

11.4 步骤1：创建一个设置工作表

插入一个新工作表并将其命名为“设置”。该表的具体布局如图11-3所示。

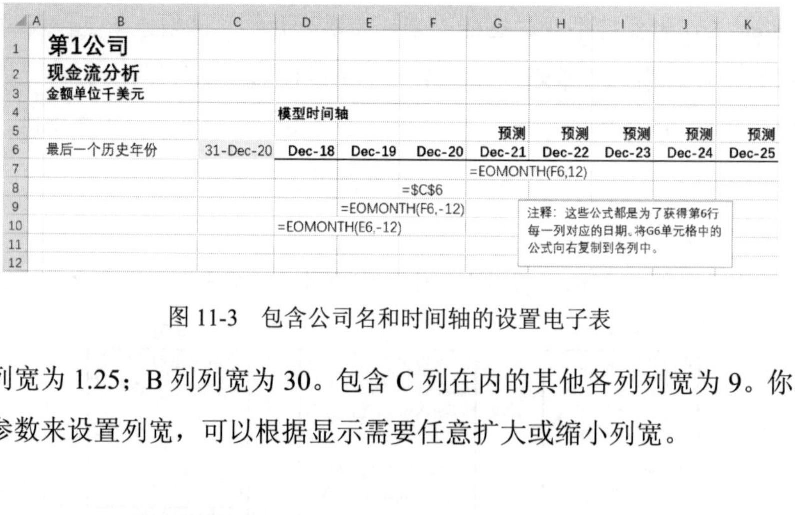

	A	B	C	D	E	F	G	H	I	J	K
1		第1公司									
2		现金流分析									
3		金额单位千美元									
4				模型时间轴							
5							预测	预测	预测	预测	预测
6		最后一个历史年份	31-Dec-20	Dec-18	Dec-19	Dec-20	Dec-21	Dec-22	Dec-23	Dec-24	Dec-25
7							=EOMONTH(F6,12)				
8						=$C$6					
9					=EOMONTH(F6,-12)						
10				=EOMONTH(E6,-12)							
11											
12											

注释：这些公式都是为了获得第6行每一列对应的日期。将G6单元格中的公式向右复制到各列中。

图11-3 包含公司名和时间轴的设置电子表

A列列宽为1.25；B列列宽为30。包含C列在内的其他各列列宽为9。你不一定要按照上述参数来设置列宽，可以根据显示需要任意扩大或缩小列宽。

11.4.1 公司和项目信息

在左上角，都是一些包括公司名称、项目描述信息、数值核算单位以及币种在内的输入项单元格。其他电子表都会引用这部分内容，以便每一页左上角的标题都是一致的。

11.4.2 最后一个历史年份的日期和时间轴

C6 单元格是最后一个历史年份的输入项。这个日期将作为模型主时间轴中的起点被其他电子表引用。

日期行会从其他电子表中引用以便我们可以在这一张表格中修改日期安排。我们预计模型会包含 3 个历史年份和 5 个预测年份，数据从 D 列开始列示。最后一个历史年份将显示在 F 列中。在 F6 单元格中，输入公式=$C$6，其链接的是用户输入的最后一个历史年份。F6 单元格左侧的列使用的 EOMOTH 函数中-12 代表每列的日期再向前移动 1 年。F6 单元格右侧的列同样使用了 EOMONTH 函数，但是唯一不同就是去掉了 12 前面的负号。

为了显示效果更加清爽整洁，历史日期上面的单元格都被清空了，预测日期上方仅保留"预测"字样。

11.5 步骤 2：建立 Ch 10 Model Master 的副本并将其命名为"报告"

点击鼠标右键标签 Ch 10 Model Master 并选择菜单中的*移动或复制*。一定要确保你勾选了菜单中的*建立副本*。选择*移动到最后*，这样生成的副本就会出现在指定位置。

双击新副本的标签将其重新命名为"报告"（见图 11-4）。你也可以使用鼠标右键点击标签选择菜单中的"工作表标签颜色"来修改标签颜色。

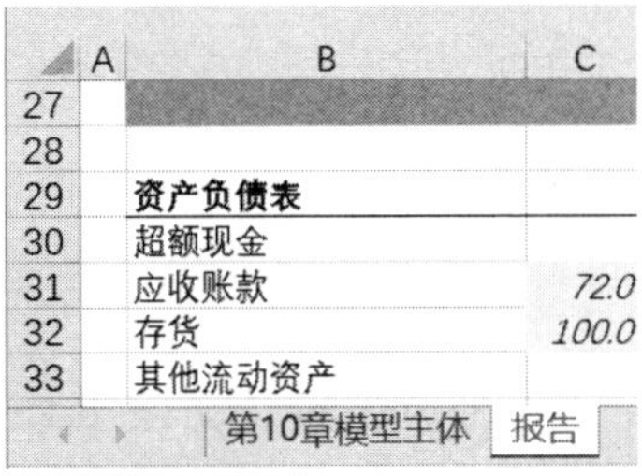

图 11-4　将标签重新命名为"报告"

11.6 步骤 3：扩展"报告"中的年份列

11.6.1 向左侧和右侧添加更多的列

1. 在 C 列和 D 列之间插入两列。这就意味着最后一个历史年份会移动到 F 列。G

列和 H 列分别是开始的两个预测年份。

2. 将 H 列的内容向右一直复制到 K 列最后，就会得到 5 个预测年份，即从 G 列到 K 列。

11.6.2 从设置电子表中提取标题和时间轴

3. 在顶部插入 4 行然后将从"设置"中提取的标题和时间轴放在这里。从顶部第一行开始，字体大小依次设置为 20、16 和 12，且使用的都是加粗字体。这里会将标题引用设置为绝对引用，以便你以后对其进行复制。

4. 本表 D6:K5 单元格区域内的内容是从"设置"电子表的相同位置提取过来的。在 G5：K5 输入"预测"字样。

5. 图 11-5 和图 11-6 是修改前后的样子。

	A	B	C	D	E	F	G
1				历史	预测	预测	第2年，E列
2	利润表			第1年	第2年	第3年	中的公式
3	收入		5.0%	3,000.0	3,150.0	3,307.5	=D3*(1+$C3)
4	COGS		45.0%	(1,400.0)	(1,417.5)	(1,488.4)	=-C4*E$3
5	毛利润			1,600.0	1,732.5	1,819.1	=SUM(E3:E4)
6							
7	SGA		30.0%	(900.0)	(945.0)	(992.5)	=-$C7*E$3
8	EBITDA			700.0	787.5	826.9	=E5+E7
9							

图 11-5　修改前：原始试验模型布局

	A	B	C	D	E	F	G	H	I	J	K
1	**第1公司**										
2	**现金流分析**										
3	金额单位千美元										
4											
5							预测	预测	预测	预测	预测
6	利润表			Dec-18	Dec-19	Dec-20	Dec-21	Dec-22	Dec-23	Dec-24	Dec-25
7	收入		5.0%	2,700.0	2,850.0	3,000.0	3,150.0	3,307.5	3,472.9	3,646.5	3,828.8
8	COGS		45.0%	(1,300.0)	(1,350.0)	(1,400.0)	(1,417.5)	(1,488.4)	(1,562.8)	(1,640.9)	(1,723.0)
9	毛利润			1,400.0	1,500.0	1,600.0	1,732.5	1,819.1	1,910.1	2,005.6	2,105.9
10											

图 11-6　修改后：扩展后的试验模型"报告"中的利润表布局

将标题和日期行复制到工作簿的其他地方。工作表中的其他日期行需要读取本电子表中第 6 行中的内容。图 11-7 中展示的是资产负债表的新表头。下面的其他部分都应该对应相同的标题和时间轴。

	A	B	C	D	E	F	G	H	I	J	K
32	第1公司										
33	现金流分析										
34	金额单位千美元										
35											
36							预测	预测	预测	预测	预测
37	资产负债表			Dec-18	Dec-19	Dec-20	Dec-21	Dec-22	Dec-23	Dec-24	Dec-25
38	超额现金			0.0	0.0	0.0	0.0	88.0	121.6	190.4	400.1
39	应收账款		72.0	570.0	580.0	600.0	630.0	661.5	694.6	729.3	765.8
40	存货		100.0	380.0	400.0	400.0	393.8	413.4	434.1	455.8	478.6
41	其他流动资产			1,250.0	1,150.0	1,200.0	1,260.0	1,320.0	1,400.0	1,450.0	1,525.0
42	流动资产总额			2,200.0	2,130.0	2,200.0	2,283.8	2,483.0	2,650.2	2,825.5	3,169.5
43											

图 11-7　包含标题和时间轴的资产负债表

11.6.3　扩展 C69 单元格中的数据读取范围

不要忘记将 C69 单元格中的公式修改成：

$$=SUM(D69:K69)$$

以将新增列添加到计算中。

11.7　步骤 4：建立"报告"的副本并将其命名为"假设"

建立"报告"的副本并将其命名为"假设"，具体操作步骤同上。

"报告"和"假设"电子表都与"设置"电子表存在链接。现在我们要做的就是将输入项与操作模型分开列示。"假设"将会是一个输入项电子表，而"报告"则会包含模型的计算引擎。

11.7.1　"假设""报告"和"设置"电子表的不同用处

"假设"表中会有一些输入项，但是不会列示完整的利润表或资产负债表数据，因为这里不包含计算引擎。我们会将计算引擎从该工作表中剥离出来，使其成为"报告"电子表的供给表，而真正的建模过程会集中在"报告"电子表中。

"报告"表中不会有历史年份数据输入项——这些数值将由"假设"表提供。"报告"表中列示一套完整的财务报表，其中包括统制账户。

"设置"电子表中将包含全局设置，例如最后一个历史年份的日期。现金清算设置可以放在"假设"表中,但是我们将其放在了设置页面,因为它与模型的整体运行方式更有关系。

11.8 步骤5:对"假设"表布局进行修改和精调

我们面临的问题是原始"假设"电子表只能布置成下面这样(见图11-8):

- 所有预测年份只能对应一个增长率。而我们希望针对不同的时期可以灵活地使用不同的增长率。
- 预测数据是计算出来的(不能手动输入预测数值)。我们希望可以基于手动输入的数值或增长率或假设指标比率得到预测数据。
- 历史增长率和一些指标比率对于预测假设并没有参考价值。但是相关指标在最近几个历史年份的变化趋势对未来的预测还是有帮助的。

	A	B	C	D	E	F	G	H
1	第1公司							
2	现金流分析							
3	金额单位千美元							
4								
5								预测	预测
6	利润表			Dec-18	Dec-19	Dec-20	Dec-21	Dec-22
7	收入		5.0%	2,700.0	2,850.0	3,000.0	3,150.0	3,307.5
8	COGS		45.0%	(1,300.0)	(1,350.0)	(1,400.0)	(1,417.5)	(1,488.4)
9	毛利润			1,400.0	1,500.0	1,600.0	1,732.5	1,819.1
10								

图11-8 "假设"的原始布局

下面对页面布局进行了一些调整以满足上文中的需求。

11.8.1 修改收入行

在图11-9中,每个科目都是分开列示的且都会包含多行数据。图11-10中列示的就是这些行中的公式。

对于收入而言,有一行(第7行)中的历史年份数据是手动输入的。另外一行(第8行)中的历史年份增长率是根据历史数据计算的,而预测年份的增长率则是手动输入的。

	A	B	C	D	E	F	G	H
1		**第1公司**						
2		**现金流分析**						
3		金额单位千美元						
4								
5							预测	预测
6		利润表		Dec-18	Dec-19	Dec-20	Dec-21	Dec-22
7		收入		2,700.0	2,850.0	3,000.0	3,150.0	3,307.5
8		增长率%		n/a	5.6%	5.3%	5.0%	5.0%
9		收入		2,700.0	2,850.0	3,000.0	3,150.0	3,307.5
10								
11		COGS		(1,300.0)	(1,350.0)	(1,400.0)	(1,417.5)	(1,488.4)
12		占收入的百分比%		48.1%	47.4%	46.7%	45.0%	45.0%
13		COGS		(1,300.0)	(1,350.0)	(1,400.0)	(1,417.5)	(1,488.4)
14		毛利润		1,400.0	1,500.0	1,600.0	1,732.5	1,819.1
15								

图 11-9 "假设"数据输入项的排布，I 列到 K 列未列出

	A	B	C	D	G	L	M
1		**第1公司**					
2		**现金流分析**					
3		金额单位千美元					
4							
5					预测	D列	G列
6		利润表		Dec-18	Dec-21	第1个历史年份	第1个预测年份
7		收入		2,700.0	3,150.0		
8		增长率%		n/a	5.0%	=IFERROR(IF(C7=0,"n/a",D7/C7-1),0)	
9		收入		2,700.0	3,150.0	=D7	=IF(G7,G7,F9*(1+G8))
10							
11		COGS		(1,300.0)	(1,417.5)		
12		占收入的百分比%		48.1%	45.0%	=IFERROR(-D11/D$9,0)	
13		COGS		(1,300.0)	(1,417.5)	=D11	=IF(G11,G11,-G12*G$9)
14		毛利润		1,400.0	1,732.5	=D9+D13	=G9+G13
15							

图 11-10 输入项所在行的公式

在历史年份，第 9 行是直接提取的输入项。在预测年份，则会用一个 IF 语句来提取手动输入的数据行。如果要提取的那行是空的或为 0，则公式就会使用假设的增长率并基于该数值计算预测收入。如果两行都有内容，则 IF 语句永远会选择第 1 行并忽略第 2 行。第 9 行是收入科目的最后一行，"报告"将会读取这一行的历史年份和预测年份数据。

我们将科目下第 2 行的行标题进行了缩进以提示其中的计算逻辑。这样安排就可以灵活地使用手动输入项或增长假设了。注意：我们甚至可以进行"混合且精准的设置"以确定每年是使用手动输入项还是增长假设。

下面将对收入部分使用的公式进行逐行说明（见表 11-1）。

表 11-1　收入部分说明

行	适用于 D 列到 F 列的历史年份	适用于 G 列到 K 列的预测期年份
7	手动输入项	手动输入项
8	这里计算的是前一年的隐含增长率。对于第一个历史年份，因为没有前一年的数据所以显示了"n/a"。这个隐含增长率可以帮助对未来进行预测，在设定预测期适用的增长率时就会参考该数值	对于预测年份，这是一个二级数据输入行。如果第 7 行中没有输入项，则会使用这个增长率
9	读取第 7 行的数据	该 IF 语句的逻辑是：如果第 7 行输入了数据且不为 0，则使用第 7 行中的数据，否则就会用前一年的收入乘以（1+第 8 行假设的增长率）。如果两行均有数据，则使用上面那行（第 7 行）

11.8.2　修改 COGS 和其他科目数据行

COGS 部分也使用了类似的方法，但是不同之处是没有计算隐含的增长率，而是计算历史年份 COGS 占收入的百分比。在预测年份，输入的是一个 COGS 占收入的百分比，而不是增长百分比。在预测年份，也设置了两级输入项的选取规则。

第 14 行中的毛利润就是收入和 COGS 数据行的简单加总。

11.8.3　"假设"工作表中的其他修改

下图所示的是"假设"电子表其他地方的公式。"报告"中利润表、资产负债表以及统制账户的各科目数据都会提取这里的输入项数值。像使用循环利息计算、债务利率以及使用现金清算机制这类输入项仍在"报告"电子表中，因为它们与模型计算引擎之间仍然存在链接。所以，"假设"电子表中的这些输入项以及相关链接就都可以移除了。

从下方的图中（从图 11-11 开始）就可以看到"假设"电子表究竟长什么样子。H 列到 K 列是空的所以没有显示。它们应该复制 G 列中的公式。

除了标题行，L 列显示的是 D 列的公式，即第 1 个历史年份。M 列中显示的是 G 列的公式，即第 1 个预测年份。在你构建自己的模型时请按照这个布局和相关条目进行设置。

在图 11-13 中，利润表的底部没有输出结果。因为利息尚未计算，所以无法列示任何结果。在税金和少数股东损益计算中必须要使用的数值尚未计算，所以这些数值的位置也是空白的。

图 11-11 利润表的顶部：公式

	A	B	C	D	E	F	G	L	M
1	**第1公司**								
2	**现金流分析**								
3	金额单位 千美元								
4									
5							预测	D列	G列
6	**利润表**			Dec-18	Dec-19	Dec-20	Dec-21	第1个历史年份	第1个预测年份
7	收入			2,700.0	2,850.0	3,000.0	3,150.0		
8	增长率%			n/a	5.6%	5.3%	5.0%	=IFERROR(IF(C7=0,"n/a",D7/C7-1),0)	
9	收入			2,700.0	2,850.0	3,000.0	3,150.0	=D7	=IF(G7,G7,F9*(1+G8))
10									
11	COGS			(1,300.0)	(1,350.0)	(1,400.0)	(1,417.5)		
12	占收入的百分比%			48.1%	47.4%	46.7%	45.0%	=IFERROR(-D11/D$9,0)	
13	COGS			(1,300.0)	(1,350.0)	(1,400.0)	(1,417.5)	=D11	=IF(G11,G11,-G12*G$9)
14	毛利润			1,400.0	1,500.0	1,600.0	1,732.5	=D9+D13	=G9+G13
15									
16	SGA			(800.0)	(850.0)	(900.0)			
17	占收入的百分比%			29.6%	29.8%	30.0%	30.0%	=IFERROR(-D16/D$9,0)	
18	SGA			(800.0)	(850.0)	(900.0)	(945.0)	=D16	=IF(G16,G16,-G17*G$9)
19	EBITDA			600	650.0	700.0	787.5	=D14+D18	=G14+G18
20									
21	折旧额			(80.0)	(90.0)	(100.0)	(110.0)		
22	摊销额			(10.0)	(10.0)	(30.0)	(30.0)		
23	EBIT			510.0	550.0	570.0	647.5	=D19+SUM(D21:D22)	=G19+SUM(G21:G22)

图 11-11　利润表的顶部：公式

	A	B	C	D	E	F	G	H	I	J	K
6	**利润表**			Dec-18	Dec-19	Dec-20	Dec-21	Dec-22	Dec-23	Dec-24	Dec-25
7	收入			2,700.0	2,850.0	3,000.0					
8	增长率%			n/a	5.6%	5.3%	5.0%	5.0%	5.0%	5.0%	5.0%
9	收入			2,700.0	2,850.0	3,000.0	3,150.0	3,307.5	3,472.9	3,646.5	3,828.8
10											
11	COGS			(1,300.0)	(1,350.0)	(1,400.0)					
12	占收入的百分比%			48.1%	47.4%	46.7%	45.0%	45.0%	45.0%	45.0%	45.0%
13	COGS			(1,300.0)	(1,350.0)	(1,400.0)	(1,417.5)	(1,488.4)	(1,562.8)	(1,640.9)	(1,723.0)
14	毛利润			1,400.0	1,500.0	1,600.0	1,732.5	1,819.1	1,910.1	2,005.6	2,105.9
15											
16	SGA			(800.0)	(850.0)	(900.0)					
17	占收入的百分比%			29.6%	29.8%	30.0%	30.0%	30.0%	30.0%	30.0%	30.0%
18	SGA			(800.0)	(850.0)	(900.0)	(945.0)	(992.3)	(1,041.9)	(1,094.0)	(1,148.7)
19	EBITDA			600.0	650.0	700.0	787.5	826.9	868.2	911.6	957.2
20											
21	折旧额			(80.0)	(90.0)	(100.0)	(110.0)	(120.0)	(130.0)	(140.0)	(150.0)
22	摊销额			(10.0)	(10.0)	(30.0)	(30.0)	(30.0)	(30.0)	(30.0)	(30.0)
23	EBIT			510.0	550.0	570.0	647.5	676.9	708.2	741.6	777.2

图 11-12　利润表的顶部：输入条目

图 11-13 中所有的数据都是手动输入的。这里没有公式。该部分没不涉及任何计算，因为像税率假设这种数据需要提取 EBT 数据行，EBT 数据行又是"报告"中的输出项。只有在"报告"中才能进行计算并输出结果。

	A	B	C	D	E	F	G	H	I	J	K
25	历史利息费用			(80.0)	(80.0)	(80.0)					
26											
27	税金			(185.0)	(180.0)	(200.0)					
28	税率%						40.0%	40.0%	40.0%	40.0%	40.0%
29											
30	附属公司的股权投资权益			5.0	10.0	25.0	25	25	25	25	25
31											
32	少数股东损益			(15.0)	(18.0)	(20.0)					
33							10.0%	10.0%	10.0%	10.0%	10.0%
34											
35	宣告分配现金股利（输入正数）						100.0	100.0	100.0	100.0	100.0
36											

图 11-13　利润表的剩余部分

在图 11-14 中，资产负债表的顶部会使用"设置"电子表中的输入项。这是我们想要在模型中设置的一年内的天数，可以选择一年有 360 天或一年有 365 天（闰年为 366 天）。

按照图 11-14 中的布局你会用到一系列输入项，具体见图 11-15。

	A	B	C	D	E	F	G	L	M
42							预测		
43		资产负债表：资产输入项		Dec-18	Dec-19	Dec-20	Dec-21	D列，第1个历史年份	G列，第1个预测年份
44		一年内的天数		360	360	360	360	='第11章设置'!$C$19	='第11章设置'!$C$19
45									
46		超额现金的利率%					1.0%		
47									
48		应收账款		570.0	580.0	600.0			
49		应收账款周转天数		76.0	73.3	72.0	72.0	=IFERROR(D48/D$9*D$44,0)	
50		应收账款		570.0	580.0	600.0	630.0	=D48	=IF(G48,G48,G49/G$44*G$9)
51									
52		存货		380.0	400.0	400.0			
53		存货周转天数		105.2	106.7	102.9	100.0	=IFERROR(-D52/D$13*D$44,0)	
54		存货		380.0	400.0	400.0	393.8	=D52	=IF(G52,G52,-G53/G$44*G$13)
55									
56		其他流动资产		1,250.0	1,150.0	1,200.0	1,260.0		
57		占收入的百分比%		46.3%	40.4%	40.4%		=IFERROR(D56/D$9,0)	
58		其他流动资产		1,250.0	1,150.0	1,200.0	1,260.0	=D56	=IF(G56,G56,G57*G$9)
59									
60		固定资产净值		1,120.0	1,155.0	1,200.0			
61									

图 11-14 资产负债表的顶部：公式

	A	B	C	D	E	F	G	H	I	J	K
42							预测	预测	预测	预测	预测
43		资产负债表：资产输入项		Dec-18	Dec-19	Dec-20	Dec-21	Dec-22	Dec-23	Dec-24	Dec-25
44		一年内的天数		360	360	360	360	360	360	360	360
45											
46		超额现金的利率%					1.0%	1.0%	1.0%	1.0%	1.0%
47											
48		应收账款		570.0	580.0	600.0					
49		应收账款周转天数		76.0	73.3	72.0	72.0	72.0	72.0	72.0	72.0
50		应收账款		570.0	580.0	600.0	630.0	661.5	694.6	729.3	765.8
51											
52		存货		380.0	400.0	400.0					
53		存货周转天数		105.2	106.7	102.9	100.0	100.0	100.0	100.0	100.0
54		存货		380.0	400.0	400.0	393.8	413.4	434.1	455.8	478.6
55											
56		其他流动资产		1,250.0	1,150.0	1,200.0	1,260.0	1,320.0	1,400.0	1,450.0	1,525.0
57		占收入的百分比%		46.3%	40.4%	40.4%					
58		其他流动资产		1,250.0	1,150.0	1,200.0	1,260.0	1,320.0	1,400.0	1,450.0	1,525.0
59											

图 11-15 资产负债表的顶部：输入条目

在图 11-16 中，我们仍旧保留了资产负债表资产部分的输入项。

按照图 11-16 中的布局你会用到一系列输入项，具体见图 11-17。

图 11-18 列示了资产负债表顶部负债部分的一些输入项。

按照图 11-18 中的布局你会用到一系列输入项，具体见图 11-19。

	A	B	C	D	E	F	G	L	M
60		固定资产净值		1,120.0	1,155.0	1,200.0		D列	G列
61								第1个历史年份	第1个预测年份
62		资本支出					100.0		
63									
64		无形资产		120.0	220.0	200.0			
65									
66		投资		480.0	480.0	500.0			
67		收到附属公司分配的股利					1.0		
68									
69		其他长期资产		400.0	450.0	400.0	440.0		
70		占收入的百分比%		14.8%	15.8%	13.3%	=IFERROR(D69/D$9,0)		
71		其他长期资产		400.0	450.0	400.0	440.0	=D69	=IF(G69,G69,G70*G$9)
72									

图 11-16　长期资产输入项：公式

	A	B	C	D	E	F	G	H	I	J	K
60		固定资产净值		1,120.0	1,155.0	1,200.0					
61											
62		资本支出					100.0	100.0	100.0	100.0	100.0
63											
64		无形资产		120.0	220.0	200.0					
65											
66		投资		480.0	480.0	500.0					
67		收到附属公司分配的股利					1.0	1.0	1.0	1.0	1.0
68											
69		其他长期资产		400.0	450.0	400.0	440.0	465.0	490.0	510.0	540.0
70		占收入的百分比%		14.8%	15.8%	13.3%					
71		其他长期资产		400.0	450.0	400.0	440.0	465.0	490.0	510.0	540.0

图 11-17　长期资产输入项：输入条目

	A	B	C	D	E	F	G	L	M
73							预测	D列	G列
74		资产负债表：负债输入项		Dec-18	Dec-19	Dec-20	Dec-21	第1个历史年份	第1个预测年份
75		循环贷款的利率%					6.0%		
76									
77		应付账款		185.0	190.0	200.0			
78		应付账款周转天数		51.2	50.7	51.4	50.0	=IFERROR(-D77/D$13*D$44,0)	
79		应付账款		185.0	190.0	200.0	196.9		=IFERROR(G77,G77,-G78*G$44*G$13)
80									
81		其他流动负债		800.0	900.0	1,000.0	980.0		
82		占收入的百分比%		29.6%	31.6%	33.3%	=IFERROR(D81/D$9,0)		
83		其他流动负债		800.0	900.0	1,000.0	980.0	=D81	=IF(G81,G81,G82*G$9)
84									

图 11-18　流动负债输入项：公式

	A	B	C	D	E	F	G	H	I	J	K
73							预测	预测	预测	预测	预测
74		资产负债表：负债输入项		Dec-18	Dec-19	Dec-20	Dec-21	Dec-22	Dec-23	Dec-24	Dec-25
75		循环贷款的利率%					6.0%	6.0%	6.0%	6.0%	6.0%
76											
77		应付账款		185.0	190.0	200.0					
78		应付账款周转天数		51.2	50.7	51.4	50.0	50.0	50.0	50.0	50.0
79		应付账款		185.0	190.0	200.0	196.9	206.7	217.1	227.9	239.3
80											
81		其他流动负债		800.0	900.0	1,000.0	980.0	1,090.0	1,150.0	1,200.0	1,260.0
82		占收入的百分比%		29.6%	31.6%	33.3%					
83		其他流动负债		800.0	900.0	1,000.0	980.0	1,090.0	1,150.0	1,200.0	1,260.0

图 11-19　流动负债输入项：输入条目

在图 11-20 中，债务的分期偿还金额是按季度输入的。图中列示了 5 年间的计划分期偿债金额。

	A	B	C	D	E	F	G	H	I	J	K
85	债务1			700.0	650.0	600.0					
86	债务：新增/（分期偿还）1季度										
87	债务：新增/（分期偿还）2季度						(40.0)	(40.0)	(40.0)	(40.0)	(40.0)
88	债务：新增/（分期偿还）3季度										
89	债务：新增/（分期偿还）4季度						(40.0)	(40.0)	(40.0)	(40.0)	(40.0)
90											
91	利率%						6.0%	6.0%	6.0%	6.0%	6.0%
92											
93	债务2			400.0	350.0	300.0					
94	债务：新增/（分期偿还）1季度						(15.0)	(15.0)	(15.0)	(15.0)	(15.0)
95	债务：新增/（分期偿还）2季度						(15.0)	(15.0)	(15.0)	(15.0)	(15.0)
96	债务：新增/（分期偿还）3季度						(15.0)	(15.0)	(15.0)	(15.0)	(15.0)
97	债务：新增/（分期偿还）4季度						(15.0)	(15.0)	(15.0)	(15.0)	(15.0)
98											
99	利率%						6.0%	6.0%	6.0%	6.0%	6.0%
100											
101	债务3			260.0	230.0	200.0					
102	债务：新增/（分期偿还）1季度						(20.0)	(20.0)	(20.0)	(20.0)	(20.0)
103	债务：新增/（分期偿还）2季度										
104	债务：新增/（分期偿还）3季度						(20.0)	(20.0)	(20.0)	(20.0)	(20.0)
105	债务：新增/（分期偿还）4季度										
106											
107	利率%						6.0%	6.0%	6.0%	6.0%	6.0%

图 11-20　债务 1~3 的输入项：输入条目，将 G 列中的假设复制到 K 列

图 11-21 列示了资产负债表负债部分顶部的输入项。

按照图 11-21 中的布局你会用到一系列输入项，具体见图 11-22。

这里"假设"只是一个非运行类的输入项工作表。完整的模型仍保存在"报告"中。

	A	B	C	D	E	F	G	L	M
109	其他长期负债			900.0	750.0	500.0	475.0		
110	占收入的百分比%			33.3%	26.3%	16.7%		=IFERROR(D109/D$9,0)	
111	其他长期负债			900.0	750.0	500.0	475.0	=D109	=IF(G109,G109,G110*G$9)
112									
113	少数股东权益			42.0	55.0	100.0			
114									
115	普通股			400.0	400.0	400.0	400.0		
116									
117	留存收益			633.0	910.0	1,200.0			
118									
119									
120	完								

图 11-21　长期负债和所有者权益输入项：公式

	A	B	C	D	E	F	G	H	I	J	K
109	其他长期负债			900.0	750.0	500.0	475.0	495.0	520.0	550.0	575.0
110	占收入的百分比%			33.3%	26.3%	16.7%					
111	其他长期负债			900.0	750.0	500.0	475.0	495.0	520.0	550.0	575.0
112											
113	少数股东权益			42.0	55.0	100.0					
114											
115	普通股			400.0	400.0	400.0	400.0	400.0	400.0	400.0	400.0
116											
117	留存收益			633.0	910.0	1,200.0					

图 11-22　长期负债和所有者权益输入项：输入条目

11.9 步骤6：修改"报告"表以便读取"假设"中的数据

"报告"仍采用我们之前看到的逐行列示形式。下面再来熟悉一下这种布局（见图 11-23）。

	A	B	C	D	E	F	G	H	I	J	K
1	第1公司										
2	现金流分析										
3	金额单位千美元										
4											
5							预测	预测	预测	预测	预测
6	利润表			Dec-18	Dec-19	Dec-20	Dec-21	Dec-22	Dec-23	Dec-24	Dec-25
7	收入		5.0%	2,700.0	2,850.0	3,000.0	3,150.0	3,307.5	3,472.9	3,646.5	3,828.8
8	COGS		45.0%	(1,300.0)	(1,350.0)	(1,400.0)	(1,417.5)	(1,488.4)	(1,562.8)	(1,640.9)	(1,723.0)
9	毛利润			1,400.0	1,500.0	1,600.0	1,732.5	1,819.1	1,910.1	2,005.6	2,105.9
10											
11	SGA		30.0%	(800.0)	(850.0)	(900.0)	(945.0)	(992.3)	(1,041.9)	(1,094.0)	(1,148.7)
12	EBITDA			600.0	650.0	700.0	787.5	826.9	868.2	911.6	957.2

图 11-23 "报告"仍然采用原始布局

利率输入在 C 列，我们在每行中输入了公式以便直接从"假设"中提取计算结果。以收入行为例，在 D7 单元格中我们输入了以下公式：

=假设!D9

D9 到 K9 所有单元格中的公式都是从 D7 单元格中复制过来的，这些单元格可以从"假设"中读取收入行数据。同样，找到对应的行后，我们会对其他行进行相同的操作，这样一来，"报告"中的各行数据就都可以基于"假设"电子表数据进行计算了。某些情况下，"报告"从"假设"中直接提取的数据只是一个计算参数。比如税率，"报告"必须进行相应的计算才能获得想要的输出信息。

11.9.1 在其他行与"假设"表之间创建链接

图 11-24 至图 11-29 是"报告"电子表中需要与"假设"电子表创建链接的科目截图。如你所见，凡是需要引用"假设"表数据的行都需要修改。大部分列中使用的公式都是从 D 列中复制过来的。

	A	B	C	L	M
1	第1公司				
2	现金流分析				
3	金额单位千美元				
4					
5					
6	利润表			D列，第1个历史年份的公式	G列，第1个预测年份的公式
7	收入			='Ch11 Assumptions'!D9	='Ch11 Assumptions'!G9
8	COGS			='Ch11 Assumptions'!D13	='Ch11 Assumptions'!G13
9	毛利润			=SUM(D7:D8)	=SUM(G7:G8)
10					
11	SGA			='Ch11 Assumptions'!D18	='Ch11 Assumptions'!G18
12	EBITDA			=D9+D11	=G9+G11
13					
14	折旧			='Ch11 Assumptions'!D21	='Ch11 Assumptions'!G21
15	摊销			='Ch11 Assumptions'!D22	='Ch11 Assumptions'!G22
16	EBIT			=D12+SUM(D14:D15)	=G12+SUM(G14:G15)
17					
18	历史利息费用			='Ch11 Assumptions'!D25	
19	利息：超额现金				=IF('Ch11 Settings'!$C$8="Y",'Ch11 Assumptions'!
20	利息：循环贷款				=IF('Ch11 Settings'!$C$8="Y",-'Ch11 Assumptions'!
21	利息：债务1				=-G220
22	利息：债务2				=-G242
23	利息：债务3				=-G264
24	EBT			=D16+SUM(D18:D23)	=G16+SUM(G19:G23)
25					
26	税金			='Ch11 Assumptions'!D27	=-'Ch11 Assumptions'!G28*G24
27	附属公司的股权投资权益			='Ch11 Assumptions'!D30	='Ch11 Assumptions'!G30
28	少数股东损益			='Ch11 Assumptions'!D32	=-'Ch11 Assumptions'!G33*SUM(G24,G26:G27)
29	净利润				
30	N				

图 11-24　与"假设"电子表存在链接的利润表数据行公式

不引用"假设"数据的其他公式则保持不变。

图 11-24 是一个屏幕截图，其中包含第 19 行和第 20 行的超额现金和循环贷款利息计算公式，超额现金利息计算公式为：

=IF('Ch 11 Settings'!$C$8="Y",假设!$G$46*AVERAGE(F38:G38),|假设!$G$46*F38)

循环贷款利息计算公式为：

=IF('Ch 11 Settings'!$C$8="Y",假设!$G$75*AVERAGE(F50:G50),假设!$G$75*F50)

在下面一组插图中（图 11-25 至图 11-29），Ch 11 "报告"中资产负债表的各行数据已经与"假设"电子表中各输入项创建了链接，你可以按照图中列示的进行操作。

D 列中的链接应复制到其他历史年份列（E 列和 F 列）。G 列中的链接应复制到其他预测列（H 列到 K 列）。

A	B	C	L	M
36				
37	资产负债表		D列，第1个历史年份的公式	G列，第1个预测年份的公式
38	超额现金		='Ch11 Assumptions'!D47	=MAX(G$161,0)
39	应收账款		='Ch11 Assumptions'!D50	='Ch11 Assumptions'!G50
40	存货		='Ch11 Assumptions'!D54	='Ch11 Assumptions'!G54
41	其他流动资产		='Ch11 Assumptions'!D58	='Ch11 Assumptions'!G58
42	流动资产总额		=SUM(D38:D41)	=SUM(G38:G41)
43				
44	固定资产净值		='Ch11 Assumptions'!D60	=G175
45	无形资产		='Ch11 Assumptions'!D64	=G176
46	投资		='Ch11 Assumptions'!D66	=G177
47	其他长期资产		='Ch11 Assumptions'!D71	='Ch11 Assumptions'!G71
48	资产总额		=D42+SUM(D44:D47)	=G42+SUM(G44:G47)
49				
50	循环贷款			=-MIN(G$161,0)
51	应付账款		='Ch11 Assumptions'!D79	='Ch11 Assumptions'!G79
52	其他流动负债		='Ch11 Assumptions'!D83	='Ch11 Assumptions'!G83
53	流动负债总额		=SUM(D50:D52)	=SUM(G50:G52)
54				
55	债务1		='Ch11 Assumptions'!D85	=G212
56	债务2		='Ch11 Assumptions'!D93	=G234
57	债务3		='Ch11 Assumptions'!D101	=G256
58	其他长期负债		='Ch11 Assumptions'!D111	='Ch11 Assumptions'!G111
59	负债总额		=SUM(D53,D55:D58)	=SUM(G53,G55:G58)
60				
61	少数股东权益		='Ch11 Assumptions'!D113	=G188
62				
63	普通股		='Ch11 Assumptions'!D115	='Ch11 Assumptions'!G115
64	留存收益		='Ch11 Assumptions'!D117	=G193
65	所有者权益总额		=SUM(D63:D64)	=SUM(G63:G64)
66	负债和所有者权益总额		=D59+D61+D65	=G59+G61+G65
67				

图 11-25 与"假设"电子表存在链接的资产负债表数据行公式

A	B	C	L	M
169				
170	统制账户		F列，第1个历史年份的公式	G列，第1个预测年份的公式
171				
172	固定资产净值期初余额			=F175
173	+资本支出			='Ch11 Assumptions'!G62
174	-折旧			='Ch11 Assumptions'!G21
175	固定资产净值期末余额		=F44	=SUM(G172:G174)
176				
177	无形资产期初余额			=F179
178	-摊销			='Ch11 Assumptions'!G22
179	无形资产期末余额		=F45	=SUM(G177:G178)
180				
181	投资期初余额			=F184
182	+附属公司的股权投资收益			='Ch11 Assumptions'!G30
183	-收到的股利			='Ch11 Assumptions'!G67
184	投资期末余额		=F46	=SUM(G181:G183)
185				
186	B/S中的少数股东权益期初余额			=F188
187	+I/S中新增的少数股东损益			=-G28
188	B/S中的少数股东权益期末余额		=F61	=SUM(G186:G187)
189				
190	留存收益期初余额			=F193
191	+净利润			=G29
192	-股利			=-'Ch11 Assumptions'!G35
193	留存收益期末余额		=F64	=SUM(G190:G192)
194	N			

图 11-26 与"假设"表存在链接的统制账户

	A	B	C	G	M
				预测	
200					
201		债务1统制账户		Dec-21	G列，第1个预测年份的公式
202					
203		债务1的期初余额		600.0	=F212
204		=-当年执行前一年的现金清算		0.0	=IF($H$120>0,G153,0)
205		分期偿还债务1		600.0	=SUM(G203:G204)
206		+1季度末新增/（分期偿还）金额	1季度	0.0	=-MIN(-'Ch11 Assumptions'!G86,SUM(G$205:G205))
207		+2季度末新增/（分期偿还）金额	2季度	(40.0)	=-MIN(-'Ch11 Assumptions'!G87,SUM(G$205:G206))
208		+3季度末新增/（分期偿还）金额	3季度	0.0	=-MIN(-'Ch11 Assumptions'!G88,SUM(G$205:G207))
209		+4季度末新增/（分期偿还）金额	4季度	(40.0)	=-MIN(-'Ch11 Assumptions'!G89,SUM(G$205:G208))
210		执行当年现金清算之前的债务1		520.0	=SUM(G205:G209)
211		-当年的现金清算金额		0.0	=IF($H$120>0,0,G153)
212		债务1的期末余额		520.0	=SUM(G210:G211)
213	N			6.0%	='Ch11 Assumptions'!G91
214	N	基于债务1期初余额计算的利息		36.0	=G$213*G203
215	N	减：到实际支付现金清算资金的月	1月	0.0	=G$213*N(G204)*(12-$H$120)/12
216	N	减：到1季度末	1季度	0.0	=G$213*G206*3/4
217	N	减：到2季度末	2季度	(1.2)	=G$213*G207*2/4
218	N	减：到3季度末	3季度	0.0	=G$213*G208*1/4
219	N	减：到4季度末	4季度	0.0	=G$213*G209*0/4
220		债务1的利息总额		34.8	=SUM(G214:G219)
221					

图11-27　与"假设"表存在链接的债务1统制账户

	A	B	C	G	M
				预测	
222					
223		债务2统制账户		Dec-21	G列，第1个预测年份的公式
224					
225		债务2的期初余额		300.0	=F234
226		=-当年执行前一年的现金清算		0.0	=IF($H$120>0,G154,0)
227		分期偿还债务2		300.0	=SUM(G225:G226)
228		+1季度末新增/（分期偿还）金额	1季度	(15.0)	=-MIN(-'Ch11 Assumptions'!G94,SUM(G$227:G227))
229		+2季度末新增/（分期偿还）金额	2季度	(15.0)	=-MIN(-'Ch11 Assumptions'!G95,SUM(G$227:G228))
230		+3季度末新增/（分期偿还）金额	3季度	(15.0)	=-MIN(-'Ch11 Assumptions'!G96,SUM(G$227:G229))
231		+4季度末新增/（分期偿还）金额	4季度	(15.0)	=-MIN(-'Ch11 Assumptions'!G97,SUM(G$227:G230))
232		执行当年现金清算之前的债务2		240.0	=SUM(G227:G231)
233		-当年的现金清算金额		0.0	=IF($H$120>0,0,G154)
234		债务2的期末余额		240.0	=SUM(G232:G233)
235	N			6.0%	='Ch11 Assumptions'
236	N	基于债务2期初金额计算的利息		18.0	=G$235*G225
237	N	减：到实际支付现金清算资金的月	1月	0.0	=G$235*N(G226)*(12-$H$120)/12
238	N	减：到1季度末	1季度	(0.7)	=G$235*G228*3/4
239	N	减：到2季度末	2季度	(0.5)	=G$235*G229*2/4
240	N	减：到3季度末	3季度	(0.2)	=G$235*G230*1/4
241	N	减：到4季度末	4季度	0.0	=G$235*G231*0/4
242		债务2的利息总额		16.7	=SUM(G236:G241)
243					

图11-28　与"假设"表存在链接的债务2统制账户

	A	B	C	G	M
				预测	
244					
245		债务3统制账户		Dec-21	G列，第1个预测年份的公式
246					
247		债务3的期初余额		200.0	=F256
248		=-当年执行前一年的现金清算		0.0	=IF($H$120>0,G155,0)
249		分期偿还债务3		200.0	=SUM(G247:G248)
250		+1季度末新增/（分期偿还）金额	1季度	(20.0)	=-MIN(-'Ch11 Assumptions'!G102,SUM(G$249:G249))
251		+2季度末新增/（分期偿还）金额	2季度	0.0	=-MIN(-'Ch11 Assumptions'!G103,SUM(G$249:G250))
252		+3季度末新增/（分期偿还）金额	3季度	(20.0)	=-MIN(-'Ch11 Assumptions'!G104,SUM(G$249:G251))
253		+4季度末新增/（分期偿还）金额	4季度	0.0	=-MIN(-'Ch11 Assumptions'!G105,SUM(G$249:G252))
254		执行当年现金清算之前的债务3		160.0	=SUM(G249:G253)
255		-当年的现金清算金额		0.0	=IF($H$120>0,0,G155)
256		债务3的期末余额		160.0	=SUM(G254:G255)
257	N			6.0%	='Ch11 Assumptions'!G107
258	N	基于债务3期初余额计算的利息		12.0	=G$257*G247
259	N	减：到实际支付现金清算资金的月	1月	0.0	=G$257*N(G248)*(12-$H$120)/12
260	N	减：到1季度末	1季度	(0.9)	=G$257*G250*3/4
261	N	减：到2季度末	2季度	0.0	=G$257*G251*2/4
262	N	减：到3季度末	3季度	(0.3)	=G$257*G252*1/4
263	N	减：到4季度末	4季度	0.0	=G$257*G253*0/4
264		债务3的利息总额		10.8	=SUM(G258:G263)
265					
266		完			

图11-29　与"假设"表存在链接的债务3统制账户

11.10　步骤 7：将“报告”中的控制项移回“设置”

现在我们会将“报告”中的一些控制项移回“设置”表。“设置”表的最终布局如下（见图 11-30）。

	A	B	C	D	E	F	G	H
1		**第1公司**						
2		**现金流分析**						
3		**金额单位千美元**						
4				**模型时间轴**				
5							**预测**	**预测**
6		最后一个历史年份	31-Dec-20	Dec-18	Dec-19	Dec-20	Dec-21	Dec-22
7								
8		在利息计算中使用循环引用提示Y/N	N					
9								
10		**现金清算**						
11		按照顺序		用于现金清算的现金流百分比			100.0%	100.0%
12								
13		债务1	*1*					
14		债务2	*2*					
15		债务3	*3*					
16								
17		下一年的第1个月支付	1	0=当年支付				
18								
19		一年内的天数	*360*					
20								
21		最大容忍差额	0.001					
22								

图 11-30　“设置”表的完整布局

现在将“使用循环引用”的控制项移到“设置”（C8 单元格）。原始布局的 C 列中有些科目例如利率和营运资金天数输入项可以从“报告”中删除了，因为我们在创建“假设”表时已经包含这些科目了。“设置”表中的控制项都是与现金清算有关的设置。

用于现金清算的现金流百分比扩展到了 K 列。当前该比例为 100%。

最大容忍差额也被移到了“设置”表（C21 单元格）中。

11.11　三个电子表模型

Chapter 11 Fullmodel. xlsm 文件中最后的三个表就是我们本章说过的重塑后的终版模型。现在我们手里的还是以前的那个模型，但是被拆成了三部分，对于用户而言，模型各模块之间的勾稽关系会变得更加清晰。

11.12 最后的结语

最后的一些说明。

11.12.1 添加更多的科目

鉴于模型的结构,在利润表或资产负债表中添加科目还是比较容易的。例如,假设我们想要在 SGA 科目下添加一个名为"研究与开发"费用行。具体操作步骤如下:

1. 在"假设"电子表中,复制 SGA 对应的三行输入项并将其插入到利润表 EBITDA 行的上方。然后将"SGA"标签改成"研究与开发"。编辑 EBITDA 公式以便包含其他费用行。

2. 在"报告"电子表中利润表的 SGA 和 EBITDA 数据行之间插入一行以读取该科目的输入项数据和标签。编辑 EBITDA 的公式以保证计算中已包含新增行数据。

其他科目的添加方法同上。如果你正在添加的是一个资产负债表科目,则必须要在现金流量表中添加相应的行,还要将新增数据加到合计数中。如果增加的科目对现金不会产生影响,则可以按照非现金科目来处理,并对三张财务报表进行调整。各类科目数据的流转过程在模型中都能看到,你可以以此作为参考来扩充自己的模型。

11.12.2 整理输出结果准备打印

当我们要构建一个适用于各种情况的模型时,有时一些行为空或者会显示 0。打印输出结果的时候这些显示 0 的行也会被打印出来,这样看起来就不够美观。打印之前手动隐藏这些行操作起来非常麻烦。即使依次选择*数据>分级显示*,*组合*选项也不太好操作,因为你必须要判断哪些行中只包含 0 然后再将其隐藏,但是这些隐藏行中的数据并不一定就是固定不变的,在整个建模过程中当假设项发生变化时,隐藏行中的数据也有可能发生变化。

11.12.2.1 A 列中的筛选标记

一种处理方法就是选择*数据>排序和文本筛选*,*文本筛选*选项。对于我们想要筛选的每一行,请在 A 列中插入下面这个公式。该示例针对的是利息计算:具体对应的是"报告"电子表中第 23 行的债务 3 数据行:

=IF(OR(MAX(D23:K23)>0.001,MIN(D23:K23)<-0.001),"","n")

如果行显示是空白、0 或者是一个处在-0.001~0.001 之间的极小值（这个检测值类似于最大容忍差额），公式就会在 A 列中返回"n"（意思就是"不是"）。如果行中有数据，A 列中则会显示为空（""）。使用筛选功能可以将显示为"n"的行隐藏。如果我们想要打印显示 0 的行或者是空白的行，例如间隔行，就不要使用该公式。同时，如果我们不想让一些有数据的行出现在打印文件里，例如内部计算或信息行，则可以在 A 列的那些行中手动输入一个"n"。在模型中，为了不打印一些行，我们在 A 列的对应位置中输入了大写"N"，这个筛选标记并不涉及公式（见图 11-26 到图 11-29）。（使用大写字母或小写字母筛选功能都能正常执行。）

11.12.2.2 设置筛选

1. 在"报告"电子表，点击 A 列并选中整列。

2. 依次选择*数据*>*排序和文本筛选*，点击*文本筛选*（一个沙漏形状的）命令按钮。

3. A1 单元格中会出现一个小的下拉按钮。点击按钮会出现一个窗口。选择文本筛选然后选择不等于（见图 11-31）。

图 11-31 筛选菜单

4. 输入字母"n"（见图 11-32）。点击确定。

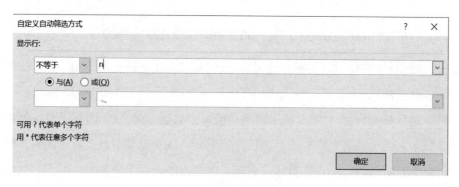

图 11-32　设置自定义筛选

5. 到这里，只要是有"n"的行都会被隐藏。筛选功能如果运行正常则所有行序号都会变成蓝色，符合筛选条件的就会被隐藏，接下来你就可以准备打印了。

6. 打印后，最好关闭筛选功能。你可以再次点击 A1 单元格，筛选窗口就会弹出（见图 11-33）。点击从'（第 A 列）'中清除筛选"即可。

图 11-33　清除筛选

11.12.3　尝试使用宏〈Ctrl+Shift+H〉

我们知道了筛选功能的操作步骤，但是每次想要打印的时候都要设置并清除筛选还是很麻烦。所以我们创建了一个宏来执行这些操作，它就是一个转换开关。同时按下快捷键〈Ctrl+Shift+H〉——“H”意为“隐藏”——可以隐藏/不隐藏标有“n”的行。

11.12.4　打印

Excel 可以自动对要打印的区域进行设置（*打印区域*），但是为了能够更好地控制打印效果，最好还是自己设置打印区域。比较简单的方法就是在分页预览模式下设置页面尺寸。点击 Excel 页面右下角的图标，具体见图 11-34。

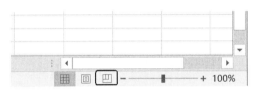

图 11-34　分页预览图标

11.12.5　设置打印区域

在分页预览模式下（见图 11-35），使用鼠标拖拽边框就可以设置想要的打印区域。要想在特定位置设置分页符，即出现一条水平的实线，需要将光标移动到该线上，然后依次选择*页面布局>页面设置*选项卡中的分隔符。点击*插入分页符*。

	B	D	E	F	G	H	I	J	K	L
1	第1公司									
2	现金流分析									
3	金额单位千美元									
4										
5					预测	预测	预测	预测	预测	
6	利润表	Dec-18	Dec-19	Dec-20	Dec-21	Dec-22	Dec-23	Dec-24	Dec-25	D列，第1个历史年份的公式
7	收入	2,700.0	2,850.0	3,000.0	3,150.0	3,307.5	3,472.9	3,646.5	3,828.8	= Ch 11 Assumptions!D9
8	COGS	(1,300.0)	(1,350.0)	(1,400.0)	(1,417.5)	(1,488.4)	(1,562.8)	(1,640.9)	(1,723.0)	= Ch 11 Assumptions!D13
9	毛利润	1,400.0	1,500.0	1,600.0	1,732.5	1,819.1	1,910.1	2,005.6	2,105.9	=SUM(D7:D8)
10										
11	SGA	(800.0)	(850.0)	(900.0)	(945.0)	(992.3)	(1,041.9)	(1,094.0)	(1,148.7)	= Ch 11 Assumptions!D18
12	EBITDA	600.0	650.0	700.0	787.5	826.9	868.2	911.6	957.2	=D9+D11
13										
14	折旧	(80.0)	(90.0)	(100.0)	(110.0)	(120.0)	(130.0)	(140.0)	(150.0)	= Ch 11 Assumptions!D21
15	摊销	(10.0)	(10.0)	(30.0)	(30.0)	(30.0)	(30.0)	(30.0)	(30.0)	= Ch 11 Assumptions!D22
16	EBIT	510.0	550.0	570.0	647.5	676.9	708.2	741.6	777.2	=D12+SUM(D14:D15)
17										
18	历史利息费用	(80.0)	(80.0)	(80.0)						= Ch 11 Assumptions!D25
19	利息：超额现金				0.0	0.0	0.9	1.2	1.9	
20	利息：循环贷款				0.0	(3.6)	0.0	0.0	0.0	
21	利息：债务1				(34.8)	(30.0)	(20.4)	(8.4)	(0.4)	
22	利息：债务2				(16.7)	(13.1)	(9.5)	(5.9)	(0.3)	
23	利息：债务3				(10.8)	(8.4)	(6.0)	(3.6)	(0.2)	
24	EBT	430.0	470.0	490.0	585.3	621.8	673.3	725.0	778.3	=D16+SUM(D18:D23)
25										
26	税金	(185.0)	(180.0)	(200.0)	(234.1)	(248.7)	(269.3)	(290.0)	(311.3)	=Ch 11 Assumptions!D27
27	附属公司的股权投资权益	5.0	10.0	25.0	25.0	25.0	25.0	25.0	25.0	=Ch 11 Assumptions!D30
28	少数股东权益	(15.0)	(18.0)	(20.0)	(37.5)	(39.8)	(42.9)	(46.0)	(49.2)	=Ch 11 Assumptions!D32
29	净利润	235.0	282.0	295.0	338.7	358.3	386.1	414.0	442.8	
32	第1公司									
33	现金流分析									
34	金额单位千美元									
35										
36					预测	预测	预测	预测	预测	
37	资产负债表	Dec-18	Dec-19	Dec-20	Dec-21	Dec-22	Dec-23	Dec-24	Dec-25	D列，第1个历史年份的公式

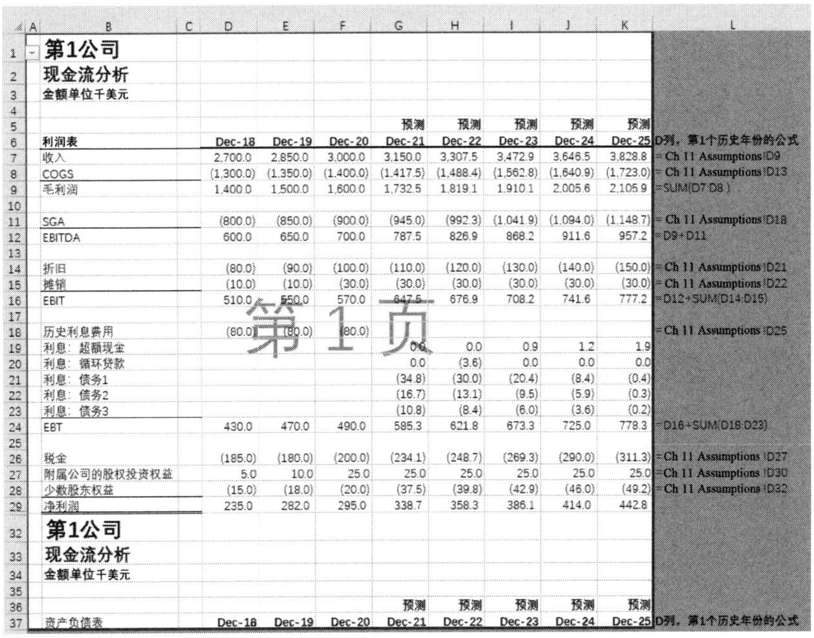

图 11-35　分页预览模式

11.12.6 打印吧!

你可以仍然停在分页预览模式,或者回到普通模式(点击分页预览模式图标左边第二个图标)。使用宏〈Ctrl+Shift+H〉将某些行隐藏。然后点击*文件>打印*。你可以在打印前进行页面预览,然后点击打印即可。

下一章中,我们将继续对模型进行改造并添加新的内容。

第 12 章
情景和其他建模建议

下面列示的是一些附加注释和说明,以使你构建的模型更清晰。

12.1 使用的文件

请使用 www.buildingfinancialmodels.com 网站上的 *Chapter 12 Tips and tricks.xlsm* 文件。该文件的扩展名是 xlsm 且其中包含了在第 11 章使用的三个完整的模型电子表。创建一个同时包含这三个电子表的副本,你可以按照本章的讲解对其进行操作。从该文件开始,标签前缀中有 Ch12 的工作表都是经过修改的工作表。

12.2 已经介绍过的其他实用建议

我已经介绍过如何在 Excel 中进行格式设置(见第 7 章)以及如何在打印时隐藏显示"0"的行(见第 11 章)。

12.3 情景

只有在预测年份才会设置情景且允许模型在不同的假设条件下运行。通过这种方式,你就可以知道在对预测假设的输入项进行不断修改后,模型的输出结果究竟会发生怎样的变化。通常会设置三种情景:基准情景、最好情景、最坏情景。情景的具体名称可以不同,但情景假设的应用都是一样的,即模型可以在任意一种情景假设下运行。

我们并不需要修改模型中的每个科目,只有那些会对模型输出结果产生重大影响的科目才是我们关注的目标。模型中所有的预测假设都是*驱动因子*。创建情景的过程中,我们通常只需要关注七个驱动因子:

- ◆ 收入
- ◆ 销货成本(COGS)
- ◆ 销售及一般性行政管理费用(SGA)
- ◆ 应收账款
- ◆ 存货
- ◆ 应付账款

- 资本性支出

这些都是影响公司营利能力和现金需求的主要驱动因子。最简单的做法就是使用一个转换开关，同时控制这七个驱动因子，具体操作会在下文中讲解。如果你想要拥有更大的选择空间，则可以设置七个转换开关，每个驱动因子对应一个转换开关，这样你就可以根据需要选择各种组合（例如，我们可以使用基准情景下的收入，最好情景下的成本以及最坏情景下的 SGA 等）。不过从分析的角度来看，上述做法可能有点过了，需要分析的东西会太多了。

想要在模型中添加各种情景，只需在输入项电子表中进行操作即可。我们并不是在每个驱动因子下插入几行输入数据，而是直接创建几个新的输入数据行。这里会设置一个转换开关（在这里我们会输入数字，如 1、2 或 3），目的是让模型读取输入项数值时只要在开关中进行选择就可以了。

12.3.1 情景数据行的布局

这里我们以收入为例来说明如何添加情景数据。正如第 11 章所述，保留计算行（图 12-1 中的第 9 行）与模型其他地方之间的链接是一个比较好的做法。这样，我们就不一定要对模型中任何一个读取收入部分数值的公式进行重新设定了。我们会在第 9 行的上方插入情景数据行，而原来的第 9 行就会变成第 18 行（见图 12-2）。为简单起见，我们会将三个收入数据行复制到每个情景下，一共复制三次。这里有三个收入数值可供选择，我们需要选出一行数据供"报告"电子表使用。

	A	B	C	D	E	F	G	H	I	J	K
1	第1公司										
2	现金流分析										
3	金额单位千美元										
4											
5							预测	预测	预测	预测	预测
6	利润表			Dec-18	Dec-19	Dec-20	Dec-21	Dec-22	Dec-23	Dec-24	Dec-25
7	收入			2,700.0	2,850.0	3,000.0					
8	增长率%			n/a	5.6%	5.3%	5.0%	5.0%	5.0%	5.0%	5.0%
9	收入			2,700.0	2,850.0	3,000.0	3,150.0	3,307.5	3,472.9	3,646.5	3,828.8
10											
11	COGS			(1,300.0)	(1,350.0)	(1,400.0)					
12	占收入的百分比%			48.1%	47.4%	46.7%	45.0%	45.0%	45.0%	45.0%	45.0%
13	COGS			(1,300.0)	(1,350.0)	(1,400.0)	(1,417.5)	(1,488.4)	(1,562.8)	(1,640.9)	(1,723.0)
14	毛利润			1,400.0	1,500.0	1,600.0	1,732.5	1,819.1	1,910.1	2,005.6	2,105.9
15											

图 12-1　收入数据的原始布局

我们在 E3 单元格中增设了一个情景选择输入项。数据验证下拉列表中有"1、2、3"三个数字供用户选择。我们可以在旁边输入一个公式（箭头指向的位置），用以显示所选的情景名称。所有情景名称都列示在"设置"电子表格中。

图 12-2 涵盖情景数据的收入部分布局

在第 18 行，我们通过 CHOOSE 函数并基于所选的数字代码来提取相应的情景数据。下面显示的是 D 列中的公式，我们可以将其一直复制到 K 列中。你也可以将其复制到 C 列以便模型读取的标签中也能包含情景说明：

=CHOOSE($E$3,D9,D13,D17)

12.3.2 针对历史年份也要设置三组输入项吗

再设置三组历史年份的输入项似乎有点过分。这里并不需要将历史数据输入三遍。一个比较简单的解决方法就是将第 2 个和第 3 个情景所使用的输入项都链接到第 1 个情景使用的输入项位置。图 12-3 中的数据就是这样设置的。

图 12-3 将输入的历史年份收入和基准情景下的收入放在一起

12.3.3 现实中的情景

在现实分析中,通常不会通过手动输入数值的方式来进行情景测试。很可能我们真正想要做的是测试不同的假设增长率或指标比率,而不是特定的金额数值。我们可以将预测部分的布局设置得更加简单一点,只需输入一行基准情景下的数值,但同时设置三组增长率或指标比率的输入项。这里会以 COGS 的计算部分为例(见图 12-4)。在本例中,第 24 行的 COGS 数值就相当于原来的第 13 行数据,电子表"报告"会读取该行数据。该行与其他部分的链接仍然保留且无须进行任何调整:

	A	B	C	D	E	F	G	H	I	J	K
20		COGS		(250.0)	(350.0)	(400.0)					
21		基准情景下占收入的比例		50.0%	50.0%	40.0%	40.0%	40.0%	40.0%	40.0%	40.0%
22		最好情景下占收入的比例					38.0%	38.0%	38.0%	38.0%	38.0%
23		最坏情景下占收入的比例					42.0%	42.0%	42.0%	42.0%	42.0%
24		COGS		(250.0)	(350.0)	(400.0)	(420.0)	(441.0)	(463.1)	(486.2)	(510.5)
25		毛利润		250.0	350.0	600.0	630	661.5	694.6	729.3	765.8
26											

图 12-4 情景输入项的简要布局

G24 单元格中的公式如下:

=IF(AND(G20<0,$E$3=1),G20,-G$18*CHOOSE($E$3,G21,G22,G23))

仅当存在小于 0 的数值且情景代码为 1 时,模型才会读取顶部的那行数据。这里需要说一下,最好情景下 COGS 占收入的比例比基准情景下的比例要低。这是因为最好情景其实就是更加乐观的一种预测,即费用占收入的比例更低。

12.3.4 将正在使用的情景行设置为 Wingdings 字体以突出显示

为了帮助用户查看当前使用的情景,你可以在当前使用的输入数据行中添加标记符号(见图 12-5)。下面这个公式是用于在情景设置行显示箭头:

=IF($E$3=1,CHAR(232),"")

显示箭头的"诀窍"就是:必须要将该单元格设置成 Wingdings 字体。Wingdings 字体是 Excel 自带的一个字体。在该字符集中,CHAR(232)是一个右箭头。

仔细研究一下练习文件中包含情景输入项的模型。然后按照介绍的布局创建你自己的情景数据区域。

	A	B	C	D	E	F
1	第1公司					
2	现金流分析					
3	金额单位千美元			情景	1	基准情景
4						
5						
6	利润表			Dec-18	Dec-19	Dec-20
7	基准情景下的收入		→	2,700.0	2,850.0	3,000.0
8	增长率%		→	n/a	5.6%	5.3%
9	基准情景下的收入		→	2,700.0	2,850.0	3,000.0
10						
11	最好情景下的收入			2,700.0	2,850.0	3,000.0
12	增长率%			0.0%	5.6%	5.3%
13	最好情景下的收入			2,700.0	2,850.0	3,000.0
14						

图 12-5 将 C 列设置为 Wingdings 字体以显示符号

12.3.5 其他布局

你也可以使用其他布局，比如将情景输入项的位置水平向右移，即从 K 列右边的几列开始。之前将三组情景输入项以从上到下的方式排列可能在取数的时候容易乱，而按列排列则相对好一些，但缺点就是数据的位置比较靠后，需要向后翻才能看到。同样，我们可以将所有的情景数据都放到"设置"工作表中，并将其视为完全独立的假设数据，但是这样我们就无法看到选择结果了。这里可以大胆尝试，以获得最合适的布局。

12.4 数据验证

使用数据验证，你可以限制可输入的数据类型，这样输入的数据就会更加可靠。最简单的就是限制输入数据的类型（例如只能输入整数或某范围内的数值等），不过你也可以设置更加复杂的限制条件，例如可在一个操作起来很方便的下拉列表中设置输入项的限定条件。

如果你输入的数据类型错了，数据验证功能就会弹出一个窗口提醒你输入错误。另外，设置数据验证后，只要将光标放在使用数据验证功能的单元格中，就会显示要求输入的数据类型。你可以将这些特定单元格的提示信息作为单元格注释来使用（见12.4.3）。

启用数据验证的操作步骤如下：

（1）将光标移到你想要执行数据验证功能的单元格或单元格区域。单击*数据>数据*

工具部分，数据验证>数据验证。这时就会弹出一个对话框（见图 12-6）。

图 12-6 "数据验证"对话框

（2）在*设置*选项卡下，点击*允许*下拉列表：指定可输入的数据类型（见图 12-7）。选择其中一个数据类型后还会让你输入另外一组限定条件。

图 12-7 数据验证设置选项卡中的选项

12.4.1 整数设置

例如，你可以输入一个范围内的整数。范围就是介于最大值和最小值"之间"。我们在模型中设置情景时这个设置就很有用，这样就可以将输入项设定为 1～3 的整数。

在"之间"指定的这个范围内,你还可以进行其他设置。如果你想输入非整数(例如2.3),就要使用十进制设置。

12.4.2 下拉列表

为了进行数据验证通常都会设置下拉列表。这个可以在*序列*选项中进行设置(见图12-8)。

图12-8 创建下拉列表

在来源输入框中,你可以直接输入想在下拉列表中显示的内容,或者也可以引用想在列表中显示的内容。如果你使用的是比Excel 2013版还要早的版本,并发现无法引用不同工作表中的区域,则可以先设定区域名然后再引用这个区域名。

12.4.3 输入信息选项卡

你可以编写一条信息,当选择使用数据验证的单元格时就会显示这条信息。*输入信息*和*出错警告*信息适用于各种验证条件,并不只限于下拉列表。只需在*输入信息*选项卡(见图12-9)中直接输入信息即可。下图中展示了信息的显示方式。如果你想简化显示信息则在左上角可以不设置*标题:*(加粗字体)。这样给单元格添加注释会更加简单明了(操作完成后单元格的角上会显示一个红色三角)。

图 12-9　选择单元格时就会显示信息

12.4.4　出错警告选项卡

当你输入的内容不符合允许输入的数据限制条件会怎样呢？Excel 会弹出一个默认信息然后阻止输入。不过，你可以在*出错警告*选项卡对显示的信息和执行的操作进行自定义。如图 12-10 所示，你可以自己设定想要显示的出错警告信息。软件中默认的操作就是停止输入——该选项会显示在*样式*输入框中，同时还会显示一个背景是红色圆圈的叉号。不过，还有一种可能就是你希望显示警告信息但又想继续操作。这种情况下，在*样式*中还有其他两个选项：警告或信息。这两项设置——一个是背景为黄色三角的叹号，一个是背景为蓝色圆圈的叹号——选择这两项都可以继续输入不符合限制条件的内容。

图 12-10　出错警告选项卡

你可以不勾选*输入无效数据时显示出错警告*以关闭所有的警告信息，不过并不建议这样做——这相当于将数据验证所有有用的功能全都关闭了！

12.4.5 一项可以执行数据验证的黑客技术

这是一项比较实用的"黑客技术"（这种方式适用于任意系统但并不保证一定会起作用）。这种方式可以快速保护单元格防止其被非法输入。

选择一个单元格或单元格区域，然后选择数据验证窗口中的*自定义*（见图12-11）。在*公式*输入框中，输入 FALSE。这样可以防止你选定的区域被非法输入内容——如果你想要防止某些单元格内容被无意间修改，那么这个简单的单元格保护黑客技术就会比较有用。不过，如此设置后并不是说就万无一失了：你仍可在这些单元格中执行复制和粘贴，仍然可以改写这些单元格中的内容。实际上该方法可以防止用户由于操作失误无意间改写了单元格内容，但是对于特地修改或篡改单元格内容的行为其实是没有用的。

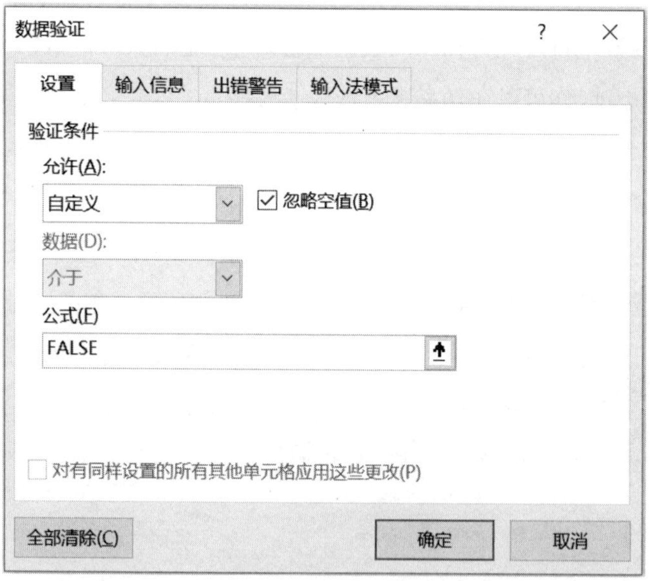

图12-11　一项可以执行数据验证的黑客技术

12.4.5.1 为什么会这样

在*公式*输入框中输入 FALSE 意味着输入任何内容都不可能通过验证——这就是数据验证不予通过的原因。比较好的做法并不是在输入框中输入 FALSE 而是从其他地方引用另一个单元格（比如可以将这个区域命名为"允许修改"）。然后你可以在那里输入 TRUE 或 FALSE。如果你需要随时执行数据验证并修改相应数据，则可以输入

TRUE 以关闭"单元格保护"。即使开启单元格保护,输入信息和出错警告信息仍然可用。

12.5 条件格式

条件格式会根据你设定的条件来修改单元格的属性。你可以修改:

- 字体颜色/粗体/斜体。
- 单元格的边框。
- 单元格的背景(图案)颜色。

12.5.1 设定条件格式

首先将光标放在你要设置格式的单元格上。然后选择*样式*部分的*条件格式*(见图 12-12)。

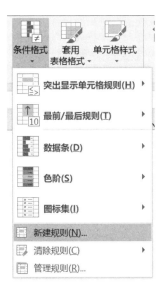

图 12-12 条件格式选项卡

12.5.1.1 新建规则或管理规则

选择*新建规则*以查看图 12-13 中显示的格式化设置窗口。这里需要注意的是:由于你想在工作表中使用更多的条件格式,所以最好还是通过点击管理规则来启用这些条件格式。因为在条件格式规则管理器中会显示所有的条件格式,这样就可以避免重复设置。

或创建相互矛盾的格式。实际上，我建议你新建条件格式时最好还是先点击管理规则看一下。

如果条件格式规则管理器中已经有一个条件格式，则既可以使用*管理规则*窗口中的编辑规则功能对其进行修改，也可以将其删除。

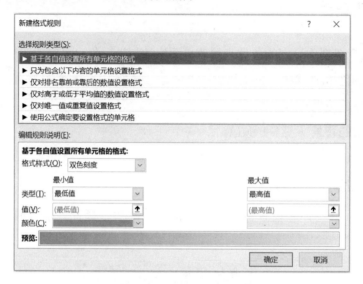

图 12-13　新建格式规则

选择窗口顶部的选择规则类型。规则从字面上看很容易理解。我认为选择规则类型列表中最常用的就是第 2 个和第 6 个选项。其他选项与条件格式中的可用选项类似（见图 12-12）。下面，我会对两个常用选项进行详细说明。

12.5.2　条件格式的设置步骤

无论你选择哪项，设置步骤都是一样的：

1. 在*选择规则类型*列表中选择一项（见图 12-13）。

2. 在*新建格式规则*窗口设置格式规则（见图 12-14）。此窗口会根据你所选的格式规则而有所不同。图中选择规则类型的列表中就有一项*使用公式确定要设置格式的单元格*。

3. 点击窗口底部的*格式*按钮并对各种格式要素（数字、字体、边框、填充）进行设置。

4. 设定条件格式所*适用*的区域（见图 12-15）。

第 12 章　情景和其他建模建议

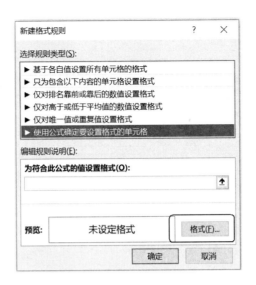

图 12-14　新建格式规则窗口

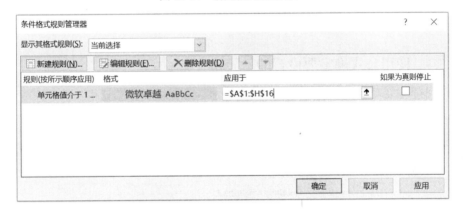

图 12-15　条件格式规则管理器

12.5.3　只为包含以下内容的单元格设置格式（第 2 项）

选择此项后，你只能对包含第一个下拉列表中特定内容的单元格设置格式（见图 12-16）。设置此项后，需要在第 2 个下拉列表中选择适当的数值条件。然后在输入框中填写数值。当选择"介于"和"未介于"以外的选项时，只会显示一个输入框。

将条件格式的触发参数都设置完成后，就可以点击*格式*按钮以对单元格执行条件格式。如果起始单元格使用了常规格式，你想对它的很多属性都进行修改（比如在单元格中使用粗体、斜体、添加边框并使用不同的背景图案），那么将条件格式的运行逻辑"反过来"可能更易操作。换句话说，就是对起始单元格的各种属性进行设置，而条件格式则变成"简单、常规"的属性。当然，你必须确保条件格式的运行逻辑是对的。

229

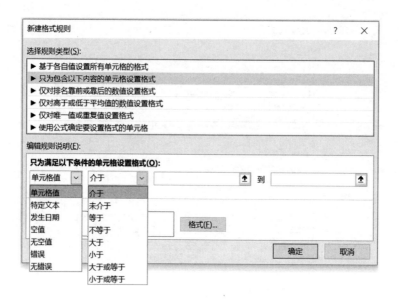

图 12-16　选择第 2 项

12.5.4　使用公式确定要设置的单元格（第 6 项）

我们回过头来看看如何通过"使用公式确定要设置格式的单元格"这个选项来创建条件格式（见图 12-17）。

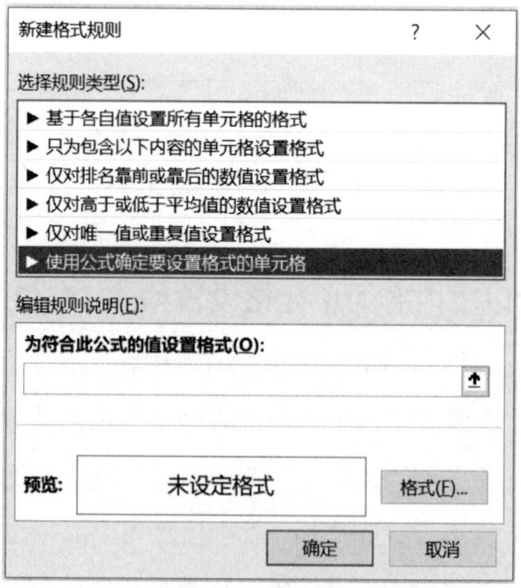

图 12-17　选择第 6 项

为符合此公式的值设置格式的下方是一个输入框，你可以将要在单元格中使用的公式写在这里。如果你想找到包含"收入"字样的单元格，则需要输入公式=C10="收入"，而不要只输入 C10="收入"。没有最前面的这个=，Excel 就会将上述内容视为文本字符串。实际上，输入 IF（C10="收入", TRUE, FALSE）这个测试语句也不能说就是错的，只不过在这里只要输入 IF 语句的测试部分就可以了。

12.5.4.1　跨区域使用条件格式

如果你要跨单元格使用条件格式，就需要对公式中的绝对引用格外小心：如果要跨行使用条件格式，那么这些行中就不能包含绝对引用，跨列使用亦是如此。如果要将条件格式应用到所有单元格中，你可能就要删除所有绝对引用了。

在下面这个例子中，C1:C4 单元格分别输入的是一年四个季度的数据（见图 12-18）。假设我们现在处在年中时点且想要根据 C6:C9 单元格中的标识将前两个季度的单元格设置为灰色。C6:C7 单元格中包含 0（无须输入），C8:C9 单元格分别对应数字 1。

图 12-18　设置条件格式

条件格式的设定起点是光标所在的 C1 单元格。在你设置条件时，会将=C6=0 作为对 C1 单元格的限制条件，Excel 会按照=$C$6=0 来处理。然而，由于你想让四个单元格都使用这个条件格式，就需要删除对行的绝对引用，这样一来公式就会变成：

=$C6=0

如果你想在其他列中使用该格式，最好将列的绝对引用也删除，最后就会得到下面这个公式：

=C6=0

要想跨区域使用条件格式，关键就是要删除绝对引用。在向下应用条件格式时，你可以想象成 Excel 在 C2 单元格中执行的验证公式就是=C7=0，到了 C3 单元格验证公式就变成了=C8=0，后面以此类推。另外，对于其他单元格的绝对引用仍旧有效，Excel还是会使用=$C$6这个验证条件，结果就是四个输入项单元格的背景都会变成灰色。

12.5.5 查找使用条件格式的单元格

设置了条件格式的单元格与没有设置条件格式的单元格从外观上来看是完全相同的。查找使用条件格式的单元格的位置是一个比较好的方法，即使用〈F5〉（定位）键然后点击对话框中的*定位条件*按钮。在定位条件的窗口中，点击*条件格式*。完成设置后，凡是使用了条件格式的单元格都会在屏幕上被突出显示。

12.6 检查和校对

模型是否会出现错误、何时会出现错误对于我们而言是很重要的，最好就是能在错误发生的时候及时获得提示并马上进行更正。当你在错误真正发生之后又进行了很多修改，那么想要找到错误的源头就会非常困难。在我们一直研究的模型中，已经在资产负债表的底部设置了一个错误检查项。随着你开发的模型越来越多，种类也各不相同，对于各项计算进行检查就变得非常重要。例如：

- 资产负债表余额。
- 资产负债表余额为负（比如，固定资产净值存在超额计提折旧的情况）。
- 在整个模型中完全按照比例进行100%的分配。
- 同一科目的数值相同但计算方法不同。
- 约定的条款和其他输出比率没有超过它们对应的阈值。

12.6.1 为了执行检查而设置的公式

下面列示的就是一个比较好的检查公式

$$=IF(x<>y,1,0)$$

还可以变形为：

$$=IF(x>0,1,0)$$

$$\text{=IF(ABS(x–y)>[容错值],1,0)}$$

容错值是一个很小的数值（我们通常设置为 0.001）。因为 Excel 中的计算采用的是十六进制，然后将结果转回到十进制时就会形成微小的误差。通常我们都会认为这是些非常微不足道的误差，例如误差大约为 0.000 000 000 2。使用容错值就意味着在检查时可以忽略这些无关紧要的差额。

出现错误时，我们希望公式可以显示 1（意为是的，那里有个错误）以便我们可以统计错误数量。当各项错误都被修正后公式就会返回 0。

然后就可以设置自定义格式例如：

[红色]"错误"; "错误"; [绿色]"OK"

如果你回顾一下第 3 章，就会知道以分号相隔的格式代码（注意：某些国家特定的 Excel 版本会使用其他标点符号，例如冒号）会是这样：

正数; 负数; 0

使用了自定义格式，"错误"的统计数就会显示为红色，因为我们在代码中设置了[红色]字体。这里不会出现负数，所以后面这部分可以是任何内容——我已经在"错误"中预留了占位符。最后显示 0 的单元格会显示绿色的"OK"。然后字体会默认为粗体。这样我们就拥有了一个独立的错误检查项，不要使用条件格式，因为如果对其进行了大量的复制粘贴操作，就会导致格式设置比较分散且难以管理。

12.6.2　创建检查列表并依据列表内容进行校对

整理好检查列表后，请专门制作一个表格，其中要设置一个称为*校对*的单元格。然后在每个工作表的顶部都会看到这个校对项（该项会显示"OK"或"错误"——只有什么地方出现错误时才会显示"错误"）。校对项所在的单元格会使用一个非常醒目的条件格式，例如红色背景配黄色加粗字体，为的就是不错过任何一条错误提示信息。

12.6.3　为实现最好的提示效果，使用红色警告条

为了进一步提升错误提示效果，在 A 列中使用了条件格式，而该列与校对项存在链接。当校对项检测到错误，整个 A 列都会变成红色即会生成一个"红色警告"。请查看 *Chapter 12 Tips tricks.xlsm* 文件中的 *Chapter 12 Report* 工作表。为了测试可以输入一个数

字,比如在 G68 单元格中输入 123——测试完后一定要恢复正确的公式!

设置红色警告条的具体步骤请见图 12-19 和图 12-20。检查规则就是如果$C$69>0(也就是说,发现一个或多个错误)就会触发警报。

图 12-19　设定红色警告条的使用规则

图 12-20　设定规则使用的区域

12.7　将合计数突出显示

正如我在第 7 章中提到的,当你在合计数的上方添加框线时应该设置合计行的上框线,而不是设置合计行上方单元格的下框线。这样做的好处就是,如果你需要在合计数上方添加或删除行,则那个框线会随着合计数移动(见图 12-21)。

图 12-21　对于合计数行请设置上框线

12.8　当引用的单元格为空时不要显示 0

引用的单元格有时可能为空，如果该单元格真的为空就会返回 0。为了解决这个问题，你可以输入以下公式：

=IF(设置!$B$1="","",设置!$B$1)

不过还有两个简化公式可供选择：

=设置!$B$1&""
=""&设置!$B$1

单元格为空时，Excel 就会读取空字符（""）而不是显示 0。如果你在单元格中只输入文本而不是数字才会使用这个公式。因为使用（&）将一个数字和一个""连在一起会引发错误。

12.9　核算周期不是一年

我们在本书中建好的模型都是假设一列代表一年。如果要构建非年度模型，则除了要调整每列对应的日期，还需要调整以下内容：

- 增长公式如何运行。
- 与利润表和资产负债表有关的比率。

12.9.1 增长公式

假设年度增长率为 n%，使用增长公式计算的一年后的数值 x 等于：

$$x = 前一年的数值 * (1 + n\%)$$

对于核算周期不是一年的情况，假设你会继续使用年增长率，则必须设置一个指数。使用季度增长率计算的一个季度后的数值 x 等于：

$$x = 前一个季度的数值 * (1 + n\%)^{0.25}$$

公式中的 0.25 代表一年中的一个季度。要想获得半年的增长率，该指数就应该是 0.50，以此类推。n%通常就是年度增长率。

12.9.2 季度增长

当你使用季度模型时，通常都会使用年度增长率和一年前的季度数值来计算当季度数值。

12.9.3 比率

分子和分母都来自同一张财务报表（例如净利润率是净利润/收入；负债率是负债/资本总额）的比率并不会受到核算周期的影响。但是，需要跨表取数进行计算的比率（比如，应收账款周转天数）就需要进行调整。应收账款是资产负债表中的数值，其代表了一部分收入，如果你手里只有季度销售额并用它来对应 365 这个分母，则该比率就会下降。对于这种情况，你应该将 LTM（过去 12 个月）的收入作为分子，或者将分母换成季度中的天数。

12.10 其他来源

过去你需要在书店或图书销售网站上才能找到很多已经出版的建模书籍。但是现在这些资源都移到了互联网上。只要在搜索栏中输入想要查询的 Excel 或建模问题，你就会发现其他人也提出了相同的问题。点击链接基本上就会得到答案。得到的答案可能并不适用于你遇到的情况，却可以为你提供一个解决问题的大致方向。上述答案通常来自专业的 Excel 论坛，如果你还没有找到答案可以再在这些论坛上提问。

第13章
比率

在本章中，我们将通过各类比率来反映公司的运营状况。

13.1 将一个数值与另一个数值进行比较

当数值可以以比率的形式与其他数值进行比较时，这些数值才是最有价值的。举个例子，假设有两家公司，两家公司的净利润均为 1 000 万美元，仅看这个指标两家公司似乎盈利能力一样。但是如表 13-1 所示，当对比了其他数值后——在这个例子中，我们选择的是两家公司的收入——就会另有发现。

表 13-1

	A 公司	B 公司
净利润	1 000 万美元	1 000 万美元
收入	1 亿美元	2 亿美元
净利润率	10%	5%

真实情况是，第 2 家公司净利润所反映出的盈利能力仅为第 1 家公司的一半。同样，我们面前有两家公司，一家公司的收益是另外一家公司的两倍。那么盈利能力也是两倍吗？不一定（见表 13-2）。

表 13-2

	C 公司	D 公司
净利润	1 000 万美元	2 000 万美元
收入	1 亿美元	2 亿美元
净利润率	10%	10%

一家公司的收入是另一家公司的两倍，即使它们的规模不同，但是净利润率是一样的。

比率就是将数值指标化——它们将不同系列的数字放到了同一个标准下，这样我们就可以看清以下公司的运营情况：

- ◆ 一家已经运营了很长时间，已经经历过可观增长的公司。
- ◆ 尽管可能规模不同，但是同属一个行业的公司。
- ◆ 不同行业的公司。
- ◆ 不同国家的公司。
- ◆ 上述任意组合下的公司。

当然，在对比不同规模公司的数据时，必须要考虑经济规模和不同的会计处理方法等因素。尽管如此，对于分析而言，比率仍然是一个很好的切入点。

不同行业的基准比率也各不相同，所以比率分析的对象可以是多家公司，但必须是同一行业的，这一点很重要。在处理比率时，你还应警惕公司经常会利用会计处理方法操纵公司的利润数据以便让比率更好看。比如，很多百货公司都会选择在 1 月或 2 月即财务核算年度的末期维持一个比较低的存货量，而经过年末节日促销后会维持一个比较高的现金储备。马上就要到报告截止日期时，公司会将短期营运资金贷款还清，这样就可以获得一个很好看的债务比率。然后等报告期过后再使用信贷额度。

13.2 负数

从建模的角度来看，负数会带来一些问题。这里以净资产收益率（净利润/所有者权益）的计算为例（见表 13-3）。

表 13-3

	E 公司	F 公司
净利润	1 000 万美元	-1 000 万美元
所有者权益	1 亿美元	-1 亿美元
净资产收益率	10%	10%

这么一看似乎两家公司的净资产收益率是一样的，但是很明显一家公司运营状况良好，而另外一家则陷入困境。对于这种情况，你可能想用 IF 语句进行一个判断，即只有当分母为正数时才会计算比率，否则将会返回"n/a"（不适用）这个文本信息。

这里还有另外一个案例（见表 13-4），其中 H 公司的股利支付率（股利/净利润）是负的：

表 13-4

	G 公司	H 公司
股利	10 000 美元	10 000 美元
净利润	50 000 美元	-50 000 美元
支付率	20%	-20%

支付率是负的并不意味着 H 公司的支付率就比 G 公司低。甚至正相反，H 公司提供了一个过高，且可能并不可靠的支付率，因为在支付股利的时候实际上公司是净亏损的。

13.3 比率类型

当我们查看公司和它们的比率时，会将比率分为六大类。这六类比率适用于所有类型的公司，但是每一类比率对于各行业的重要性有高有低：

- 规模。
- 流动性。
- 效率。
- 盈利能力。
- 杠杆。
- 偿债能力。

13.3.1 一些重要的科目

EBIT，或息税前利润。是指在考虑利息费用（利息是一项与融资决策有关的成本，其与经营决策无关）和税金（是在受监管的经济环境之下开展经营活动所产生的成本）之前公司能够获得的经营性收益。该科目还被称为营业利润。

EBITDA 即息税折旧摊销前利润。由于折旧和无形资产摊销是非现金费用，所以 EBITDA 反映的就是公司能够从经营活动中获得的现金。支付利息所需的现金均来自这里，公司债权人会密切关注该指标以衡量公司的偿债能力。

净债务是债务总额减去现金和现金等价物。现金等价物包括短期投资或有价证券，其可轻易地兑换成现金。净债务是指一家公司在扣除现金和现金等价物后所承担的债务净额。公司拥有的现金头寸大于其债务总额，则净债务就是负的，这是一种比较好的情况。

13.4 关于公司规模

在所有条件都相同的情况下，使用下面这三个指标来衡量公司规模，结果是公司越大发展越稳健：

1. 收入

2. 现金流总额
3. 所有者权益总额

13.5 关于流动性

流动性指标反映了一家公司的流动资产中究竟蕴藏了多少现金。如果必须要将流动资产全部变现，则从流动性指标中就可以知道公司将流动资产变现后偿还流动负债的能力。

13.5.1 净营运资金

营运资金等于流动资产减流动负债，但大多数时候会使用净营运资金。它等于（流动资产减现金或超额现金）−（流动负债−短期流动负债）。净营运资金反映的是公司必须要持有的现金，如果没有这些现金公司就会陷入困境，因为商品销售的货款还没有支付（看看应收账款就知道），另外或还需要储备原材料（看看存货科目就知道）。与此同时，如果公司可以延迟向供应商支付货款（即形成应付账款）则可以暂时不动用现金。维持较低的净营运资金，或者更关键的是将净营运资金的年增加额维持在低位，这是公司现金管理策略中的重要组成部分。

13.5.2 流动比率

流动比率等于流动资产除以流动负债。该比率是一家公司流动资产（如果所有流动资产都能兑换成现金）对流动负债总额的倍数。

13.5.3 速动比率

速动比率与流动比率相似，只是它的计算标准更为苛刻（该比率比流动比率要低），它将存货从分子中剔除。这是因为存货的流动性较差，通常无法立即变现，至少在不依靠大力度促销以及"甩卖"的情况下是这样的。

13.6 关于效率

下面这些比率反映的是一家公司利用其资产实现销售的效率。前五个比率中涉及的资产负债表科目都是公司在创造利润的过程经常会用到的核算科目。最后两个比率关注的则是为了实现销售，公司对于现有资产的使用效率究竟有多高。

1. 应收账款/收入×365。
2. 存货/销货成本×365。
3. 应付账款/销货成本×365。
4. [（流动资产–现金）–（流动负债–短期债务）]/销售额或净营运资金/收入。
5. 净营运资金的变动额和净营运资金/收入的变动额。
6. 收入/固定资产净值。
7. 收入/资产总额。

13.6.1 应收账款/收入×365

应收账款/收入×365 反映的是一家公司应收账款的周转天数：天数越多，其应收账款管理水平越差。如果公司销售了产品却未收回货款，则等于向客户提供了一笔无息"贷款"，自身本可以用于生产的现金就被占用了。

该计算前面的部分即应收账款/收入反映的是应收账款在收入中的占比。乘以一年中的天数后得到的并不是一个比率，而是应收账款的平均回收天数。因此这个计算结果就被称为"销售变现天数"或"应收账款周转天数"（有时该指标后半部分乘以的天数会变成 360 天，为了简化计算，对于闰年使用 365 天进行计算也是可以的）。

13.6.2 存货/销货成本×365

存货/销货成本×365 反映的使一家公司存货变现的天数。天数越多，情况越糟。与应收账款周转率相同，"存货周转天数"反映了一家公司的存货在被投产或被售出前占用现金的时长。存货周转天数多意味着销售缓慢，和/或存货管理系统的低效。

13.6.3 应付账款/销货成本×365

应付账款/销货成本×365 反映了一家公司向其供应商支付货款的天数。"应付账款周转天数"越多，对于公司越有利。欠付供应商的货款意味着从供应商那里获得了一笔免息的"贷款"。

计算该指标时的分母为销货成本，而非收入，这是由于未付的账单通常与存货采购有关。

应付账款周转天数较短意味着公司拥有一套高效的支付系统，并且运转良好。较长的应付账款周转天数意味着公司拥有极强的购买力以至于可以延期支付，且供应商尚能接受这种做法。如果该指标过高并超过上限，所谓的上限并没有一个标准值需要自行判断，则说明公司资金状况恶化现金趋紧，可能很难马上支付欠款。由于供应商会考虑与公司开展业务存在的潜在风险，延迟付款可能会导致公司可使用的新信贷额度下降和/或需要签订一些不利条款。

13.6.4 净营运资金/收入

这是一个重要的比率，其等于[（流动资产-现金）-（流动负债-短期债务）]/收入。净营运资金/收入反映的是必须要在公司"投入"的现金占收入的比例——这是一部分还没有收到或者已经备好待用的现金，所以不能用作其他用途——维持营运资金水平是一项重要的经营管理措施。

净营运资金管理对于一家公司的成功是至关重要的，特别是处在高速成长期的公司。公司往往会在出现井喷式增长时失败，因为在此期间销售额上涨会导致公司的应收账款和存货增加，加之额外的资本性支出增加，就会耗尽手中持有的现金，这时即使公司产品销量飙升也于事无补。

净营运资金/收入反映了公司的运营状况究竟如何。该比率逐步增长则不是一个好现象，因为这意味着净营运资金占用的现金越来越多。

13.6.5 收入/固定资产净值

该比率越高，则意味着公司对固定资产的利用效率，也可以说是固定资产的产出率就越高。一般来说，工业企业的这个比率要比服务类企业低，因为它们需要更大规模的资产才能获得同等规模的收入。

13.6.6 收入/资产总额

该比率越高，代表公司的生产能力越强。对不同行业公司的这个比率进行比较意义不大，因为该比率在不同行业的平均水平相差很大。

13.7 关于盈利能力

1. 毛利率，或毛利润/收入
2. EBIT 利润率，或 EBIT/收入
3. EBITDA 利润率，或 EBITDA/收入
4. 净利润率，或净利润/收入
5. EBIT/投入资本总额
6. 平均普通股本收益率
7. 平均资产收益率

13.7.1　毛利率

毛利率是指扣除原材料支付金额后的收入余额占收入总额的比例。支付的原材料费用被视为一项销货成本。对于服务类企业而言，"原材料"费用会计入"服务成本"。

13.7.2　EBIT 利润率

EBIT 利润率是指扣除例如销售及一般性行政管理费用等其他经营性费用后的收入余额占收入总额的比例。该比率也被称为营业利润率。

13.7.3　EBITDA 利润率

EBITDA 利润率是指 EBITDA 占收入总额的比率，EBITDA 等于 EBIT 加折旧和摊销这两项非现金费用。

13.7.4　净利润率

净利润率是指税后净收入所得占收入总额的比例。

13.7.5　平均普通股本收益率

平均普通股本收益率，有时称为净资产收益率（ROE），是基于年初与年末普通股

本的均值计算的。(每一年年初的普通股本等于上一年年末的普通股本。)这是由于盈利的产生贯穿全年,所以计算收益率时也应该基于同时期内的普通股本金额。

13.7.6 平均资产收益率

平均资产收益率,有时称为资产收益率,该比率分母中平均值的计算方法与平均普通股本收益率分母的计算方法一样。

13.8 关于杠杆

以下比率都用来测算公司杠杆系数,或者相对投资或盈利而言的债务规模。无论是何种情况,都是比率越高,即杠杆越高,违约的可能性也就越大。

现金是度量债务清偿能力的指标,这就是为什么在计算杠杆比率时倾向于使用EBITDA。

1. 债务总额/所有者权益。
2. 债务净额/所有者权益。
3. 债务总额/投入资本总额。
4. 银行债务/EBITDA。
5. 优先债务/EBITDA。
6. 债务总额/ EBITDA。
7. 债务净额/ EBITDA。

13.8.1 债务总额/所有者权益

在一定范围内,出现高债务权益比也不一定就是坏事。应该在公司有足够的现金流能够偿还债务的情况下来看这个指标。

13.8.2 债务净额/所有者权益

债务净额/所有者权益与债务总额/所有者权益比率类似。债务净额等于债务总额减现金及现金等价物。现金等价物是指可以快速兑换成现金的科目(例如,短期投资或有价证券)。债务净额反映的是公司当前仍需承担的债务,之所以扣除现金及现金等价物是因为我们认为现金及现金等价物似乎可偿还一部分债务。公司拥有的现金头寸远大于其承担的债务总额时，债务净额就是负的。

13.8.3　债务总额/投入资本总额

该比率的分母是投入资本总额，其为所有者权益、债务总额和少数股东权益的合计数。

13.8.4　优先债务/EBITDA、债务总额/EBITDA、债务净额/EBITDA

这些比率的分子是债务金额而分母都是EBITDA，反映的是各种债务测算数据与公司能够获得的营业利润现金之间的关系。在一个年度模型中，EBITDA就是年度收益，因此每个比率要表达的意思就是公司承担的债务相当于多少年的收益。如果你开始构建的模型中涉及非年度周期数据——例如，如果每一列都会列示季度数据——这些比率的用处就不大了，除非是将季度EBITDA数值转化成年度数值。对于季度EBITDA数值而言，可以采用"干净利索"的方法将其转化成年度数值，即直接乘以4，但是如果公司的数据具有季节波动性，这么处理就会得到错误的数值。在这种情况下，选择最近12个月的EBITDA合计数或LTM EBITDA更合适。

13.9　关于偿债能力

偿债能力是指公司用其现金流覆盖利息费用或履行还款义务的能力。

1. 利息保障倍数：EBIT/利息费用。
2. EBITDA/现金利息费用。
3. （EBITDA-资本性支出）/现金利息费用。
4. 固定费用偿付比率。
5. 固定现金费用偿付比率。
6. 经营活动产生的现金流/债务总额。
7. 经营活动产生的现金流/债务净额。
8. 经营活动产生的现金流/负债总额。

13.9.1 利息保障倍数

利息保障倍数（TIE）是公司 EBIT 与其利息费用的比率。银行在进行放贷决策时非常看中这个比率。如果一家公司的 TIE 为 3 倍，这意味着即使利息费用增加至原来的 3 倍该公司的 EBIT 也能满足支付需求。换言之，EBIT 缩水 2/3 也不至于违约，或者无法支付利息费用。银行通常希望借款公司的这个比率高一些，因为该比率越高就意味着安全垫越厚，形成不良贷款的风险就会越低。

13.9.2 EBITDA/现金利息费用

EBITDA/现金利息费用是基于现金基数计算的 TIE。EBITDA 是公司创造的现金收益。该比率的分母使用了现金利息费用，因为有部分债务的利息并不是以现金形式支付，而是计入债务余额中的。这种债务被称为增值型债务。此外，它还被称为实物支付型债务（或称为"PIK"）。因此，上述比率的分母为总利息费用（现金利息及非现金利息的总和）减去非现金利息。该比率从另一个角度进行了偿付分析，因为在这里是将 EBITDA 作为衡量一家公司现金盈余的指标，与现金利息费用进行比较。

13.9.3 （EBITDA-资本支出）/现金利息费用

（EBITDA-资本性支出）/现金利息费用是衡量公司扣除必要支出即资本支出后的现金盈余对现金利息的支付能力。为了支付利息，公司可能会降低资本支出金额或将资本支出的时间推后。但是，如果真的这样做了，可能会导致公司长期缩减产能（随着其固定资产老化及破损加重）导致创收活动受限，最终还是会损害利息支付能力。

13.9.4 固定费用偿付比率

该比率等于（EBIT+租金费用）/（利息费用+优先股股利+租金费用）。其对零售企业更为重要。

13.9.5 固定现金费用偿付比率

这与上一个比率类似，只不过公式中的细节有些不同，该比率等于（EBITDA+租金费用)/(现金利息费用+优先股股利+租金费用)。其中的现金利息费用就是为了区分利息支付金额中的现金和非现金部分。

13.9.6 经营活动产生的现金流/债务总额

经营活动现金流是现金流量表中的一个科目,它是净利润(现金流量表中的第一个科目)与所有非现金支出的总和。换言之,该指标是基于现金计算的净利润,并且是指支付利息以及税金之后的经营活动现金盈余。该比率反映的是公司拥有的现金对其承担债务的覆盖率。

第 14 章
预测指引

本章将会总结一些合理预测的构建原则——遵循它们就能确保你的分析围绕合理的预测数据展开，而不会陷入脱离实际的假设中去。

14.1 核心原则

- 合理的预测必须要与其历史业绩表现和目前的行业前景相符。
- 查看财务报表中使用历史数据计算的比率，并基于这些比率，特别是营运比率构建你的预测。
- 所有的预测都是估计和近似值。不要一味地追求精确度，这是错的：不要过分关注琐碎的细节，应该将时间花费在研习全局上。
- 如果预测结果看起来好得有些令人难以置信，那么请重新审视你之前的假设。
- 避免出现"曲棍球杆"现象：即历史增长态势平缓，一旦预测期开始，增长率却陡然增加，形如曲棍球杆。这时，需要再次审视你之前的假设。

14.2 利润表科目

14.2.1 收入

在模型中收入是其他数据的驱动项。你在进行预测时需要考虑以下事项：

- 收入是由三个主要因子综合作用的结果：价格、行业增长以及市场份额。基于剔除通胀后的价格增长就可以预测交易量的增长。在经济周期的背景下，聚焦影响行业未来增长态势以及市场份额的因素。最后再综合通胀因素（在美国，通胀率往往非常低，约为1%~2%），就可以得到未来收入增长率的完整估计。
- 考虑驱动因素。为了预测收入，例如将影响收入的因素分解，进而分析这些因素背后的驱动因素是非常有用的。通过这种方式进行预测就可以捕捉到市场的变化。
- 除非你正在寻找新的行业（药物、技术和通信），否则大多数企业都是比较成熟的，一般会以略高于经济增长率的速率增长。你所关注的特定公司的销售额增长率亦会在不同生产周期的不同时点,受到新进入者以及竞争性新兴技术的影响。记住,处于高速成长期的公司,当其产品的需求量达到某一特定水平时,其产品价格或交易量就会出现明显的下跌——手机市场就是一个很好的例子。如果你的公司不具备优势,就会丧失市场份额,你在预测交易量时必须要考虑这个情况。

- 如果你公司所拥有的生产线各具特色,那么逐一对生产线进行预测就非常重要。不过,如果这些生产线非常相似,那么最好将其合并分析,并统一预测收入。预测期内不需要设置过于精确的价格及交易量数据。
- 要考虑公司所处行业的特征。一些行业会存在价格控制或监管限制,进行预测时一定要考虑这些问题。

14.2.2 利润假设

分析历史账户的变化趋势,例如销货成本占收入的比例,销售及一般性行政管理费用占收入的比例等。你做的预测应该符合这些历史变化趋势,同时还要将公司经营体制的改进或变动考虑其中。查看同业公司(同行业的可比公司)的运营情况以做参考。

如果公司最近两三年的利润指标变化很大,你应该了解原因并判断是否要对预测进行调整。

此外还应考虑经济和生产周期的变化趋势。

14.2.3 折旧

尽管可以简单地按照折旧占收入的比例来预测折旧金额,但是实际上两者并不是直接相关的。折旧是由固定资产净值决定的,而后者又受到资本性支出的影响。资本性支出通常会随着收入的变动而变动。

14.2.4 利息收益

除非你正在与银行和投资公司一起开发模型,否则并不一定要对利息收益进行预测。因为资产负债表中的现金通常都是经营性现金:这些现金是用于处理公司日常交易的，一般都存在活期存款账户中，所以不会产生多少利息收益。你的模型中可能存在超额现金，但是该账户的利率可能也只有1%左右。

现金账户的利率应该低于债务利率。

14.2.5 利息费用

公司支付的利息率通常与市场利率相近，因此可以估计一个基准利率（LIBOR、基础利率等），然后在此基础上进行利差调整。你可与拥有广泛人际关系的银行家或者债务定价部门商定一个利差。总的来说，公司越大，信誉越高，则利差越小。利差可用基点来报价。一个基点即为万分之一，100个基点就等于1%。还应考虑利率或利差在预测年份的变化情况。

你可能需要处理多笔债务，每一笔债务对应的利率都不同，即基准利率加利差或实际利率都不同。

14.2.6 税金

税金应基于法定税率计算，并且应该反映地方性法规对于公司的影响。如果税率存在任何偏差，你应该尝试找出原因，并且查看它们是否能够持续。

当以会计基数计算的税金与按税基计算的实际缴税金额存在差异时，就会产生递延税金。通常是因为公司会计核算所使用的折旧明细表与税法规定的折旧金额不同，或者因为存在净收入损失。这些问题过于复杂，已超出了本章探讨的范畴。

14.2.7 非经常性科目

该科目比较麻烦，其特性注定了不好对其进行预测。除非你通过各种方法从公司那里得到了该类科目的特定信息，否则最好不要试图预测它，因为这些非经常性科目根本无法预测。

14.2.8 股利

最快捷的股利预测方法就是用净利润乘以股利支付率。此外还有一个更具体的计算方法就是先基于历史年份每股股息和一个合理的增长率得出一个每股股息的预测数值，再用它乘以股数就可以得到股利。

14.3 资产负债表

14.3.1 现金

模型中有两类现金账户。一类是"经营性现金"用于满足公司的日常支出。(本书描述的模型中不涉及此项)你可以用其乘以利率,但是该部分现金一般都会存在活期存款账户中,所以即使有利息也很少。由于这部分现金也反映了公司的经营需求,因此预测其占收入的比例,并且将其视作营运资金的一部分还是有意义的。

另一类现金账户是当负债与权益总和超过资产时模型自动生成的,即超额现金。你不会直接预测该账户。相反,你在资产负债表其他地方和利润表中设置的假设最终都会反映到该账户的金额中。(基于你的假设可能需要额外举债,那么看到的就会是循环贷款科目而不是超额现金。)如果我们假设部分现金没有存在活期存款账户中,那么超额现金账户就会产生利息。但是保守起见,通常会将超额现金的利率设置为 0。

14.3.2 短期投资

如果你的公司有这一项,可能想将该科目的金额设定成固定数值。这样超额现金或循环贷款的累计增长率就会更加清晰。

14.3.3 应收账款

查看应收账款周转天数的历史变化趋势,并将其作为计算的起点。在经济和商业环境低迷时,你就应该将收款天数延长,而预测的基础就是应收账款周转天数的历史变化趋势。

14.3.4 存货

查看存货周转天数的历史变化趋势并将其作为计算的起点。存货管理工作做得越好,存货周转天数就会越短。技术改进和/或市场需求的变化都会导致存货无法投入生产并实现销售,所以存货周转天数就会被拉长。该数据的预测基础就是存货周转天数的历史变化趋势。

14.3.5 其他流动资产

除非你获得了这些科目的特定信息,否则请按照收入的一定比例进行预测。

14.3.6 固定资产(PPE)净值

固定资产净值应该基于两项数据来预测:即资本支出(会增加固定资产总额)和折旧(该金额计入累计折旧,其会减少固定资产总额)。支撑销售额的生产活动是多变量函数,涉及的变量包括产品的生产、技术的使用以及生产规模。这些变量——以及其他因素——可以反映出公司生产系统的"习惯"。最终的固定资产净值数据应该与销售收入存在显著且稳定的关系。

一些建议:

- ◆ 如果最近的固定资产净值占收入的比重比较高,则说明近期可能投入资金对厂房和设备进行了升级换代。未来投入的资本会呈现下降趋势,直至该比率下降至历史水平。
- ◆ 如果该比率较低,则可能说明近期需要进行大举投资。
- ◆ 在预测期内,净资产占收入的比例应保持相对稳定。将预测期扩展至无限期是符合逻辑的。否则,如果我们预测该比率有上升趋势,那么随着时间的推移,公司就会成为资产密集型企业。同理,如果我们预测该比率有下降趋势,则说明公司可以基于较少的固定资产投入获得收入。

14.3.7 其他资产

如果这些其他资产属于经营性或投资性资产,你就应该将它们挑出来进行预测。如果属于经营性资产,你应该基于它们与收入的关系进行预测,如果属于投资资产,则应按照一定的增长率进行预测。

14.3.8 应付账款

查看应付账款周转天数的历史变化趋势并将其作为计算的起点。只要供应商能够接受,公司就可以延长应付账款周转天数,即使超过行业标准也没关系。公司不太可能会自行缩短应付账款周转天数，因为这相当于提前支付了现金。

14.3.9 其他流动负债

你可以基于最后一个历史年份的数值进行预测，但是还应该考虑趋势上的变化及出现快速发展或逆转向下的可能性。对于任何异常或极端变化都要找出背后的原因。

14.3.10 其他负债

这些既可以是经营负债也可以是融资性负债。你应该进行相应的预测。有时，当你无法获得信息时，最好的做法就是以最近报告期披露的数值为准，假设在整个预测期该数值都保持不变。

14.3.11 应付税金

应该按照当期税金的一定比例进行预测。应付税金反映的是当期没有支付，直到下一年才会支付的部分税金。

14.3.12 应付股利

应该按照当期股利的一定比例进行预测，和税金一样，一部分股利会在后期陆续支付。

14.3.13 债务

应按照已知的分期还款计划对债务进行预测。这就意味着预测的债务总额会随着时间的推移逐渐减少。按照正常的融资数据流转过程，资产负债表的稳定性只能取决于留存收益的增长情况，而留存收益则会受到利润表数据的影响。如果在预测年份的资产负债表中出现了循环贷款，则表明公司需要额外融资。

14.3.14 普通股和其他所有者权益账户

除非你获得了关于这些账户的具体信息，否则预测期数值将会与最后一个历史年份的数值一致并保持不变。

14.3.15 留存收益

所有者权益账户中的留存收益不应该直接在资产负债表中进行预测。净利润会导致留存收益增加,而净利润又是基于利润表的假设计算出来的。

第 15 章
现金流折现估值法

对公司进行估值的方法有很多种，而其中一种利用财务预测模型进行估值的方法就是现金流折现估值法（DCF）。该方法的核心思想是，一家公司的价值是基于其未来可产生的现金流计算的。当这些现金流可以按照能够反映其风险的折现率进行折现（或计算现值）就可以获得公司的价值。

DCF 不仅限于对公司进行估值。还可以用它对公司的某个部门、某个项目以及某项资产进行估值。总的来说，能够产生现金流的任意公司都可以采用这种方法进行估值。正因为如此，在介绍 DCF 估值法时，我们将会用*实体*来替代*公司*这个词。

DCF 分析的基本要素包括：

- 加权平均资本成本。
- 自由现金流。
- 终值。
- 企业价值。
- 股权价值。

15.1　使用的文件

请使用 www.buildingfinancialmodels.com 网站上的 *Chapter 15 DCF.xlsm* 文件。该文件包含了三个在第 12 章已经完成的工作表。这里并不会详细介绍如何创建 DCF 工作表，我在工作簿中提供了一个已经建好的 DCF 工作表以配合本章的讲解内容。你可以创建一个属于自己的 DCF 副本以便熟悉创建步骤，这对你而言将是一个很好的练习。

15.2　加权平均资本成本

加权平均资本成本（WACC）是基于实体股权资本成本和债务资本成本计算的综合成本。

股权资本成本是股权投资人向公司投资要求获得的风险补偿。债务成本是指债权人所要求的报酬率。不过，由于债务利息是可以抵税的，所以真正的债务成本是税后的债务成本：利率%×（1-税率%）。综合价值是基于股权市场价值和债务市场价值以及其各自所占的比重计算的。

股权市场价值等于在外发行的股数乘以当前的股票价格。

债务市场价值等于以债务成本作为折现率计算的每年利息现值与每年还款金额现值之和。如果当前市场的债务成本与票面利率一致，则债务市场价值就等于账面价值。如果当前市场的债务成本高，则债务的市场价值就低于账面价值，如果市场的债务成本低则结果正好相反。如果你没有获得可以计算市场价值的任何信息，则使用债务的账面价值。

在一个收购方案中，会有一个收购方及收购标的，这里将使用 DCF 法评估标的价值，而使用的 WACC 是被收购方的 WACC，并非收购方的 WACC。这是因为估值所用的折现率应该能够反映现金流的风险，而在收购案中，所谓风险就是指被收购方的现金流风险。

15.3 自由现金流

现金流折现中使用的现金称为"自由现金流"（FCF）。自由现金流是指考虑了所有现金流入并保留业务运营所必需的现金后，潜在买方或投资者能够获得的现金流。

FCF 包括：

- 实体获得的营业利润。对于一家公司而言，使用的就是 EBIT 那行数据。因为 EBIT 就是公司经营活动所获得的现金流。EBIT 也是支付利息（对债权人）和股利（对股权投资人）前的数值，所以其反映的是公司自己产生的现金流。
- 减：基于 EBIT 计算的税金。这是一个人为计算的数值，并不是在预测年份利润表中看到的那个税金，那个税金等于税率乘以税前利润（EBT）。在 DCF 的计算中，我们会基于 EBIT 而不是 EBT 使用税率。因为税金是一个实际成本，是计算出来的。基于 EBIT 而不是 EBITDA 使用税率，因为折旧和摊销均可抵税。
- 在 DCF 使用的专业术语中，税后 EBIT 被称为 EBIAT 或息前税后利润。下面是几个意思相同的专业术语，EBIT 和 NOPAT 都是指营业利润，EBIAT 是指税后净营业利润。我们将会使用 EBIT 和 EBIAT。
- 加：折旧和摊销。这些都是非现金费用，所以需要被加回。折旧和摊销应该采用税基金额而不是账面金额。税收规定的折旧金额与会计核算使用的折旧金额不同。如果采用收付实现制来核算这两个科目，那么就无须担心递延税金的问题了。

- 减：净营运资金增加额。净营运资金增加则表示资金使用增加。这就是为什么相关图表中的增加额是负的，减少额却是正的。
- 减：资本支出。

净营运资金和资本支出增加会导致自由现金流减少。在计算 FCF 时要考虑这类科目的增加额，因为它们代表了为了维持运营必须要投入的现金。

每个预测年份的自由现金流都要折现到估值时点，折现率为 WACC。自由现金流的折现方式有两种。

15.4 折现

一旦获得了自由现金流，我们就必须要将每年的 FCF *折现*到估值时点。折现计算的是货币的时间价值，也就是说一年后的 100 多美元与今天获得的 100 美元的价值是相等的（这是"两鸟在林不如一鸟在手"背后蕴含的一种金融等价假说）。换句话说，一年以后才能获得的 100 美元如果现在就想拿到手就不到 100 美元了。问题是：减少了多少？如果我有一个存款账户利率为 3%，现在存进一笔钱想要在一年后得到 100 美元。现在就要存 97.09 美元（100 美元/1.03），一年后账户金额就会变成 100 美元。为了进一步说明，假设我们希望两年后账户金额变成 100 美元，那么现在就需要存进 96.26 美元或者等于 100 美元/1.03^2。折现因子中有一个指数代表了从今天日期算起的年份数，也表示从今天日期算起在计算中使用 1.03 的次数。

3%就是折现率。在我们使用折现法进行估值的过程中，会将 WACC 作为折现率，对每个预测年份的 FCF 都会使用折现因子。

15.4.1 年末折现

进行年末折现时，使用的是每年年末的自由现金流。我们假设估值日期为 2020 年 1 月 1 日，折现率为 10%。每月的 FCF 为 100 美元，2020 年 12 月 31 日全年 FCF 为 1 200 美元。则折现到估值日期的现值为 1 091 美元，或为 1 200 美元/（1+10%）。

15.4.2 年中折现

选择这种方式时，使用的是每年年中时点的自由现金流。因为在一年中自由现金流都是在每月月末产生的，所以假设现金流发生在年中时点就相当于取了一个均值。在该方法下，如果估值日期是 2020 年 1 月 1 日，折现率为 10%，那么 2020 年的自由现金流 1 200 美元只需向前折现半年。折现值为 1 144 美元，即 1 200 美元/（1+10%）$^{\frac{1}{2}}$。采用年中折现法计算的现值要比年末折现法计算的现值高（见图 15-1）。

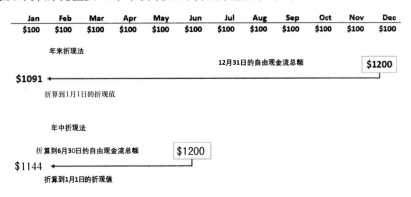

图 15-1　年末折现法与年中折现法计算结果对比

15.4.3　在 2020 年 12 月 31 日进行估值

图 15-2 中是一个折现计算，估值日期为 2020 年 12 月 31 日，这就相当于 2021 年 1 月 1 日。该信息和其下面那行中的数据来自 *Chapter 15 DCF.xlsm* 中标注 Discount years 的工作表。

	A	B	C	D	E	F
1		在2020年12月31日进行估值				
2		WACC	10.0%			
3						
4		年末折现	2021	2022	2023	C列中的公式
5		自由现金流	1,200	1,260	1,323	
6		折现年份数	1.000	2.000	3.000	第1年对应的是1，然后每年增加1
7		折现因子	0.909	0.826	0.751	=1/(1+$C$2)^C6
8		FCF的折现值	3,126			=SUMPRODUCT(C5:E5,C7:E7)
9						
10		年中折现	2021	2022	2023	C列中的公式
11		自由现金流	1,200	1,260	1,323	
12		折现年份数	0.500	1.500	2.500	第1年对应的是0.5，然后每年增加1
13		折现因子	0.953	0.867	0.788	=1/(1+$C$2)^C12
14		FCF的折现值	3,279			=SUMPRODUCT(C11:E11,C13:E13)
15						

图 15-2　在 2021 年年初进行估值

15.4.3.1　年末折现

年末折现年份数行（第 6 行）是直接统计折现年份数。折现因子（第 7 行）会使用该行数据。C8 单元格中自由现金流的现值使用了 SUMPRODUCT 函数，具体就是用自由现金流区域乘以折现因子区域。

15.4.3.2 年中折现

年中折现年份数行(第 12 行)是从 0.5 开始的,因为第 1 年使用的是 2021 年 6 月 30 日的 FCF,这是年中时点的自由现金流。第 2 年的折现年份计数是 1.5,因为 2022 年 6 月 30 日到 2020 年 12 月 31 日是 1.5 年。

15.4.4 在 2021 年 3 月 31 日进行估值

估值日期设定为 2021 年 3 月 31 日,这属于第一个季度,在计算折现值时需要更加留心(见图 15-3)。

	A	B	C	D	E	F
21		在2021年3月31日进行估值				
22		WACC	10.0%			
23						
24		年末折现	2021	2022	2023	C列中的公式
25		自由现金流	900	1,260	1,323	
26		折现年份数	0.750	1,750	2,750	第1年对应的是0.75,然后每年增加1
27		折现因子	0.931	0.846	0.769	=1/(1+C$2)^C26
28		FCF的折现值	2,922			=SUMPRODUCT(C25:E25,C27:E27)
29						
30		年中折现	2021	2022	2023	C列中的公式
31		自由现金流	900	1,260	1,323	
32		折现年份数	0.375	1.250	2.250	第1年对应的是0.75/2,第2年是0.75+0.5,然后后面是每年增加1
33		折现因子	0.965	0.888	0.807	=1/(1+C$2)^C32
34		FCF的折现值	3,055			=SUMPRODUCT(C31:E31,C33:E33)
35						

图 15-3 在 2021 年的第一季度末进行估值

首先,需要先调整自由现金流以便我们只使用三个季度的数值,因为第一季度不属于"历史"期,计算 FCF(第 25 行)所使用的预测期现金流中并不包含第一季度的数据。

15.4.4.1 年末折现

年末折现年份计数显示在第 26 行。2021 年 12 月 31 日的现金流需要向前折现 3 个季度也就是 0.75 年。下一年年末的现金流则需要向前折现 0.75+1 年,即 1.75 年;再下一年则是向前折现 0.75+1+1,即 2.75 年。

15.4.4.2 年中(或期中)折现

年中折现(我们可能会假设采用期中折现)有点麻烦。不需要对自由现金流进行任何调整,但是如何对折现年份进行计数呢?

由于我们假设第一季度的预测期有三个季度,而现金流发生在期中时点,所以折现年份计数就是 0.75/2,即 0.375(第 32 行)。

假设第 2 年现金流发生在 2022 年的年中时点,所以折现年份计数就是 0.5+第 1 年的 0.75 年，即 1.25 年。

对于第 3 年，折现年份计数为第 3 年的 0.5+第 2 年全年的 1+第 1 年的 0.75，最后得到的就是 2.25。后面则是每年增加 1。

15.4.5 再来看看折现因子

图 15-4 中的数据表列示的是计算模型中的折现因子，假设估值日为 2021 年 3 月 31 日。在期末时点统计折现年份数非常简单。当年的因子为 0.75，后面每年都会加 1。选择期中折现方式时，则第 1 年年中时点的折现年份计数就是 0.75 的 1/2，然后下一年则是用第 1 年的 0.75+年中时点的 0.5。这样就得到了第 2 年的折现年份计数为 1.25。从该时点开始往后每年增加 1。

	A	B	C	D	E	F	G	H	I	J	K
62	N	到2021年3月31日的折现因子					Dec-21	Dec-22	Dec-23	Dec-24	Dec-25
63	N	期末折现方式下的折现年份计数					0.750	1.75	2.75	3.75	4.75
64	N	期中折现方式下的折现年份计数					0.375	1.25	2.25	3.25	4.25

图 15-4 估值日期为 2021 年 3 月 31 日的折现因子计算

15.5 终值

终值（终值）估算的是从预测期期末到未来永续期间的实体价值。这里假设从预测期期末直至未来 FCF 将会实现永续增长。该方法称为永续增长法。也可以使用 EBITDA 退出倍数来计算终值。在我们的模型中，可以同时使用这两种方式计算终值。使用净利润倍数不太合适，因为净利润是扣除利息后的现金流，因此其只会反映股权投资人能够获得的现金流。而 DCF 的计算基础则是股权投资人和债权人一起能够获得的现金流。

由于 DCF 法使用的是 5~10 年的有限时间序列数据，所计算的终值反映了预测期以外直至永续期所有自由现金流的价值（我们假设任何健康的业务都会永续开展下去）。换一个角度，也可将终值看作是买方在最后一个预测年份对目标实体的收购价格。

设置终值计算假设时要小心。终值是一个非常大的数值，且对于一家成熟的公司而言终值可以占到公司价值的 60%~85%。对于无法立即实现现金流增长的初创企业，例如矿业公司可能需要经营多年才能令新矿实现盈利，应该将预测期设置得足够长，以包含所有的经营期，这样一来终值在公司价值中的占比就会比较小。

从公式中使用（1+永续增长率）就能看出终值确认的时点是最后一个预测年份而不是最后一个预测年份+1年。最后还会将所有现金流都折现到估值时点，折现率为WACC。

15.5.1 为了计算终值对最后一个预测年份的数值进行"标准化"调整

计算终值会用到最后一个预测年份的数据且分别会对 FCF 或 EBITDA 使用增长公式或退出倍数。不过，在永续增长模式下，我们应该思考一下永续期数值的两个微妙之处。为此，我们应该对最后一个预测年份的数据进行"标准化"处理，其中就包括下面提到的一些调整。图 15-5 中已将调整部分用方框围起来了。（EBITDA 退出倍数无须进行这些调整，因为 EBITDA 并不会受到折旧以及净营运资金变动额的影响。）

	A	B	C	D	E	F	G	H	I	J	K	L	M
22		WACC					7.1%						标准化
23							预测	预测	预测	预测	预测		预测
24		现金流折现					Dec-21	Dec-22	Dec-23	Dec-24	Dec-25		Dec-25
25		收入					3,150.0	3,307.5	3,472.9	3,646.5	3,828.8		3,828.8
26		EBITDA					787.5	826.9	868.2	911.6	957.2		957.2
27		折旧					(110.0)	(120.0)	(130.0)	(140.0)	(150.0)		(100.0)
28		摊销					(30.0)	(30.0)	(30.0)	(30.0)	(30.0)		0.0
29		EBIT					647.5	676.9	708.2	741.6	777.2		857.2
30		税金					(259.0)	(270.8)	(283.3)	(296.7)	(310.9)		(342.9)
31		税率					40.0%	40.0%	40.0%	40.0%	40.0%		40.0%
32		EBIAT					388.5	406.1	424.9	445.0	466.3		514.3
33													
34		折旧					110.0	120.0	130.0	140.0	150.0		100.0
35		摊销					30.0	30.0	30.0	30.0	30.0		
36		净营运资金的（增加）/减少					(106.9)	8.7	(63.4)	(45.6)	(62.9)		(36.2)
37		资本支出					(100.0)	(100.0)	(100.0)	(100.0)	(100.0)		(100.0)
38		自由现金流					321.6	464.8	421.5	469.4	483.5		478.1
39		减：估值日期前的现金流					(80.4)						
40		需要折现的自由现金流					241.2	464.8	421.5	469.4	483.5		478.1
41		终值											12,011.1

图 15-5 "标准化"处理后的最后一个预测年份数据

15.5.1.1 资本支出和折旧

预测期内的资本支出和折旧并不相等。不过，如果我们认为每年的资本支出都会全额计提折旧，则可以假设在永续期内每年的资本支出金额最终会等于折旧总额。基于这个假设，我们就可以让标准预测期内的折旧等于资本支出。

15.5.1.2 摊销金额变成 0

由于无形资产摊销额的上限就是无形资产初始金额，我们不能假设持续摊销直至永远。因此，即使在预测期结束时还没有摊销完，也应该将永续期内的该项金额调为 0。

15.5.1.3 基于永续增长率计算净营运资金变动额

与标准预测期的收入增长率相比，永续增长率通常都会更低且更加保守。从某种程度上来讲，标准化处理后的最后一个预测年份的数据中应该包含一个能够反映永续期收入增长情况的净营运资金变动额。这里不需要为了获得营运资金而去计算相关的资产和负债金额，我们只需要提取倒数第 2 个预测年份（2024 年）的净营运资金并使用永续增长率进行测算即可。和之前一样，我们一定要记住营运资金增加额对应的应该是一个负数，其表示现金被使用。在终值中，净营运资金的变动并不会为实体提供现金（即形成一个正数）这就意味着公司会降低净营运资金使其低于资产负债表中的限值。

这种调整只对永续增长法下的终值计算比较重要。使用退出倍数计算终值时则不需要进行上述调整，因为该方法使用的是 EBIT，其中不包含净营运资金变动额。

15.5.2　采用年末折现或年中折现的方式对终值进行折现

终值的折现方式与自由现金流的折现方式一样。

但是，如果对 EBITDA 使用退出倍数计算终值增长，那么无论对自由现金流采用了何种折现方式，这里都会采用年末折现的方式进行折现。这是因为退出倍数要乘以的是年末 EBITDA 数值，所以退出倍数计算的数值也是年末数值。

15.6　企业价值

企业价值是自由现金流现值和终值折现值的合计数。其代表了股权投资人和债权人共同拥有的价值，也可以说是整个企业的价值。

15.7　股权价值

股权价值等于企业价值减债务市场价值加资产负债表上的现金。其代表了属于股权投资人的价值。如果你用股权价值除以在外发行的股数，你就会得到每股股权价值。你可以将这个计算结果与每股市场价格进行比较，如果是上市公司，股票可以公开交易，你就可以判断出公司价值是被低估了还是高估了。

15.8　质疑

DCF 分析主要依赖于预测数值（没有使用历史数据计算的 DCF），所以做出正确的预测是很重要的。有些方面需要注意：

- 在对利润表中的驱动项即从收入到 EBIT、营运资金的相关假设以及资本支出的估算进行预测时要小心。只有输入项设置合理，最终的计算结果才能合理。
- 预测期至少为五年，或要包含一个完整的商业周期。临近模型最后一个预测期你可以假设公司随后会进入一个"稳定期"，在该期间经营性数据或与营运资金和资本支出有关的投资需求都不会发生显著变化。公司的估值风险点并不在稳定期，而是在最后一个预测年份，这一年的数据可能会出现明显的上升或下降。前者会导致后期终值被高估，后者则会导致后期终值被低估。
- 正确地预测 WACC。模型中使用的 WACC 计算比较简单，但是你可以根据公司的特点和政策风险对其进行调整。公司规模也会影响风险，公司越小（就市值而言）股权资本成本就越高。大型公司的规模溢价会导致其股权资本成本下降。影响正确计算 WACC 的一些小细节不在本章的讨论之列。

15.9 继续讨论模型

图 15-6 列示的是第 11 章中的模型，估值模型中与 DCF 分析有关的内容都在这里。图中关于 DCF 分析模块的布局仅是一个示例供你参考。

DCF 电子表格中使用了我们在之前章节所建模型的输出结果，自由现金流计算所需的输入项需要查询模型中的输出结果行。当然，也可以单独设置一个 DCF 计算模块，其中的自由现金流数据可以读取其他地方的输入项。与之前一样，每个数值都是一个截图，后面是一个表，列示了单元格中的公式。用虚线围起来的单元格都是输入项单元格。

在 DCF 电子表格中，你可能会注意到有四列（C、D、E 和 F 列）中其实没有任何内容。这些列就是占位列，目的就是使 DCF 电子表格中第 1 年的列数据与其他电子表格第 1 年的列数据位置对齐。这样更易检查出表间的引用错误。

图 15-6 列示了 DCF 会用到的输入项。为了方便引用，我把这个框中的内容也放到了真正的 DCF 表中。

A 列中出现的"N"使用的就是我们在第 11 章 11.12.2.1 中介绍过的筛选技巧。另外我们还在页面中设置了一个打印按钮，点击它就会自动筛选带有"N"的行并显示打印预览。

第 15 章　现金流折现估值法

	A	B	C	D	E	F	G	H	I	J	K
1	第1公司										
2	现金流折现						情景：	基准情景		打印	
3	金额单位千美元										
4											
5											
6	N	估值日期					31-Mar-21		折现方式		期中折现
7	N										
8	N	无风险利率					2.0%		债务		979.7
9	N	+(股权风险溢价					6.0%		资本总额		2,955.9
10	N	*Beta值)					1.10				
11	N	=股权资本成本					8.6%				
12	N								终值计算方式		增长法
13	N	债务成本					6.0%		永续增长率		3.0%
14	N	税率					40.0%		EBITDA退出乘数		4.0x
15	N	税后债务成本					3.6%				
16	N										
17	N	债务资本比					33.0%				
18	N										
19	N	WACC					7.0%				
20	N										

图 15-6　DCF 估值所需的输入项部分

15.9.1　估值日期

估值的起始时点就是估值日期（G6 单元格），相关现金流都会折现到这个时点。

15.9.2　WACC 的计算

表 15-1 中列示了 WACC 的计算

表 15-1　WACC 的计算

股权资本成本	无风险利率+（Beta*股权风险溢价）
税后债务成本	债务成本*（1-税率%）
WACC	股权资本成本*股权资本占资本总额的比例
	+
	税后债务成本*债务占资本总额的比例

通常会将美国 10 年期债券利率作为无风险利率。记得一定要与你的同事商量无风险利率以及股权风险溢价设为多少比较合适。这些利率没有统一的硬性标准，且不同公司的选用标准也会存在显著差异。

Beta 是用来衡量公司股价相对于整个股市的价格变动敏感度的。Beta 为 1 意味着公司的股价与股市的变动完全相同。Beta 为 1.2 意味着股价波动幅度比市场波动幅度大 20%。Beta 是对给定时期段内公司股价的日、周或月样本数据进行回归分析得出的。

267

15.10 解析公式：DCF 主要计算部分

图 15-7 和表 15-2 展示了 DCF 主要计算部分中使用的公式。这里将最后一个预测年份中的公式和标准化处理后的统一数值列示在一起。这样做就是为了显示两列之间的差异，这两列提取的日期、收入和 EBITDA 数据都是一样的，但是从 EBITDA 行下方开始使用的公式就不一样了。

行		B 列	K 列，最后一个预测年份	M 列，永续期
24		现金流折现		
25		收入	=报告!K7	=报告!K7
26		EBITDA	=报告!K12	=报告!K12
27		折旧	=报告!K14	=M37
28		摊销	=报告!K15	0.0
29		EBIT	=K26+SUM(K27:K28)	=M26+SUM(M27:M28)
30		税金	=-K29*K31	=-M29*M31
31		税率	=假设!K41	=假设!K41
32		EBIAT	=SUM(K29:K30)	=SUM(M29:M30)
33				
34		折旧	=-K27	=-M27
35		摊销	=-K28	=-M28
36		净营运资金（增加）/减少	=报告!K91	=IF($K$12="增长法",-N7*J72,报告!K91)
37		资本支出	=报告!K97	=报告!K97
38		自由现金流	=K32+SUM(K34:K37)	=M32+SUM(M34:M37)
39		减：估值日期前的现金流	=-(1-DAY360(G6,G24)/360)*G38	<==仅对G列使用
40		需要折现的自由现金流	=K38	=M38
41		终值		=IF($K$12="增长法",M40*(1+N7)/(G22-N7),M26*N7)
42				
43	N	折现因子	=1/(1+$G$22)^K65	=IF($K$12="增长法",1/(1+$G$22)^K65),1/(1+$G$22)^K63))

图 15-7　DCF 主要计算部分的公式

表 15-2　DCF 计算公式说明

行	B 列	K 列 2025 年 12 月	M 列 标准化 2025 年 12 月
25	收入	=报告!K7	=报告!K7。完全相同
26	EBITDA	=报告!K12	=报告!K12。完全相同
27	折旧	=报告!K14	=M37。该公式读取的是资本支出数据
28	摊销	=报告!K15	这里是 0。我们希望在后续期所有无形资产都已经摊销完毕，所以该项被人为设置成 0
29	EBIT	=K26+SUM(K27:K28)	=M26+SUM(M27:M28)。还是对那三行求和
30	税金	=-K29*K31	=-M29*M31。公式很相似，但是引用的数据不同所以计算结果不同
31	税率	=假设!K41	=假设!K41。完全相同
32	EBIAT	=SUM(K29:K30)	=SUM(M29:M30)。公式很相似，但是引用的数据不同所以计算结果不同
34	折旧	=-K27	=-M27
35	摊销	=-K28	=-M28

(续)

行	B 列	K 列 2025 年 12 月	M 列 标准化 2025 年 12 月
36	净营运资金（增加）/减少	=报告!K91	=IF($K$12="增长法",−N7*J72,报告!K91)。在增长法下，公式会基于永续增长假设计算增加值。否则（即使用 EBITDA 退出倍数）就会使用和 K 列一样的公式
38	自由现金流	=K32+SUM(K34:K37)	=M32+SUM(M34:M37)
39	减：估值日期前的现金流	仅对 G 列使用：=−(1−DAY360(G6,G24)/360)*G38。该计算是将自由现金流中 YTD 部分剔除。DAY360(G6,G24)是在一年 360 天的假设下，计算估值日期与第 1 个预测年份之间的间隔天数。再除以 360 就可以得到估值日期后的天数占一年总天数的比例。在前面加上（1−）得到的就是估值日期前的天数占一年总天数的比例	
40	需要折现的自由现金流	=K38	=M38
41	终值	空白	=IF($K$12="增长法",M40*(1+N7)/(G22−N7),M26*N7)。如果使用"增长法"计算终值，则会使用标准的永续增长公式；否则（即使用 EBITDA 退出倍数计算终值）就是用最后一个预测年份的 EBITDA 乘以输入的退出倍数计算终值
42	空白		
43	折现因子	=1/(1+$G$22)^K65	=IF($K$12="增长法",1/(1+$G$22)^K65,1/(1+$G$22)^K63))。在"增长法"下，折现因子计算公式与 K 列中列示的一样。第 65 行会根据用户的选择显示年中折现方式下的折现因子或年末折现方式下的折现因子。在 EBITDA 退出倍数法下，通常会使用年末折现方式下的折现因子

15.11 解析公式：收尾工作

本节将介绍企业价值和股权价值的计算公式（请见图 15-8、图 15-9 和表 15-3）。模型中有个数据表列示的是企业价值敏感性分析结果，这些数值都是基于不同的 WACC 和增长幅度为 0.25%的永续期增长率组合或不同的 WACC 和增量为 1 的 EBITDA 退出倍数组合计算的。

	A	B	C	D	E	F	G	H
45		自由现金流的折现值					1,765.6	15.9%
46		终值的折现值					9,370.2	84.1%
47		企业价值					11,135.8	100.0%
48		减：债务					(979.7)	
49		加：现金					0.0	
50		股权价值					10,156.1	
51								

图 15-8 企业价值和股权价值

	A	B	C	D	E	F	G	H	N
45		自由现金流的折现值					1,765.6	15.9%	=SUMPRODUCT(G40:K40,G43:K43)
46		终值的折现值					9,370.2	84.1%	=M41*M43
47		企业价值					11,135.8	100.0%	=SUM(G45:G46)
48		减：债务					(979.7)		=-SUM(报告!G50,报告!G55:G57)
49		加：现金					0.0		=报告!G38
50		股权价值					10,156.1		=SUM(G47:G49)
51									

图 15-9　企业价值、股权价值以及数据表的公式

表 15-3　企业价值和股权价值计算公式说明

行	B 列	G 列
45	自由现金流的折现值	=SUMPRODUCT(G40:K40,G43:K43)。SUMPRODUCT 函数就是用一个区域内的 FCF 乘以另一个区域内对应的折现因子。这种方法可以快速计算出每年自由现金流的现值然后再加总求和
46	终值的折现值	=M41*M43。该公式是用标准化处理后的最后一个预测年份数值乘以折现因子。注意，使用永续增长公式计算的数值是最后一个预测年份后的数值，因为公式中是 a*(1+增长率%)，但是最终还是要将其折现到最后一个预测年份这个时点
47	企业价值	=SUM(G45:G46)。该数值为整个公司的价值
48	减：债务	=-SUM(报告!G50,报告!G55:G57)。这里需要引用报告工作表中所有的债务数据，包括循环贷款金额。在更加复杂的模型中，除了长期债务中流动负债的比例，你还应该注意短期债务
49	加：现金	=报告!G38。这里会直接引用"报告"工作表中的超额现金，其中应该包括"最低现金"（该数值与超额现金是分开的，其列示在单独的一行）还有可变现的短期投资
50	股权价值	=SUM(G47:G49)。这是一个合计数。由于 SUM 函数中的债务是负数，而在这种情况下，现金高于债务，所以股权价值比公司价值高。目前显示的是所有股权投资人的价值，包括少数股东权益和优先股持有人。如果你想计算普通股权价值，则需要将少数股东权益和优先股价值（在我们的模型中不涉及该项）从股权价值中删除

15.12　数据表

数据表可以从一组计算中获得多个结果。数据表分为两类。在单变量数据表中，我们可以修改单一变量以查看不同的输出结果。在双变量数据表中，我们可以修改两个变量且两个输入变量可以出现多个排列组合，我们可以查看不同排列组合下对应的输出结果。这里我们将使用第二种数据表。

必须要在进行计算的那张工作表中创建数据表（*数据>预测>模拟分析>模拟运算*

表)。这是数据表的一个局限性。当然,只要你创建了数据表,就可以引用另外一个电子表格中的相关数据,其中引用的数据区域布局和数据表布局是一致的。这样,你就可以将数据表更好地显示在其他工作簿的任何地方。

15.12.1 运行数据表时究竟发生了什么

图 15-10 展示了数据表的设置,最终会获得九个情景下的计算结果,显示在 3×3 的表格中,在整个运算过程中 Excel 会不断修改其中一个变量同时保持另外一个变量不变。(该修改会在 Excel 内部进行);在运算过程中我们并不会看到输入项被修改。然后计算结果就会显示在方格中,每个计算结果的显示位置正好是两个计算变量的位置交叉点。在图 15-10 中已用虚线进行了标示。

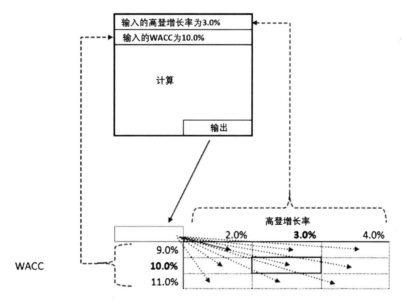

图 15-10 数据表运行图

表格中心位置列示的输出结果所对应的两个变量值是起始数值或是基准情景下的数值。如图 15-10 所示,DCF 计算中 WACC 和永续增长率基准情景下的数值分别是 10.0% 和 3.0%。表格横竖两边的变量数值都会出现加减变化。

数据表计算就位于我们的 DCF 模块中。当我们设置表格两边的变量时,实际上这是一个 4×4 的表格,因为顶部那行和最左边那列围成了一个变量测试区域。我们称顶部那行为 *x-行*(列示永续增长率)而左边那列为 *y-列*(列示 WACC 的变动情况)。这里会将 Excel 的输出结果直接链接到左上角的单元格中(背景设置成深色)。表格中的

x 行列示了其中一个变量的敏感度变化，在我们这个示例中 x 行就是永续增长率。表格的 y 列则是 WACC。数据表这三个组成部分——即左上角的单元格、x 行及 y 列——控制着整个数据表的运行。

当我们正确完成上述设置后，运行数据表就会在表格中心位置得到一个计算结果（该数值位于两个变量即永续增长率 3.0%和 WACC10.0%的交叉点上，我们会对其使用加粗字体）。

15.12.2 设置数据表时有一个很大的禁忌需要注意

你必须要避免下面这种情况：即 x-行和 y-列中的数值不可以直接引用运行数据表时会用到的变量单元格。你在设置双变量数据表时需要选择变量单元格（见图 15-11）。输入引用行的单元格对应的就是表格中的 x-行，假设的永续增长率就会列示在这里。输入引用列的单元格对应的则是表格的 y-列，WACC 则会列示在这里。

如果你在这些数据中设置了链接，那就等于创建了一个非常可怕的循环引用：当 Excel 根据数据表边界中的变量变化调整计算中的输入项时，边界中的变量也会随之发生变化，因为它们也会反过来读取 Excel 计算中使用的变量组合。

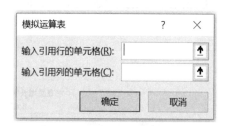

图 15-11　分别设置输入引用行的单元格和输入引用列的单元格

看起来似乎每次创建数据表时都必须要手动设置 x-行和 y-列的范围。少安毋躁，这里有个方法可以解决该问题。

15.12.3 如何让数据表单元格遵循已有设置

想想看，要想创建一个数据表，Excel 就要在执行 DCF 计算的时候对输入的两个变量进行调整。为了避免 x-行和 y-列循环引用输入项单元格，可以在执行计算之前另外设定一个输入项区域（见图 15-12）。

x-行和 y-列将从新建的输入项区域引用数据。新建的输入项区域还会为计算区提供数据。Excel 的数据运行结果会使计算区的数据发生变化，但是输入项区域则不会受到任何影响。Excel 会对数据表执行计算，随着计算结果的生成，计算区中的数值会不断地发生变化。也就是说，你设置的输入项与 Excel 数据表不断变化的计算结果是分开的。

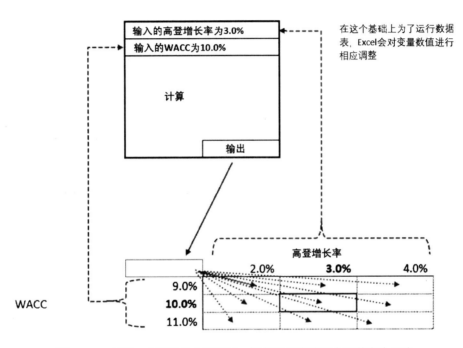

图 15-12　创建一个新的输入项区域，运行数据表将不会对其产生影响

15.12.4　x-行中应用的两项设置和两个格式

如果你构建的模型中仅采用一种方式来计算终值则可以跳过本节。

我们对终值有两项设置：永续增长和 EBITDA 退出倍数。因此改变终值计算方式，x-行中的变量也会随之发生变化。对于数据表而言，无论行数据是 0.03（即增长率为 3.0%）还是 4.0（即为 EBITDA 的 4 倍），只要使用 IF 语句进行判断就可以读取正确的输入数据。不过，为了显示效果，最好先显示 3.0%，再显示 4.0。也可以使用宏来执行上述操作，但是没必要搞得这么复杂。我们可以使用 TEXT 函数对选出的终值计算方式下的数据行进行格式设置。x-行中心位置的数值可以对应下面这个公式：

=IF($K$12="增长法",TEXT(K13,"0.0%"),TEXT(k14,"0.0 x"))

这里有个问题，那就是 x-行中的必须是数值，因为数据表会依次读取这些数值。使用 TEXT 函数则会导致数据表无法使用这些数值。

解决方法就是设置两行。在图 15-13 中，用框围起来的区域即 G54:L59 就是数据表区域。框上面的那行百分比看似是数据表的一部分，但其实并不参与数据表计算，仅作列示之用。（如果是退出倍数，则会以倍数形式来列示。）

	A	B	C	D	E	F	G	H	I	J	K	L	M
52										永续增长率%			
53		公司价值						2.5%	2.8%	3.0%	3.3%	3.5%
54	N						5,685	0.025	0.028	0.030	0.033	0.035
55							7.0%	5,778	6,071	6,402	6,777	7,205
56							7.2%	5,471	5,731	6,022	6,350	6,721
57						WACC	7.5%	5,195	5,427	5,685	5,973	6,298
58							7.7%	4,945	5,153	5,383	5,639	5,925
59							8.0%	4,719	4,906	5,112	5,340	5,594
60												

图 15-13 数据表的布局。标注为灰色的那行数据将作为 x-行参与数据表的运算

图 15-14 中列示了 I 列、J 列和 K 列中的公式。J 列位于整个区域的中心位置。你会发现第 54 行中的数值会以 J 列的中心值为基准，每向左移动一列数值就减 0.25%，每向右移动一列数值就会加 0.25%，如果是退出倍数那么每向左移动一列数值就会减 1，每向右移动一列数值就会加 1。第 53 行的数据仅作列示之用，使用的公式都是一样的。打印文件时，我们会使用之前介绍过的方法对不想显示在打印稿中的内容进行设置，具体做法就是在第 54 行的 A 列中输入 N，这样在打印稿中就看不到这行了。

I列
第53行　=IF($K$12="增长法",TEXT(I54,"0.0%"),TEXT(I54,"0.0 x"))
第54行　=IF($K$12="增长法",J54-0.25%,J54-1)

J列
第53行　=IF($K$12="增长法",TEXT(J54,"0.0%"),TEXT(J54,"0.0 x"))
第54行　=IF($K$12="增长法",K13,K14)

K列
第53行　=IF($K$12="增长法",TEXT(K54,"0.0%"),TEXT(K54,"0.0 x"))
第54行　=IF($K$12="增长法",J54+0.25%,J54+1)

图 15-14　I 列、J 列和 K 列中的公式

15.12.5 打印稿中的数据表

包含两种终值计算方式的数据表打印出来是这样的（见图 15-15）。

		永续增长%				
企业价值		2.5%	2.8%	3.0%	3.3%	3.5%
	6.5%	11,418	12,030	12,730	13,538	14,484
	6.7%	10,745	11,276	11,879	12,569	13,366
WACC	7.0%	10,147	10,612	11,136	11,730	12,410
	7.2%	9,613	10,023	10,481	10,997	11,583
	7.5%	9,133	9,496	9,900	10,352	10,860

		EBITDA 退出倍数				
企业价值		2.0 x	3.0 x	4.0 x	5.0 x	6.0 x
	6.5%	3,208	3,919	4,631	5,342	6,053
	6.7%	3,182	3,886	4,589	5,293	5,996
WACC	7.0%	3,157	3,853	4,548	5,244	5,940
	7.2%	3,132	3,820	4,508	5,196	5,884
	7.5%	3,107	3,787	4,468	5,148	5,829

图 15-15　不同终值计算方式下的数据表打印稿

注意第 54 行被隐藏了。总的来说，无论在模型中选择哪种方式计算终值，上面展示的这种数据表布局都是比较好的。

第 16 章
使用 VBA 计算平衡数值

本章将会简单讲解一下 VBA 的相关知识，并教你编写一个能够自动执行复制粘贴的宏，以便解决第 8 章中提到的循环引用问题。

VBA 是 Excel 用来自动执行复杂和/或重复操作的编程语言。当你以 .xlsm 或 .xlsb 为扩展名保存 Excel 文件时，就可以在文件中使用宏这种编程语言。如果你将带有宏的文件以 .xlsx 的扩展名进行保存，则其中的宏就不会被保存。

宏有时被称为*子程序*，宏和*子程序*这两个专业术语是可以互换的。在 Excel 中，VBA 可以操控整个工作表、行、列和单元格。在 VBA 的专业编程语言中，Excel 中的上述内容和其他"东西"（例如按钮和窗口）都被称为*对象*。

VBA 所涵盖的专业知识非常多，本章仅对建模过程会用到的 VBA 知识进行讲解。

16.1 使用的文件

请使用本书网站 www.buildingfinancialmodels.com 上的 *Chapter 16 DCF VBA balancing.xlsm* 文件，并将文件中已经建好的宏程序作为参考。这里使用的是第 15 章结尾建好的模型，在这个模型中 DCF 计算已经完成，而且用于计算平衡数值的 VBA 宏程序也已经建好了（因此这里不存在循环引用问题）。

为了进行下面的练习，请设置一个 *Chapter 15 DCF.xlsm* 的副本，并对其重命名。我们可以在本章的练习中使用 *Chapter 15 DCF*（我还会使用原来的名字查询文件）。

16.2 在开始之前

一定要确保在 Excel 页面可以看到开发工具选项卡。如果没有，请依次选择*文件>选项>Excel 选项*页面左侧列中的*自定义功能区*。勾选*开发工具*前的复选框即可（见图 16-1）。

16.3 Visual Basic 编辑器

VBA 代码都存储在 Visual Basic 编辑器（VBE）中。使用下面任意一种方法都可以从 Excel 工作表进入 VBE：

第 16 章 使用 VBA 计算平衡数值

图 16-1 勾选 Excel 选项窗口中的开发工具

- 〈Alt+F11〉键。
- *开发工具>代码选项卡>Visual Basic*。

图 16-2 中的就是 VBE，其主要分为以下几个区域：

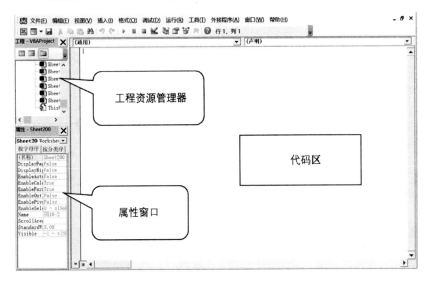

图 16-2 VBE

- *工程资源管理器*在编辑器页面的左上角。如果在页面中没有看到这部分可以按〈Ctrl+R〉键。一开始，工程资源编辑器中会包含：
  - 工作表对象——工作簿中的工作表。
  - 一个*本工作簿*对象，工作表中常用的宏都存储在这里。在这里会编写一个能够自动在屏幕中"爆出"欢迎字样的宏程序。
- *属性窗口*在编辑器页面的左下角。如果在页面没有看到这部分可以按〈F4〉键。在*工程资源管理器*中所选对象的全部属性都会显示在这里。
- 右边占据编辑器 2/3 面积的一大片区域就是*代码*区。如果没有显示出来则可以按〈F7〉键。为了在 VBE 中编写一个宏程序，可以点击*插入>模块*。在工程资源管理器中，你会看到出现了模块 1 对象且是浅灰色的。无论你在代码区输入了什么都会存储在模块 1 对象中。你可以插入另外的模块以便在不同的模块中设置不同的功能代码。

你可以点击工程资源管理器中的名称，然后在属性窗口对模块进行重命名。

16.3.1 返回 Excel

执行下面任意一种操作都可以从 VBE 返回到 Excel 页面：

- 〈Alt+F11〉键。
- 点击工具栏上的 Excel 图标。
- 依次选择菜单栏中的*视图>Microsoft Excel*。

16.4 录制一个宏

最简单的创建宏的方法就是记录你的按键操作。这样你就可以看到宏的架构和操作步骤。再次运行宏时，宏就会把你在键盘上的操作重新执行一遍。录制的宏经过编辑后通常都会更加简洁、更加高效，只要你掌握了 VBA 的编辑技巧，操作起来就会很容易。

16.4.1 对宏录制器执行开始录制和结束录制操作

点击条状区域内的*开发工具>录制宏*（见图 16-3）或者点击页面左下角的*录制宏图标*就可以开始录制（见图 16-4）。

再次点击相同的按钮就可以结束录制。

图 16-3　宏录制器的操作：条状区域内

图 16-4　或者点击页面左下角的图标

16.4.2　我们来试着录制一个宏

第一个宏是用录制方式创建的，我们将用它解决循环引用的问题。具体操作就是复制然后粘贴数值。

1. 打开文件 Chapter 15 DCF.xlsm。

2. 检查"设置"电子表格 C7 单元格中"使用循环利息计算 Y/N"选项是否对应的是"N"。如果我们选择的是"Y"，则会引发循环引用错误。

3. 转到"报告"并找到底部的现金流量表。我们需要找到超额现金/（循环贷款）期末余额，最后这些数据还会转回到资产负债表从而形成一个回路。目前所处的行是第 161 行，我们会在这里使用宏。

4. 开始录制宏。在录制宏的窗口填写相关信息（见图 16-5）。

设置快捷键意味着我们可以在键盘中使用快捷键来启动或创建宏。我们将使用大写"B"。快捷键中也可以使用小写字母（即用〈Ctrl+B〉，代表〈Ctrl+Shift+B〉），但是大多数带有小写字母的快捷键都被 Excel 自带的各种快捷功能所占用。例如〈Ctrl+B〉，就是使用加粗字体的快捷方式。在你自己创建的快捷方式中，使用〈Ctrl+Shift+[字母]〉可以确保不会与系统自带的快捷方式发生冲突。遗憾的是，Excel 并没有提供一种简单的方式让使用者知道哪个宏中包含哪个快捷方式。所以，最好把快捷方式的那个字母（设置合适的大写或小写）加到宏名称的末尾，就像图中的那个宏名称计算平衡数值宏_B。

图 16-5　录制宏窗口

检查*保存宏*到"当前工作簿",接下来进行如下操作:

5. 复制 B161:K161 的内容到 B162:K162 行,仅粘贴数值。使用〈Ctrl+C〉进行复制,然后再使用〈Alt,H,V,V〉(粘贴数值)。

6. 按〈Esc〉键就可以令第 161 行选定区域外的"滚动的虚线边框"消失。

7. 停止录制宏。

8. 按〈Alt+F11〉键就可以进入 VBE。

16.4.3　我们的第一个宏

下面就是录制的宏。其实 VBA 代码都是一些简单易懂的英文。

```
Sub BalancingMacro_B()
' BalancingMacro_B Macro
' Keyboard Shortcut: Ctrl+Shift+B
        Range("B161:K161").Select
        Selection.Copy
        Range("B162").Select
        Selection.PasteSpecial Paste:=xlPasteValues, _
        Operation:=xlNone, SkipBlanks:=False, Transpose:=False
        Application.CutCopyMode = False
End Sub
```

表 6-1 对上述代码进行了逐行解释，同时总结了一些操作中的经验教训。

表 6-1 代码的解释

VBA 代码	注释
Sub BalancingMacro_B()	一个宏都会以关键词 Sub 开头，后面紧跟的是宏名称，并以（）收尾。宏代码编写完成后会以"End Sub"结束
' BalancingMacro_B Macro ' Keyboard Shortcut: Ctrl+Shift+B	每行前面的撇号代表这是注释内容，不属于运行代码。添加撇号称为"注释内容"，当你在测试时想要关闭代码行或者想修改宏代码但又不想删除任何内容时，这是一个比较好的处理方法。删除撇号，VBA 就可以重新读取该行代码
Range("B161:K161").Select	这里你可以看到 Excel 正在录制你的操作。首先选择区域，然后……
Selection.Copy	……选择区域后进行复制。这两行中包含一个启动复制序列的操作
Range("B162").Select	然后进行粘贴，选择区域……
Selection.PasteSpecial Paste:=xlPasteValues, _ Operation:=xlNone, SkipBlanks:=False, Transpose:=False	……仅粘贴数值。该行和上一行中包含完成复制序列的操作
Application.CutCopyMode = False	按〈Esc〉键就可以在完成复制后将复制区域的滚动虚线边框删除。这是执行此操作的代码
End Sub	这是宏结束的标记

16.5 编辑宏

当你在 Excel 中录制宏时，它会将你的每步操作都记录下来，结果就会导致步骤烦冗。每次你在查看一个录制的宏时需要进行如下操作：

Range("B161:K161").Select

Selection.Copy

你可以删除第一行中的 Select 和第二行中的 Selection，然后将代码合为一行：

Range("B161:K161").Copy

代码中使用的这种*直接引用*语法可以令 Excel 跳过选择步骤直接执行想要的操作。

16.5.1 第一次编辑

按照上述原则，我们可以在 VBE 中对宏程序进行如下编辑：

```
Sub BalancingMacro_B()
' BalancingMacro_B Macro
' Keyboard Shortcut: Ctrl+Shift+B
        Range("B161:K161").Copy
        Range("B162").PasteSpecial Paste:=xlPasteValues,
        Operation:=xlNone,
        SkipBlanks _
        :=False, Transpose:=False
        Application.CutCopyMode = False
End Sub
```

16.5.2 第二次编辑

虽然第一次编辑已经对代码进行了简化，但是 Excel 在执行复制粘贴操作时仍然需要在屏幕中移动。如果我们在其他位置运行宏，屏幕将会切换至该行所在的位置。

下面这个代码更加简洁。当你想要最后的结果是硬编码数值的话就可以使用这个代码。

```
Sub BalancingMacro_B()
' Keyboard Shortcut: Ctrl+Shift+B
        Range("B162:K162").Value = Range("B161:K161").Value
End Sub
```

上述代码的语法很直接：就是让 B162:K162 中的内容（硬编码数值）等于 B161:K161 中的内容。保留注释内容（标注撇号的行）是非常好的。你也可以在任意代码行的末尾添加注释，只要在注释行前添加一个撇号即可。

16.6 检查宏

1. 删除 B162:K162 中的内容。
2. 按〈Ctrl+Shift+B〉键启动宏。你就会看到第 161 行的内容出现在第 162 行。
3. 宏正常运行但是什么事情也没发生，现在怎么办呢？

16.7 设置循环属性

到目前为止，我们只是将一行中的内容复制到另外一行。现在我们来修改一下模型，让之前读取第 161 行的所有单元格现在读取第 162 行。追踪从属单元格就会知道 G161 单元格有四个从属单元格：

- 当前年度的超额现金（G38）
- 当前年度的循环贷款（G50）
- 下一年可进行现金清算的现金流总额（H112）
- 下一年的超额现金/循环贷款期初余额（H160）

找到这些单元格并修改它们的公式。将其中的第 161 行改成第 162 行，然后进行复制。

现在再次删除第 162 行。这时 A 列就会出现红色的警示条。现在使用快捷方式〈Ctrl+Shift+B〉键启动宏。在红色警示条消失之前上述操作必须要执行多次。因为必须要将预测年份中的迭代计算剔除。

现在就来实际检验一下效果。将使用循环计算提示项设置为"Y"。将这个宏再运行几次直到红色警示条消失。循环引用就被全部剔除了！

16.8 点击屏幕中的按钮来运行宏

现在我们有了一个可以运行的宏，并可以在屏幕上添加一个按钮将其链接到宏上。然后只要点击这个按钮就可以运行宏。之前设置的快捷方式仍然可用。

16.8.1 添加一个按钮

1. 我们需要找一个空白处来显示资产负债表的平衡检查结果。在这样一个模型中，"报告"页的顶部是一个比较好的位置。

2. 依次选择*开发工具>控件>插入*并选择窗体控件菜单左上角的命令按钮图标（见图 16-6）。

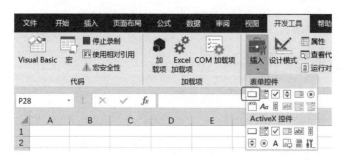

图 16-6　插入命令按钮控件

3. 点击并在工作表中拖拽以调整按钮的尺寸。当你松开鼠标时，就会弹出*指定宏*的窗口（见图 16-7）。选择 BalancingMacro_B 宏并点击确定。

图 16-7　在按钮中指定宏

4. 然后在屏幕中就会出现一个按钮（见图 16-8）。使用鼠标右键点击按钮，就会弹出一个菜单，点击其中的编辑文字。

图 16-8　编辑按钮文字

5. 修改按钮的标签比如输入"平衡"两字。点击按钮以外的任意地方。

6. 点击按钮以测试运行效果。

7. 设置成功！

在这一点上，我们可能觉得设置得已经非常完美了，但是为什么我们一定要频繁点这个按钮呢？有没有一种方法可以让宏程序自动运行多次呢？答案是有。有一种简单粗暴的方法就是在宏中设置 10 次（或者是任意你想要重复执行的次数）复制粘贴。

16.9 循环设置

回到 VBE 并将宏代码编辑成下面这样：

```
Sub BalancingMacro_B()
' Keyboard Shortcut: Ctrl+Shift+B
Dim x As Integer
        For x = 1 To 20
                Range("B162:K162").Value = Range("B161:K161").Value
                If Range("C69").Value < 0.001 Then
                        Exit For
                End If
        Next
End Sub
```

VBA 中的*循环*就是不断地运行一条短代码直至满足预设的误差值才会停止。这称为 For-loop 循环语句。For-loop 循环可以根据设定的参数运行很多次。你可以在循环中设置条件，只要在达到最大迭代计算次数之前满足设置条件，循环就会停止；如果没有满足条件，则会继续执行循环计算，直至达到最大迭代次数（如上述代码显示最大迭代次数为 20 次）才会停止。表 16-2 对上述代码进行了逐条讲解。

除了 For-loop 语句外还有其他类型的循环，例如 *While-Wend*（当满足某项条件时执行循环操作）和 *Do-loop*（不满足条件时就会持续执行循环直至满足条件才会停止）。我并没有在书中介绍其他循环语句，因为 For-loop 配合 *Exi For* 可以适用于所有情况。在 For-loop 中可以使用变量来限制运行次数，该变量就是一个计数器，它会对循环中的其他条件产生重要影响。如果始终无法满足预设条件，还可以使用该变量终止宏。

表 16-2 代码的解释 2

VBA 代码	注释
Sub BalancingMacro_B()	启动宏
Dim x As Integer	该行中涉及几个概念： 该行用于声明一个变量。声明是一种定义变量（"容器"）在宏中的作用就是用来放置数值）的特殊方式，在本例中变量类型被设定为整数。还有其他声明方式（见下文）。Dim 是定义的意思。本行代码的意思就是告诉 Excel 我们使用了一个叫 x 的变量，且该变量只能是整数
For x = 1 To 20	该循环称为 For-loop 循环，该行代码会以 For 开头。（在循环的最后会以 Next 收尾。）该行代码将循环次数设置为 20，也就是说从 x=1 开始，当 x=20 时循环就会结束。 要想增加迭代次数以使计算结果更加收敛，可以将这个数值设置成 100 甚至更高。需要我们手动点击按钮执行宏的次数不会多于 5 次，所以将迭代次数上限设置为 20 次有点过分
Range("B162:K162").Value = Range("B161:K161").Value	这是我们之前使用过的复制粘贴代码。也是每次迭代中需要执行的主要操作

If Range("C69").Value < 0.001 Then
    Exit For
End If
	C69 单元格中的这三行 IF 语句用于校对。如果计算结果低于容忍值，该代码就会让循环停下来（"Exit For" 就是执行终止的命令）。
	在 VBA 中以 If 语句开头就必须要以 End If 收尾，在首尾之间你等于有了一个 ElseIf 嵌套结构，这个和工作表中的 IF 函数非常相似

Next	For-loop 循环会以 Next 收尾
End Sub	这与 Sub 形成了首尾呼应。输入 End Sub 后宏就结束了

16.9.1 对代码进行其他改进

我们在编写 VBA 代码时，必须要考虑哪些事情可能会导致未来出现错误。在这种情况下，我们可能就想知道：如果模型发生变化且行数据都变了会怎样？答案是：宏将无法正常运行。解决方法就是用区域名替代单元格的位置信息。使用这种方法后，如果第 113 行的内容变换了位置（命名的区域位置也会随之变化），若我们已经用区域名替换了单元格位置信息，那么宏就仍可以正常运行。

我们将 B161:K161 的区域名设置为*从这里复制*。

我们将 B162:K162 的区域名设置为*粘贴到*。

我们将 C69 单元格命名为校对。

改进后的宏代码如下：

Sub BalancingMacro_B()

```
' Keyboard Shortcut: Ctrl+Shift+B
Dim x As Integer
    For x = 1 To 20
        Range("PasteTo").Value = Range("CopyFrom").Value
        If Range("MasterCheck").Value < 0.001 Then
            Exit For
        End If
    Next
End Sub
```

16.9.2　对你的代码进行缩进

在代码行，最好遵循以下原则对你的代码进行缩进：

- 首尾关键词（*Sub* 和 *End Sub*；*If* 和 *End If*，等等）之间的任何内容都要进行缩进。
- 连续的代码行也要进行缩进。
- Dim 语句在 Sub 关键词的下面，可以与 Sub 实现左对齐

将代码进行缩进更易阅读，因为不同的缩进量可以令各级代码之间的逻辑关系更加清晰。如果不设置缩进，就很难搞清楚各级 IF 条件语句和循环之间的逻辑关系。

16.10　最佳操作的经验教训

到目前为止，我们已经完成了之前的全部练习，我希望你能够做到以下几点：

- 保持代码简洁。
- 直接列出 Excel 中的引用位置。
- 声明变量（使用 Dim 语句）。
- 在 VBA 代码中使用区域名。
- 为了显示清晰，对你的代码进行统一缩进。
- 对你的代码设置注释这样你就会记得特定代码究竟在执行什么操作。
- 对你的代码进行调试：随时进行测试、测试和测试。

◆ 引用工作表时，使用 VBA 中的电子表格代号（见下文）。

16.10.1 最后一个最佳操作

最后一个最佳操作之前我们并没有介绍过，那就是在引用工作表时要使用 VBA 中的电子表格*代号*。在 VBE 中一个工作表会有两个名字：一个是你看到的工作表标签（例如"报告"或"DCF"）举个例子，打开第 15 章文件，如果我们在 VBE 中进行查看，就会在工程资源管理器中看到以下内容（见图 16-9）。

图 16-9　先列示代号（例如"Sheet18"）后列示名称（"DCF"）

例如，我们在这里看到的工作表格标签（"设置""假设"等），其左侧还有其他表名，而这些表名就是 VBE 会识别的电子表格代号。无论对工作表标签进行何种修改，其对应的电子表格代号都不会变，这与在工作表中设置的区域名类似，如果直接引用区域名，那么即使单元格的地址变了，引用的内容也不会错。"DCF"工作表格的代号是"Sheet18"。我可以点击 DCF 对象然后修改属性窗口中的名称，比如输入"DCF 工作表格"，就可以修改电子代号。下面这两个激活工作表格的代码略有不同：

Sheets("Sheet18").Activate
DCFSheet.Activate

即使在 Excel 中工作表的名称从"DCF"变成了"CF 折现"或其他任何一个名称，这个代码在 VBA 中仍然可以正常运行。

16.11　下一个挑战

至此，我们已经使用 VBA 在一个"简化"的文件中创建了一个可以计算平衡数值的宏程序，为了提升自身的建模水平，你可以随意查看带有 DCF 模型的终版模型并在其中添加相同的宏程序。此外，我希望你能同我一样继续关注新的建模方法和技术。我由衷地希望你能将我的研究成果分享给其他人，让这套能够建立具有容错机制的模型的方法在你的专业领域发挥作用。

当你读到这里的时候，说明你已经完成了本书中的全部练习。感谢你的一路坚持！至此，可以说在财务建模专家的成长之路上你已经迈出了坚实的一步。

金多多金融投资译丛

序号	中文书名	英文书名	作者	定价	出版时间
1	如何吸引天使投资：投资人与创业者双向解密	Attracting Capital From Angels: How Their Money - and Their Experience - Can Help You Build a Successful Company	Brian E. Hill Dee Power	58.00	2013.6
2	并购之王：投行老狐狸深度披露企业并购内幕	Mergers & Acquisitions: An Insider's Guide to the Purchase and Sale of Middle Market Business Interests	Dennis J. Roberts	78.00	2014.5
3	投资银行：估值、杠杆收购、兼并与收购（原书第2版）	Investment Banking, Valuation, Leveraged Buyouts, and Mergers & Acquisitions(2nd Edition)	Joshua Rosenbaum Joshua Pearl	99.00	2014.10
4	投资银行练习手册	Investment Banking: Workbook	Joshua Rosenbaum Joshua Pearl	49.00	2014.10
5	投资银行精华讲义	Investment Banking: Focus Notes	Joshua Rosenbaum Joshua Pearl	49.00	2014.10
6	财务模型与估值：投行与私募股权实践指南	Financial Modeling and Valuation: A Practical Guide to Investment Banking and Private Equity	Paul Pignataro	68.00	2014.10
7	风险投资估值方法与案例	Venture Capital Valuation, + Website: Case Studies and Methodology	Lorenzo Carver	59.00	2015.1
8	亚洲财务黑洞	Asian Financial Statement Analysis: Detecting Financial Irregularities	Chinhwee Tan, Thomas R. Robinson	68.00	2015.4
9	大并购时代	Mergers and Acquisitions Strategy for Consolidations: Roll Up, Roll Out and Innovate for Superior Growth and Returns	Norman W. Hoffmann	69.00	2016.3
10	做空：最危险的交易	The Most Dangerous Trade	Richard Teitelbaum	59.00	2016.6
11	绿色国王	Le roi vert	Paul-Loup Sulitzer	49.90	2016.8
12	市场法估值	The Market Approach to Valuing Businesses	Shannon P. Pratt	79.00	2017.3
13	投行人生：摩根士丹利副主席的40年职业洞见	Unequaled : Tips for Building a Successful Career through Emotional Intelligence	James A. Runde	49.90	2017.5

序号	中文书名	英文书名	作者	定价	出版时间
14	公司估值（原书第2版）	The Financial Times Guide to Corporate Valuation (2nd Edition)	David Frykman, Jakob Tolleryd	49.00	2017.10
15	投资银行面试指南	The Technical Interview Guide to Investment Banking, +Website	Paul Pignataro	59.00	2017.11
16	并购、剥离与资产重组：投资银行和私募股权实践指南	Mergers, Acquisitions, Divestitures, and Other Restructurings	Paul Pignataro	69.00	2018.1
17	公司金融：金融工具、财务政策和估值方法的案例实践	Lessons in Corporate Finance: A Case Studies Approach to Financial Tools, Financial Policies, and Valuation	Paul Asquith, Lawrence A. Weiss	99.00	2018.1
18	财务模型：公司估值、兼并与收购、项目融资	Corporate and Project Finance Modeling: Theory and Practice	Edward Bodmer	109.00	2018.3
19	杠杆收购：投资银行和私募股权实践指南	Leveraged Buyouts, + Website: A Practical Guide to Investment Banking and Private Equity	Paul Pignataro	79.00	2018.4
20	证券分析师实践指南（经典版）	Best Practices for Equity Research Analysts: Essentials for Buy-Side and Sell-Side Analysts	James J. Valentine CFA	79.00	2018.6
21	私募帝国：全球PE巨头统治世界的真相（经典版）	The New Tycoons: Inside the Trillion Dollar Private Equity Industry that Owns Everything	Jason Kelly	69.90	2018.6
22	证券分析师进阶指南	Pitch the Perfect Investment: The Essential Guide to Winning on Wall Street	Paul D. Sonkin，Paul Johnson	139.00	2018.9
23	财务建模：设计、构建及应用的完整指南（原书第3版）	Building Financial Models	John S.Tjia	89.00	2020.1
24	财务模型实践指南（原书第3版）	Using Excel for Business and Financial Modeling	Danielle Stein Fairhurst	99.00	2020.2
25	7个财务模型：写给分析师、投资者和金融专业人士	7 Financial Models for Analysts，Investors and Finance Professionals	Paul Lower	69.00	2020.10